魏晋南北朝隋唐五代词源研究史略

◎ 曾昭聪 著

语文出版社 ·北京·

本书是国家社科基金项目“魏晋南北朝隋唐五代词源学史研究”（04CYY004）终期成果

本书出版受暨南大学“211工程”第三期“比较文艺学与海外华文文学”建设项目资助

图书在版编目（CIP）数据

魏晋南北朝隋唐五代词源研究史略/曾昭聪著.
—北京：语文出版社，2010.4（2012.3 重印）
ISBN 978-7-80184-999-1

Ⅰ.①魏… Ⅱ.①曾… Ⅲ.①汉语-词源学-研究-魏晋南北朝时代②汉语-词源学-研究-隋唐时代 Ⅳ.①H139

中国版本图书馆 CIP 数据核字(2010)第 037768 号

WEIJIN NANBEICHAO SUITANG WUDAI CIYUAN YANJIU SHILÜE
魏晋南北朝隋唐五代词源研究史略
曾昭聪 著
*
语文出版社出版
100010 北京朝阳门南小街 51 号
E-mail:ywcbsywp@163.com
新华书店经销 北京市联华印刷厂印刷
*
890 毫米×1240 毫米 32 开本 7.375 印张 212 千字
2010 年 5 月第 1 版 2012 年 3 月第 2 次印刷
印数:1,001-3,000 定价:25.00 元

目　录

序

我国的词源学史研究一直较为滞后，这不等于我国没有传统的词源学，只是以往词源学史的研究都包括在训诂学史、汉语史之中。如果从所含的词源学研究成果来看，在汉语史的上古、中古和近代三段中，最为薄弱甚至模糊不清的就是从魏晋至唐五代的中古段。在一般人心目中，东汉刘熙《释名》至宋代“右文”说的几百年间，词源学似乎一片空白；特别接触魏晋至唐代经注，罕见词源探究的成果，更会感到词源学断了线；尔后的“右文”说，则似乎是突然冒出的怪物。毫无疑问，要推进汉语词源研究和词源学的发展，必须研究我国的词源学史；而要研究词源学史，应特别重视中古时期词源学史。

现在，曾昭聪在出版了《形声字声符示源功能述论》八年之后，又给我们奉献了一本《魏晋南北朝隋唐五代词源研究史略》。物稀为贵，先睹为快。

毋庸讳言，现当代的汉语词源（或称语源）研究，有章太炎的《文始》为代表的据汉字系联同源字族的传统词源学派和以高本汉《汉语词族》（张世禄译为《汉语词类》）为发端的构拟古音、据音系联的西方历史语言学派，而长期以来，在学界都是后者占优势。影响所至，似乎科学的词源学来自西方，因而中国的词源学研究也必须“全盘西化”。这种学术风气下，传统词源学除了声转的板块还有被批判继承的价值，其他则似乎属于该扬弃的主观唯心的历史垃圾,因此传统词源学的研究一直较为冷落;现代学者对魏晋南北朝至唐五代的词源学的研究成果更寥若晨星,在相当长时间内只有张永言的《郦道元语言论拾零》和周祖谟的《徐锴的说文学》两篇。近年才有个别汉语史和词源学的著作从这一时期的一些文献中梳理出词源探究的一些新材料,但据笔者所见,所引用词源探究大小词条不超过 200 条,涉及文献不过十来种。要研究这个时期的词源学史,决不是据已有材料作理论"提高"所能济事,而必须首先材料"开源"。

但这并非易事。由于古代词源学研究的材料多是零碎分散,因而必须对这一时期的各种文献作广泛的爬梳、调查,不能只驻留于一些熟见的文献;同时还必须认识并掌握古代词源研究表现方式的多样性,不能囿于词的音义关系来源之一隅。本书作者深明于此,充分把握古代词源研究表现方式的多样性,既注视古人对原生词和孳乳词之音义关系来源和词源义的探究,又注意由语素组合而成的复音词构词理据的训释,以此对这一时期的经籍注疏、字书词书、笔记杂札等作深入、全面的排查、审检、发掘,终于抉发、钩稽了丰富的词源探究材料。粗计曾书,其重点取材的文献 25 种,其中魏何晏《论语集解》、晋嵇含《南方草木状》,唐玄应《众经音义》、慧琳《一切经音义》、孔颖达《五经正义》,唐李匡义《资暇集》以及唐五代刘恂《岭表录异》等 16 种文献,为迄今的词源学著作很少涉及。各书所以含词源研究词条不等,最少的三国吴陆玑《毛诗草木鸟兽虫鱼疏》14 条,最多的颜师古《汉书注》117 条,全书所取 25 种文献共计达 889 条。从传统词源研究方式看,声训、得名之由、声转、"右文"释义四种类型皆有。其中得名之由,有名物词正名、别名、俗名甚至讹名的得名之由的探讨。诸词条涉及的不仅有单音词,也有复音词、叠音词、联绵词;有汉语词,也有外来词;有书面词,还有口俗词。表现形式,也有明示、暗示、单示、入训语示等等。这使人们眼前一亮:原来这个漫长的中古时期,传统词源学并不是一片空白，而是存在着、发展着……

作为史论，本书的写法与结构跟常见的综理举证的述论体式不同。全书主体是将从穷尽性梳理、发掘所得千余条（包括有些未列入者）词源探究材料的25种文献，按魏晋至唐五代的先后顺序类聚为九章，最早的是郭璞注，最后的是徐锴的《说文解字系传》；每章分若干节，每节主要内容是分项归纳该文献的词源研究的词条，多数是将该文献的条目全部列入，个别量多的就选列（如《玉篇》有70余条，今列入41条）。继之，以“按”后逐条疏证、评析（极少的条目显豁而不“按”不证）；然后设“小结”专节总论该书在词源研究中长短得失与在词源学史上的地位。这相对独立又先后承接词条疏证加小结的九章，加上《前言》、《结语》就构成这部魏晋南北隋唐五代词源学史。这种“证”多于重于“论”的结构与写法，显然出于两种考虑：一、原先已知的词源探究材料较少，故本书“着力于发掘材料，用材料说话，用事实说话，从语言材料本身归纳各自的成绩”。二、这个时期的词源学材料，无论出于何种文献，基本是词条训诂的形式，许多词条需要抉发、解释即需要疏证才能显其词源探究的用意与特点。因此本书不采取一般史论的体式，乃旨在突出词源研究材料的发掘，此不为过。

但是，决定本书成功与否的，不是发掘词源研究条目的巨大数量，而是对这些条目的疏证与诸多“小结”。这是一项前人未全面、系统做的工作，作者做得认真、到位。总体上，疏证求实有方。对于“右文”释义，抓住源义素，凡是有某个共同源义素的一串词，就是同源词，故离析源义素以证。对于声转词，则围绕声义关系，声则置于该时期的音韵系统明其通否。对于得名之由，则根据名与物的统一性证其源。对于一般的声训，则察其属于右文、假借、声转之何种以证。而无论哪一类的词源条目的疏证，都使用文字、训诂、文献证，而不是单凭语音和义理分析。这些都符合对传统训诂学和词源学的研究方法，因而本书被疏证的大量词源探究条目，无论是是或非非，大都析解合理，信而有征。在此基础上进行归纳小结和最后的《结语》，是本书的史论部分，能较集中地揭示这个时期词源探究的状貌。例如对得名之由的研究，通过陆玑《疏》从外形、从口味等到《酉阳杂俎》从声音、从典故等的探究，可以见到三十多种方法，从单音词扩展到复音词、连绵词、外来词，表明这个时期这方面的词源研究的发展。从《玉篇》的许多以共同源义素训释同声符词到徐锴《系传》大量利用声符或同声符字揭示词源，则具体显示出“右文”说前的“右文”释义已是训诂常法，“右文”说已含于“不言”之中，从而可以使人认识尔后出现的右文说的合理性和必然性。此外，我们也从中见到词源理论的片光吉羽。如《南方草木状》、《匡谬正俗》等注意到“语音讹转”与名称之间的联系；《齐民要术》有所谓“以人姓字为名目，亦有观形立目，亦有会义为称”之论；《慧琳音义》中有“从声立名”之说，等等，都反映了古人宝贵的词源学思想，可称为词源理论的萌芽。总之，经过作者的大量疏证和总结，我们见到了从魏晋南北朝到唐五代的探求词源的广泛性和多样性，从汉代的声训到这个时期更广泛的名物得名之由探究的词源研究的发展新态势。

自然，本书毕竟属于草创，书中有的词条疏证深度不足；以文献分篇按序组合、疏大于论的写法与结构，突出了史料，却使理论部分显得相对薄弱。但瑕不掩瑜，本书不失为第一部在对大量资料作穷尽性研究基础上产生的、考论结合的词源学断代史著，并且也为人们提供了一份可供进一步研究、丰富可靠的中古时期词源学史新资料，值得我们展卷一读。

黄金贵

于浙江大学西溪校区（原杭州大学）伏雪斋

2009 年 4 月

前 言

一 汉语词源学史的研究意义

赵振铎先生曾经说到，“汉语的历史记载几千年连绵不断，汉语的研究也有几千年的历史，从来没有停顿。当然，其中也有高下之分，精粗之分，优劣之分。探讨我国语言研究发生和发展的历史，从中总结规律性的东西，为发展新的语言科学服务，为‘四化’建设服务，为建设两个文明服务，这就是研究中国语言学史的目的。”①古人对于汉语词源的研究也有着悠久的历史，总结古人研究的得失，为当代汉语研究、汉语词源研究提供借鉴，为词源学在当代作为一门独立学科而建立提供有力的材料和研究基础，这是汉语词源学史研究的学术目的。

王宁先生指出，“汉语词源学是一门以探求汉语词的原初造词理据和音义状态为目的的学科。词源研究是中国传统训诂学中十分古老的课题，周、秦、两汉‘小学’中的名物问题、声训问题、语转问题，宋代以来的‘右文说’、清代训诂理论中的‘因声求义’问题等等，都与词源有关。”②可以说，中国传统语言学中已包含了相当丰富的词源研究成果。要讨论当代词源学的发展方向，就必须重

①赵振铎《中国语言学史》，河北教育出版社 2000 年，第 1 页。

②王宁《汉语词源学将在二十一世纪有巨大发展——首届汉语词源学学术研讨会述评》，《汉语词源研究》第一辑，吉林教育出版社 2001 年，第 1 页。

新审视传统词源学的研究成果。

汉语词源学史的研究是通过对传统词源学史上相关典籍进行深入细致的考察，找出这一时期词源学研究的成果并把它们放在整个中国词源学史上对它们的成绩与不足进行分析，从而发现传统词源学史上更多的值得我们借鉴的经验。研究词源学史的意义在于：其一，有继承才能有发展，有创造，发展学术事业，加强学科建设。王宁先生曾说，“词源的探求远涉史前语言的状态，近及汉语、汉字的形音义，加上词源意义的潜在特点和汉字多不直接表音的局限，使它的研究需要多学科的支持，因而具有相当的难度，成为训诂学的尖端课题之一。”①词源学史的研究是我们今天进行词源研究的基础工作和重要组成部分，因此加强对它的研究意义重大。其二，研究汉语词源学史，发掘古人的优秀研究成果，可以弘扬民族文化，摒弃历史虚无主义思想，提高民族自信心，用具体实在的材料和观点向世界展示中华民族的优秀文化遗产。

二　汉语词源学史的研究现状

关于汉语词源学史研究的现状，可以从如下几个方面加以介绍。

(一)代表性论文中的相关研究

关于汉语词源学史研究的单篇论文不少，当代学者中最早注意到这一问题的应当是张永言先生。他在《郦道元语言论拾零》中说到，“他在研究地名的时候就接触到如下三个问题：(1)名称是怎样成立的？(2)名称是怎样改变的？(3)语音和文字是怎样

①王宁《汉语词源学将在二十一世纪有巨大发展——首届汉语词源学学术研讨会述评》，《汉语词源研究》第一辑，吉林教育出版社2001年，第1页。

交互影响的?”并以具体例子对这三类问题进行了讨论。① 该论文于上一世纪的六十年代早期面世,由于起点甚高,曲高和寡,学术界似乎对此重视不够。

周祖谟先生关于汉语词源学史的研究主要见于对《说文系传》的研究,《徐锴的说文学》言简而意赅,对此有比较深刻的阐述。“在考索字义方面,徐氏特别注意的是从声音上去探讨。这也就是清人所说的‘因声以求义’。他所应用的‘因声以求义’的方法有二:一种是从谐声上来看,即谐声字的意义有时可以与其声旁相通,有时可以与其同从一个声旁的谐声字相通。”第二种方法,“是从字音的声韵上来看,用声韵相同的字去说明字义之相类似。”②虽然对《说文系传》的评价还有可继续讨论之处,但能从声音角度对五代时期的著作加以注意,在词源学史的研究上是很有意义的。

词源学史研究的热潮在二十世纪八十年代之后形成。关于词源学史的研究论文数量不少,但主要集中于声训、语转、右文说等一些热点问题。

王凤阳先生《汉语词源研究的回顾与思考》是一篇长文,其中第一部分“关于词源研究历史的回顾”实际上就是专谈词源学史的;该文将汉语词源研究划分为三个阶段,即发轫阶段、探索阶段、综合阶段。发轫阶段(先秦到两汉)是义源期,探索阶段(魏晋到清末)是字源期和词源期,综合阶段(鸦片战争以来至今)是词族期。该文注重理论的总结,它认为汉语词源学史“在训诂主导的时期,它体现为义源学,研究者从溯源释词走向词源探索。在音韵学、文字学主导时期,它发展为字源学,研究者通过形声字声符归

①张永言《郦道元语言论拾零》,《中国语文》1964 年第 3 期。

②周祖谟《徐锴的说文学》,载《问学集》,中华书局 1966 年,第 843 - 851 页。

纳法去探索意义上的关联。在古音研究主导的时期，词源探索突破形障，进入词源学。在西方词源学的影响下，词源学发展为全面董理汉语词源的词族学”。①理论的探讨用功甚勤，不过对词源学史的材料的运用并未有所超越。

此外，比较有代表性的论文还有不少，此不赘述。②

（二）几部有代表性的语言学史著作中的相关论述

到目前为止的几部有代表性的中国语言学史著作中对词源学史有程度不等的研究。

王力先生《中国语言学史》共分四章，即训诂为主的时期，韵书为主的时期，文字、声韵、训诂全面发展的时期，西学东渐的时期。这四章也是他对中国语言学史的分期。书中第一章第五节是“声训”，第二章第十节是“六朝至明代的文字学和训诂学”，第三章第十五节是“训诂学”，其中均有部分内容涉及词源学史，如第五节有对声训和《释名》的评价，第十节有对唐代颜师古《匡谬正俗》的评价，第十五节有对王念孙《广雅疏证》的评价。由于该书形成较早（该书是王力先生二十世纪六十年代的北大讲义，1981年出版），受时代影响，书中的某些评价不尽可取，如对声训和右文说就以否定性评价为主。例如他说到，“声训对中国后代的语言学既有不良的影响，也有良好的影响。不良的影响的结果成为‘右文说’。这是认为谐声偏旁兼有意义，而上文所举‘缣，兼也’，‘锦，金也’等例已开其端。良好的影响的结果成为王念孙学派的‘就古音以求古义，引伸触类，不限形体。’”③虽然他于此段话中加注，说“跟声训一样，‘右文说’也不能全盘否定”，但他把右文说说成

①王凤阳《汉语词源研究的回顾与思考》，《汉语词源研究》第一辑，吉林教育出版社2001年，第68页。

②曾昭聪《汉语词源研究的现状与展望》（《暨南学报》2003年第4期）一文中已举例谈到一些，请读者参看。

③王力《中国语言学史》，山西人民出版社1981年，第52页。

上古声训“不良的影响的结果”，实际上同时否定了两者。

王力先生对音近义通说是极为赞赏的。他认为音近义通说是右文说的“良好的影响的结果”，“这种重形不重音的观点，控制着一千七百年的中国文字学。直到段玉裁、王念孙，才冲破了这个藩篱。文字既是代表有声语言的，同音的字就有同义的可能：不但同声符、不同意符的字可以同义；甚至意符、声符都不同，只要音同或音近，也还可能是同义的。……这是训诂学上的革命，段、王等人把训诂学推进到崭新的一个历史阶段，他们的贡献是很大的。”①同在《中国语言学史》一书中，他对右文说严加批评，而对音近义通说极为赞赏，表明了他作为当代语言学家重视语音的进步观点。但是话又得说回来，汉语、汉字有自己的特点，形声字是形音义结合的，乾嘉学者在古音研究取得重大成就的基础上提出了音近义通的理论，但他们实际上是发展了右文说，段氏注《说文》，王氏疏《广雅》，都吸收了右文说的合理内核，提出某声有某义，并进一步“引申触类，不限形体”。清代乾嘉学者在语言研究上取得了重大成就的原因之一是他们并不只孤立地从语音出发，而是兼顾形与音的。

濮之珍先生《中国语言学史》共分六章，分别是：绪论，先秦时期的语言研究，秦汉魏晋时期的语言研究，南北朝至明代的语言研究，清代的语言研究，“五四”运动后的中国现代语言学。其中有一些内容涉及词源学史。如第二章第二节中谈到“关于名实问题的讨论”，第三节是关于“荀子的语言学思想”的介绍，第三章第五节是“探求汉语语源的专著《释名》”，第五章中有关于“《说文解字》的研究”和“王念孙、王引之的语言研究”的讨论，其中有不少内容跟词源研究是有密切关系的。②

---

①王力《中国语言学史》，山西人民出版社 1981 年，第 157 页。

②濮之珍《中国语言学史》，上海古籍出版社 1987 年。

何九盈先生《中国古代语言学史》共分六章,即“先秦的语言研究”、“两汉语言学”、“魏晋南北朝语言学”、“隋唐宋语言学”、“元明语言学”、“清代语言学”。该书关于词源学史的讨论值得注意的是在第二章中设立了一节“汉代词源学”,第六章中设立了一节“清代词源学”。小节标题突出词源学史,这是颇有创见的。①另外,他在《中国现代语言学史》的第六章“训诂学与辞书编纂”下也设了“词源研究”一节,对章炳麟、刘师培、高本汉、杨树达、沈兼士等人的研究作了述评,说明他比较充分地注意到了词源研究的相关成果。②

赵振铎先生《中国语言学史》共分六章,即“先秦时期”、“两汉时期”、“魏晋南北朝时期”、“宋元明时期”、“清代到‘五四’以后”、“‘五四’到八十年代”。该书也有不少地方牵涉到词源学史,并且论述较为详细。如第一章下面的“诸子的语言观”、第二章下面的“声训和刘熙《释名》”。另外在第四章中对右文说也作了比较中肯的评价。③

由以上叙述可以看出,几部中国语言学史著作中都不同程度地涉及词源学史,其主要内容集中于先秦诸子的语言理论、汉代以《释名》为代表的声训、宋代的右文说、清代的因声求义等。虽然词源学史的轮廓已经出来了,但过于粗略,如果要系统认识汉语词源学史,只注意到这些内容当然远远不够。

(三)词源学史著作中的研究

关于汉语词源学史的专著,到目前还只有殷寄明先生《中国语源学史》④,有必要作重点评述。

---

①何九盈《中国古代语言学史》,广东教育出版社 1995 年。

②何九盈《中国现代语言学史》,广东教育出版社 1995 年。

③赵振铎《中国语言学史》,河北教育出版社 2000 年。

④殷寄明《中国语源学史》,吉林人民出版社 2002 年。

其一,这是第一部汉语词源学史的通史著作,它为汉语语言学史的研究填补了一项明显的空白。该书除绪论之外共分八章,即:“先秦:语源学诞生”、“两汉:语源学崛起”、“三国至五代:语源学递衍”、“宋代:语源学转向”、“明代:语源学合流”、“清代:语源学鼎盛”、“近代:语源学革新”、“当代:语源学确立”。每一章下面又分若干小节,从古至今,对汉语词源学史进行了梳理。该书认为,汉语词源学的古今演变经历了八个阶段(即上述八章内容),其中汉、宋、清代和当代是四个高峰期;晚近时期是汉语语源学的一个分水岭,此前的词源学为传统词源学,声训、语转说、右文说三大词源学流派从囫囵浑一到陆续分离独立,最后又殊途同归走向合流,是其主要发展脉络,晚近以来的词源学则为科学词源学;当代的词源学已处在学科独立的前夜。可以看出,该书对汉语词源学史有了比较全面而深入的把握。

其二,该书在词源学史的研究中比较注意系统性的研究。作者认为,学术流派体现了对特定学科的研究的根本方法,同一学科的各个流派形成和发展的过程的总和即构成了整个学科的发展史;就汉语词源学史而言,近代以前的词源学属于科学前期的、传统的词源学,它的历史就是声训流派、语转说流派、右文说流派从合到分,又从分到合的历史。三个流派观是该书的核心理论。以此为出发点,该书在述及传统的词源研究成绩时就从三方面分别说明。如在第三章下面就分出三节内容:第一节“语转说发扬光大”,谈到了《史记》三家注中的语转说、郭璞注语转理论上的发展和颜师古训诂中的语转说;第二节“声训的沿用与改进”,谈到了李登的《声类》、郭璞注、张揖的《广雅》、李善的《文选注》、颜师古的《汉书注》与《急就篇注》、《史记》三家注等等;第三节“右文说已显露萌芽”,谈到了晋代杨泉《物理论》、崔豹的《古今注》、郭璞注、唐代颜师古注以及五代徐锴的《说文系传》。

不必讳言,该书以32万字的篇幅讨论了汉语词源学史从古到今的整个发展过程,时代很长,篇幅有限,因此,对历史上的词源研究成果评价似过简略;某些重要的成果未能尽录。就笔者浅见,在魏晋至唐五代这一时期还有不少成果可以写进汉语词源学史。

从总体上来说,该书是第一部系统研究汉语词源学史的著作,创始之功十分明显,它的重要性将随着汉语词源研究的深入而日益显现。另外,殷寄明先生的《语源学概论》一书中的第二章"语源学源流论(上)"和第三章"语源学源流论(下)"实则谈的就是古代词源学史和现当代词源学史。①

三 本书的主要任务

通过对汉语词源学史研究的现状进行简要的评论,我们看到,古人的词源研究成果很多,今天的学者也已经注意到了其中的不少成果并且对它们进行了评价,这是词源学史研究的基础和重要成果。

同时,我们也注意到,在不少的语言学著作或论文中,不少学者在提到词源学史的时候,往往会说,继两汉的词源学高峰之后,又一个高峰便是宋代,其标志即右文说的出现。这中间几百年的时间内,可以称为承前启后的研究成果大家注意到的往往只是晋代杨泉《物理论》中的一句话:"在金石曰坚,在草木曰紧,在人曰贤"。但是,问题并没有这么简单。王宁先生曾指出:

现在有些训诂学史、文字学史、音韵学史,很少亲自去阅读每个时期的学术著作,最多也只是大致看一看那些名著,而不去考察当时的多数学者都在想什么、说什么。在叙述到历史脉络的时候,也往往目不斜视,只关注一条人们经常说的"主线",对周边的环境很少涉及。这种根据二手材料和一两部名著写学术史的做法,

①殷寄明《语源学概论》,上海教育出版社2000年。

容易产生两个弊病：一个是人云亦云，把一两个人的一己之见当成定论，在阐发他们的一些精辟见解的时候，不可避免地也把他们的一些偏见继承下来、流传开去；另一个是抹杀了一些不同的意见，把一个时期的学术状况简单化。有些学说本来是一个时期几代人共同完善的，具有这个时代的烙印，片面的学术史却常常把发明权算在一两个名人名家的头上；有些学术上的真知灼见，常常是非主流的个别学者提出的，片面的学术史不去开掘，把这些见解遗忘在角落里。总之，断代考察不全不细，就会造成历史的失实，这是人类很大的损失。①

就魏晋南北朝隋唐五代这一历史时期的传统语言学研究成果来说，郭在贻先生曾经指出：

魏晋南北朝以迄隋唐时期，训诂学表面上看起来似乎处于停滞的状态，也找不出许慎和郑玄那样杰出的训诂学大师，但是这个时期的训诂学还是有所创新和发展的，最突出的表现在训诂学的研究领域有所扩展，训诂学开始摆脱经学附庸的地位，而为一切古文献服务。②

学术史都有继承有发展，词源学史也不例外。笔者研究发现，在魏晋南北朝隋唐五代这一历史时期，词源学的发展可以说是不绝如缕。虽未有系统的词源学理论出现，但在随文释义的注解、笔记杂著和辞书编纂中，时时体现了这一时期的学者们的词源研究思想。第一部词源学史著作《中国语源学史》中已对这一时期的一些重要成果作了评论，但这些成果并不是这一时期词源研究的全部内容，且评述较为简略。

因此，对魏晋南北朝隋唐五代这一历史时期的研究成果作深

①王宁《宋元明六书学研究·序》，中国社会科学出版社2003年，第1-2页。

②郭在贻《训诂学》，《郭在贻文集》第一卷，中华书局2002年，第574页。

入细致的爬梳整理并进而归纳出这一时期的词源研究特点，填补词源学史的小小空白，将是本书的主要任务。

由于已有的汉语词源学史研究对魏晋南北朝至隋唐五代时期的词源研究成果重视得还不够，因此本书着力于发掘材料，用材料说话，用事实说话，从语言材料本身归纳各自的成绩。不过，材料的查找本身也是一件很辛苦、很细致的工作。王宁先生指出：

古代语言学的遗产吸收起来是相当困难的，这不仅是由于年代久远，数量众多，语言古奥，内容精深，还因为它内容的综合性。语言学在古代不是一个独立的科目，除了“小学”带有专门的语言文字学性质外，很多语言学的知识和理论并没有存在贴着语言文字学标签的典籍中。各朝各代的杂记、笔记、文论、史论中都可能有语言文字学的内容。①

我们也不敢说已经将所有的有关材料找出来了，但是，应该可以说大多数材料已经接触到了。具体说来，我们的考察主要集中于如下语料：

魏王弼《周易注》

魏何晏《论语集解》

吴陆玑《毛诗草木鸟兽虫鱼疏》

晋范宁《穀梁传注》

晋杜预《春秋左传集解》

晋郭璞《尔雅注》、《方言注》

晋嵇含《南方草木状》

北魏贾思勰《齐民要术》

北魏郦道元《水经注》

隋颜之推《颜氏家训》

①王宁《古代语言学遗产的继承与语言学的自主创新》，《语言科学》2006 年第 2 期。

南朝梁顾野王《玉篇》

南朝梁皇侃《论语义疏》

唐贾公彦《周礼注疏》、《仪礼注疏》

唐颜师古《匡谬正俗》、《汉书注》、《急就篇注》

唐孔颖达《五经正义》

唐玄应《一切经音义》

唐慧琳《一切经音义》

唐段成式《酉阳杂俎》

唐李匡乂《资暇集》

唐五代刘恂《岭表录异》

南唐徐锴《说文解字系传》

以上材料中,《中国语源学史》已经谈到的有郭璞注、颜师古注、徐锴《系传》。因为研究的角度不一样,所以本书仍继续讨论。另外,《中国语源学史》谈到的还有《史记》三家注、薛综《两京赋注》、李登《声类》、王肃群经注、张揖《广雅》、李善《文选注》、崔豹《古今注》等,已颇详尽,本书不再涉及。

通过对这些材料的考察,我们发现魏晋南北朝隋唐五代时期的语言学家们有的已经进行了相当多的词源研究,有的则是零珠碎玉,往往而有。由于有些材料中体现出来的词源研究内容较多,有些则较少甚至没有,因此本研究对不同的材料有取舍的不同,对这些材料并不是平均用力。

四 关于词源学史的研究方法

关于魏晋南北朝隋唐五代词源学史的研究方法,我们有如下粗浅的想法。

(一)必须从具体材料出发。

写学术史必须要有具体详实的材料,不能光是自己的观点。

没有材料支持的观点都是值得怀疑的，仅靠少数几条习见的材料就发表评论的做法也是比较危险的。“在论述汉语史的研究方法的时候，我们中国研究汉语史的学人应该扬己之长，理直气壮地将‘历史文献考证法’列入，而且置于首位。要研究汉语几千年的历史，如此辉煌、如此丰富的文献，如果我们不高度重视、不充分利用，就难免遭‘数典忘祖’之讥。”①有时因为笔者的观点尚不成熟，则宁可将材料排比归纳，奉献于读者面前，让读者自己看看古人曾经有过什么样的研究，这比强作解人要好得多。本书以材料为主，出发点正在于此。本书不作脱离材料的阐发，而是在材料之后进行相应的评论。

（二）充分注意古人词源研究的方式。

古人的词源研究有什么方式？这也必须从材料出发作一实事求是的分析。

“词源”又称“语源”，本文统一采用“词源”的说法。《中国大百科全书·语言文字》未收“词源”和“语源”两个术语；《汉语大词典》“词源”条共收三个义项，其第三个义项是“语词的源头”，举例是：“在旧辞书中，《辞源》在语词溯源上有开创之功。”这里指的是寻求最早用例，不是我们所要讨论的内容。又“语源”条的解释是“语词的声音和意义的起源”。这是我们目前所见到的关于“语源”一词的最权威的定义。

任继昉先生《汉语语源学》：“词的语源，是一个词的音义来源、造词理据（音义结合的理由、根据），即一个具体的词音义最初结合的缘由；若该词为名词，则指其所以得名的由来。”并举清程瑶田《果裸转语记》中短剑“属镂”来源于体短的“蠾蝓”（蜘蛛）。②这

①鲁国尧《论“历史文献考证法”与“历史比较法”的结合——兼议汉语研究中的“犬马鬼魅法则”》，《古汉语研究》2003年第1期。

②任继昉《汉语语源学》，重庆出版社2005年，第1－2页。

个例子就是古人对连绵词的词源探讨。

但是，古人的词源探讨工作除了对音义来源作探讨外，还有其他方面的内容。这里要先从“得名之由”说起。

张永言先生说到，“词的‘内部形式’是西方近代语义学的一个术语，最先由德国语言学家洪堡特提出。但是关于这个问题的研究我国训诂学家也早就开始注意，这就是对所谓‘名义’即事物的‘得名之由’的探讨。”①我们知道，词源研究是语言研究的重要内容。词源研究中的一个重要内容是探求事物的“得名之由”。从东汉刘熙的《释名》以来，古人就在探讨事物的“得名之由”上下了很大的功夫。那么什么是词的内部形式呢？张永言先生说：“所谓词的内部形式又称词的词源结构或词的理据，它指的是被用作命名依据的事物的特征在词里的表现形式，也就是以某种语音表示某种意义的理由或根据。”②蒋绍愚先生说，“‘追溯语源’还包括探求词的‘内部形式’。词的内部形式，就是用作命名根据的事物的特征在词里的表现，又叫词的理据。简单地说，探求词的‘内部形式’，就是要探求词的‘得名之由’。”③

两位先生对词的“内部形式”（也即“得名之由”）所作的阐释实际上包括了原生词和孳生词的音义来源，以及由语素组合而成的复音词的构词的理据两个方面的内容。这从张永言先生有关《水经注》中的词源探讨的论文可以更为明显地看出（参见本书第三章中的相关内容）。本书所说的“得名之由”在许多场合往往是指后一种情况，即由语素组合而成的复音词的构词的理据。

又如伍铁平先生说到，“至于用‘长庚’、‘启明’、‘爱和美的女

①张永言《关于“词的内部形式”》，《语文学论集》（增补本），语文出版社1999年，第164页。

②张永言《关于“词的内部形式”》，《语文学论集》（增补本），语文出版社1999年，第164页。

③蒋绍愚《古汉语词汇纲要》，北京大学出版社1989年，第264页。

神'表示'金星',则是构词的理据,也就是命名的根据,或者用德国著名语言学家、普通语言学的创始人洪堡特的术语,叫做'内部形式'。"①所谓"长庚"、"启明"、"爱和美的女神"都是从不同的角度探讨"金星"的得名之由的。对词的得名之由进行探讨,是古人的词源研究的重要内容。因此,对古人有关得名之由的探讨重新作一番新的审视,作出系统的总结归纳,将是词源学史研究的重要任务之一。

王宁先生更为明确地指出:

科学的汉语词源学除探讨单音节派生词的造词理据外,还必须完成以下三方面的任务:

第一,探求后代已成为单纯词的连绵词与迭字词的词源;

第二,探求汉语双音合成词的词源;

第三,分辨汉语词与外来词,并探求外来词的来历及其汉化的过程。

完成这样三方面的任务,都要从探讨单音的汉语派生词起步,也都要涉及汉语的书写形式汉字,所以,传统字源学的经验和成就,对于它们都是有用的。特别是汉语本身的双音合成词探源,与单音派生词的探源,应当是一项任务的两个方面。②

因此,我们所说的古人的词源探讨,即对"得名之由"的探讨,实际上既包括对词的"音义来源"(词源)的探讨,也包括对词的构词理据(词源义)的探讨。

也因此,我们写词源学史就要对古人所探讨的事物得名之由的工作成果进行总结归纳。对于事物的得名之由,古人做了什么

---

①伍铁平《论词义、词的客观所指和构词理据》,《现代外语》1994年第1期。

②王宁《汉语词源的探求与阐释》,《训诂学原理》,中国国际广播出版社1996年,第148页。

样的工作，我们今天又该怎样归纳呢？张永言先生说，"每一种客观事物或现象都具有多方面的特征或标志，比如一定的形状、颜色、声音、气味等，但人们在给它命名的时候却只能选择其中的某一种特征或标志作为根据，而这种选择在一定程度上又是任意的。"①著名藏语研究专家胡坦先生将藏语词汇分为两大类，一是随欲名，二是随立名。他将随立名的得名之由分为七种，即由形状得名、因用途得名、由颜色得名、由事物其他特点得名、由比喻或比况得名、由产地得名、由声音得名。② 这说明从不同的角度来为事物命名，是不同语言的共同情况。古人已经充分注意到事物的得名源自不同的角度，因此分别从不同的角度进行了探讨，今天我们对魏晋南北朝隋唐五代词源学史进行总结的时候，也可以从这些不同的角度进行总结归纳。

（三）注意古人词源探讨方式的多样性。

由以上论述可以看出，审视古人的词源研究内容应从多方面着手。例如，像郭璞注中的声训和对连绵词的探讨、原本《玉篇》中的同声符同源字的系联、佛经音义著作中对外来词词源的说明、徐锴《说文解字系传》中对音义关系的探讨等，其词源探讨的出发点更加注意词的音义来源；而有关构词理据（词源义）的探讨则触处可见。

总之，古人对词源探讨的方式是多种多样的。刘师培曾在《物名溯源续补》一文中归纳命名取象有三种情况：一是据形貌而命名，一是据声音而命名，一是据文彩而命名。在《尔雅虫名今释》中又归纳为十二例，有"以自鸣之声呼之者"，有"以形状得名者"，

①张永言《关于"词的内部形式"》，《语文学论集》（增补本），语文出版社1999年，第164－165页。

②胡坦《藏语中的随欲名和随立名》，《藏语研究文论》，中国藏学出版社2002年。

有“以所生之时名之者”，有“以所具之能名之者”，有“以所生之地别之者”，有“以颜色别之者”，有“以形体别之者”，有“以种类大小别之者”，有“以音近名者”，有“以切语名者”，有“以合音名者”，有“以相似之物而同名者”。“这十二例，除‘以音近名’‘以切语名’‘以合音名’以外，其他九例显然都与表象的联想有关。”①所谓表象的联想，即根据表象的相似性而命名取义，也就是探讨词的得名之由。刘师培的研究不是我们的考察对象，但他所揭示的内容提醒我们应当注意古人词源探讨方式的多样性：古人的研究既有关于音义来源的探讨，也有关于构词理据（由于本书所涉及的“得名之由”大多表现为构词理据，因此我们有时将构词理据径称为得名之由）的探讨，其中尤其是构词理据的探讨又表现为多种多样的形式。只有这样，才能较为全面地叙述魏晋南北朝隋唐五代时期的词源学史。如果拘泥于“词源”的权威定义，将考察限定于古人有关音义来源的内容，那么我们的最终研究成果恐怕不能全面反映古人的词源研究的实际情况。

五　本书的命名

“词源学史”又叫“语源学史”，就是词源学的历史，或者说，对词源进行研究的历史，即历史上曾经有过什么人，对词源有过什么样的研究成果；我们今天对这些研究成果要述其成绩，明其不足，进行系统的总结归纳，这就是词源学史。“词源学史”这一概念尚未见于《中国大百科全书·语言文字》和其他工具书。我们统一采用“词源学史”的说法。

汉语词源学史的研究，已经取得了很多成果。从先秦“名物”问题的探讨到《说文解字》、《释名》，再到宋代的右文说，清代的因

①孙雍长《训诂原理》，语文出版社1997年，第142页。

声求义等，语言学界的研究已经很多，但需要研究而尚未措意者亦复不少，我们的研究集中于魏晋南北朝隋唐五代时期的词源研究，具体做法是从材料出发，尽可能地找出这一历史阶段中的词源研究成果，并加以分类排比和分析归纳，从中归纳出其成绩、不足，或一些规律性的东西。但本人才疏学浅，对这一历史阶段的词源研究的评价或有不当之处，不敢以“词源学史”名，故名曰“魏晋南北朝隋唐五代词源研究史略”，即对这一历史阶段中古人所作的词源研究工作作一简略评述。

第一章　郭璞注中的词源探讨

郭璞是一位博学的大家,也是中国语言学史上的一位重要人物。《晋书·郭璞传》:"郭璞,字景纯,河东闻喜人也。……璞好经术,博学有高才,而讷于言论,词赋为中兴之冠。好古文奇字,妙于阴阳算历。"又,"璞撰前后筮验六十余事,名为《洞林》。又抄京、费诸家要最,更撰《新林》十篇、《卜韵》一篇。注释《尔雅》,别为《音义》、《图谱》。又注《三苍》、《方言》、《穆天子传》、《山海经》及《楚辞》、《子虚》、《上林赋》数十万言,皆传于世。所作诗赋诔颂亦数万言。"①他为古书所作的注释今天能看到的只有《方言注》、《尔雅注》、《山海经注》、《穆天子传注》。其中以前两种最为重要。

一　《方言注》中的词源探讨

扬雄《方言》"是中国的第一部比较方言词汇"②,对它的研究,郭璞应该算是第一人。"扬雄以后,懂得这部书是拿语言作对象的,前有郭璞(二七六年至三二四年),后有王国维(一八七七年至一九二七年)……从景纯的注可以看出汉晋方言的异同,和有音无字各词的读法;可是假若没有静安的阐发,郭注的优点恐怕也不

①《晋书·郭璞传》,中华书局 1974 年,第 1899、1910 页。

②罗常培《〈方言校笺〉序》,见周祖谟《方言校笺》,中华书局 1993 年,第 3 页。

能像现在这样显著。所以郭王两君都可以算是《方言》的功臣。"①但是,对于郭璞《方言注》中有关词源研究的成果,尚无人进行系统的归纳。

郭璞的《方言注》,表现在以下几个方面:

(一)揭示了连绵词和叠音词的词源。

郭璞注《方言》,暗含了多种条例。其自序谓:"余少玩《雅》训,旁味《方言》,复为之解,触事广之,演其未及。"②

周祖谟先生从释词的角度对郭注有一评价:"在郭璞解释方言词语的时候,还有一些条例,是我们应当知道的:(1)原来'释词'不明晰的,给一个明确的解释。……(2)说明《方言》中一个语词所以这样说的意义。……(3)用普通语词来解释特殊语词或特殊的文字。……(4)用语言里的复音词来解释原书的单音词。……(5)说明'语转'。"③

周祖谟先生所说到的第(2)点,已经暗示了郭璞在注释《方言》时对词源有一定的揭示。依我们看来,实际上包括两种情况,即:(一)揭示了连绵词的词源;(二)揭示了叠音词的词源。以下分别讨论。

其一,揭示了连绵词的词源。

(1)《方言》卷一:"虔、儇,慧也。秦谓之谩。"郭璞注:"言谩訑也。"(P1)④

周祖谟校笺云:"考原本《玉篇》'谩'下引《方言》云:'秦晋谓

①罗常培序,载周祖谟《方言校笺》,中华书局 1993 年,第 3 页。按"扬雄"之"扬",罗序作"杨",周书也作"杨",今引文改作"扬"。

②引自钱绎《方言笺疏》,上海古籍出版社 1983 年,第 10 页。

③周祖谟《方言校笺》,中华书局 1993 年,第 13－14 页。

④凡未作特别说明之处,《方言》引文均据周祖谟《方言校笺》,中华书局 1993 年。但其中的被释词之间的逗号改为顿号。下文所引周祖谟校笺语,一般出自同页或下页(校笺语均为脚注),故不一一标明页码。

慧为谩,郭璞曰:言詑谩也。'郭注'谩詑'作'詑谩',此下所出詑谩二字之音先詑而后谩,是本作詑谩,不作谩詑。卢文弨校本谓先音詑后音谩误,因而乙正之,非是。案《楚辞·九章·惜往日》曰:'或詑谩而不疑',殆即郭注所本。詑谩亦曰诞谩、譠谩。《史记·龟策列传》云:'人或忠信而不如诞谩',本书卷十云:'譠谩、㦌他,皆欺谩之语',诞谩、譠谩,与詑谩音近义通。惟联绵词上下二文间或倒置,'詑谩'古人亦有言'谩詑'者,如《急就篇》云:'谩詑首匿愁勿聊',《说文》'逸'下云:'兔谩詑善逃也',并是其例。"

按,谩,上古音韵部为元部,詑为歌部,歌元对转,所以二字有叠韵关系,字又可作诞谩、譠谩,是连绵词。连绵词可倒言,这是一个比较普遍的规律。郭注此处言"谩詑",即用"谩詑"来解释"谩",实际上就是说"谩詑"或其异文"詑谩"的词源就是"谩"。《说文·言部》:"谩,欺也。"又"詑,沇谓欺曰詑。"连绵词有的可拆开探源,又证明了连绵词并非如过去所说的不可拆开讲。

(2)《方言》卷一:"娥、嬴,好也。……赵魏燕代之间曰姝,或曰妦。"郭璞注:"言妦容也。"(P2)

按,钱绎笺疏云:"妦者,《广雅》:'妦,好也。'卷十三'姚、娧,好也'注云:'谓妦娧也。'《说文》:'娧,好也。'《郑风·丰篇》'子之丰兮'毛传:'丰,满也。'《释文》、《方言》作妦,丰、妦亦同。注言'妦容'者,《玉篇》:'妦容,好貌。'《广韵》:'丰茸,美好也。'妦容、妦娧、丰茸,皆语之转耳,义并同也。"①据此,我们知道"妦容"并非偏正结构的词组,而是一个连绵词,义同丰茸。郭璞以"妦容"释"妦",说明他认识到二者同义,同时也暗示了"妦容"一词的词源。

(3)《方言》卷六:"蹇、妯,扰也。人不静曰妯,秦晋曰蹇,齐宋曰妯。"郭璞于"扰也"下注:"谓躁扰也。"(P42)

①钱绎《方言笺疏》,上海古籍出版社1983年,第28-29页。

按，躁，上古音精母宵部；扰，日母幽部。宵幽旁转。故“躁扰”是连绵词。郭璞以“躁扰”来解释“扰”，证明“躁扰”是魏晋时期的一个通用词，义为好动，即《方言》所谓“人不静”。例如《三国志·魏志·张既传》裴松之注引《魏略》曰：“缉性吝于财而矜于势，一旦以女征去郡，还坐里舍，悒悒躁扰。”《汉书·食货志下》：“莽性躁扰，不能无为，每有所兴造，必欲依古得经文。”“躁扰”的词源与“扰”有关（也与“躁”有关）。

（4）《方言》卷七：“佻、抗，县也。赵魏之间曰佻，自山之东西曰抗。燕赵之郊县物於台之上谓之佻。”郭璞注：“了佻，县物貌。”

按，郭注解释了连绵词“了佻”的词源即“佻”，也就是悬物于台上。（《方言》原文及郭注“县”即悬，《说文》：“县，系也。”后来写作悬。）

（5）《方言》卷十：“遥、窕，淫也。九嶷荆郊之鄙谓淫曰遥，沅湘之间谓之窕。”郭璞注：“窈窕，冶容。”（P62）

按，《说文》：“窈，深远也。”“窕，深肆极也。”有学者指出，“‘窈、’‘窕’二字的本义其实相去不远，可以看作一对同义词，由它们组成的词语‘窈窕’自然也是同义并列结构的复合式的。”“窈窕”可以表示深远义，同时也可以表示女子身材修长义（郭注中的“冶容”其实也与此基本相当）。记录后一词义时，“窈”与“姣、妖”等音义相通，“窕”与“跳、嬥”等音义相通。① 因此，“窈窕”一词中的两个字是可以分别推源的。郭注以“窈窕”释“窕”，说明他已意识到记录连绵词的汉字的分解性。

但是，另一方面，郭璞似乎也注意到了有一部分连绵词是不可拆分的。试看下面的例子：

（6）《方言》卷十：“惃、愂、顿愍，惛也。楚扬谓之惃，或谓之

---

①萧泰芳等《古代汉语注释商榷》，山西古籍出版社 1999 年，第 230－231 页。

憨。江湘之间谓之顿愍,或谓之氐惆。南楚饮毒药懑谓之氐惆,亦谓之顿愍,犹中齐言眠眩也。愁恚愦愦,毒而不发,谓之氐惆。”郭璞于“顿愍”下注:“顿愍犹顿闷也。”于“氐惆”下注:“氐惆犹懊憃也。”(P65)

按,连绵词往往有不同的词形,郭璞这里用一个较常见的词形去注释另一个词形,并没有拆开解释,表明该连绵词是不可拆分的。

关于“连绵字”的代表性说法是:“单纯的复音词,绝大部分是连绵字。……连绵字中的两个字仅仅代表单纯复音词的两个音节,古代注释家有时把这种连绵字拆成两个词,常作词组加以解释,那是绝大的错误。……总而言之,当我们阅读古书的时候,遇着同义词连用时,不要轻易地看成复音词;遇着连绵字时,千万不要拆开来讲。”①“双声叠韵和上古汉语的构词法有密切的关系。上古汉语里的双音词比现代汉语要少得多,而在这些双音词中,除了叠音词(如“夭夭”)之外,不少双音词的两个音节有双声叠韵的关系。……这种词,古代称为连绵字。”②

按,这里有两处不妥。其一,应该说“连绵词(联绵词)”,而不应该说“连绵字”,因为我们是从词义的角度来讨论的;其二,教材中说“遇着连绵字时,千万不要拆开来讲”,这也不妥。事实上,记录连绵词的两个字有相当一部分是可以拆开来讲的,即绝大多数连绵词中的一个或两个字可以分别推源。有学者研究表明,连绵词可分为三种,即“义合连绵词”(可以分别推源)、“衍音连绵词”(一个字可推源)、“摹声连绵词”(两个字均不可推源)。“作为研

①王力主编《古代汉语》(校订重排本),中华书局1999年,第91页。

②王力主编《古代汉语》(校订重排本),中华书局1999年,第545页。

究单位,可以分别探源,联绵词也有本字本义。"①

这是比较中肯的一种说法。郭璞虽然不是特别自觉地去进行连绵词的推源工作,但是从他的注释中我们确实可以看出他对连绵词的词源是有一定认识的。

其二,揭示了叠音词的词源。

(1)《方言》卷一:"娥、嬴,好也。秦曰娥,宋魏之间谓之嬴,秦晋之间凡好而轻者谓之娥。"郭璞于"秦曰娥"下注:"言娥娥也。""宋魏之间谓之嬴"下注:"言嬴嬴也。"(P2)

按,《广雅·释诂一》:"娥,美也。"《广韵·歌韵》:"娥,美好也。"郭璞以"娥娥"释"娥",证明叠音词"娥娥"的词源就在"娥"。又《方言》卷二:"秦晋之间美貌谓之娥。"郭璞注:"言娥娥也。"(P10)

又按,嬴,周祖谟校笺:"当即嬴之增益字,犹日莫之莫作暮,暮即莫之增益字。"钱绎笺疏:"《广雅》:'嬴,好也。'《广韵》:'嬴,美好貌。'《史记·赵世家》吴广女名'娃嬴',重言之则曰嬴嬴。《广雅》:'嬴嬴,容也。'嬴、嬴古今字。《古诗十九首》:'盈盈楼上女'李善注:'盈与嬴古字通'。"②按,"嬴"在上古汉语中除了作少昊氏之姓外,常见的词义是"满、有余"等,如《尔雅·释天》:"春为发生,夏为长嬴。"并无"美"义。然据《方言》,宋魏之间确有此用法,郭璞以"嬴嬴"释"嬴",可以证明叠音词"嬴嬴"词源就在"嬴"。③

(2)《方言》卷二:"奕、偞,容也。自关而西凡美容谓之奕,或谓之偞。"郭璞注:"奕偞皆轻丽之貌。"(P10)

---

①陈淑梅《运用〈说文解字〉考察联绵词的成因和特点》,载《说文解字研究》(第一辑),河南大学出版社 1991 年,第 252 页。

②钱绎《方言笺疏》,上海古籍出版社 1983 年,第 27 页。

③"嬴嬴"尚有异文。周祖谟校笺:"《太平御览》卷三八一引本文云:'宋谓之嬴',注作'言嬴弱也。'"中华书局 1993 年版,第 2 页。

按，周祖谟校笺云："'奕偞'，《绀珠集》引作'奕奕偞偞'，《御览》卷三八一引作'奕奕偞偞'，《广韵·叶韵》偞下云：'偞偞轻薄美好貌'，是'奕偞'旧作'奕奕偞偞'。郭璞注《方言》每取叠字及联绵语释书中所举之单词，自以作奕奕偞偞为是。"则此处以"奕奕偞偞（奕奕偞偞）"释"奕"、"偞"，暗示了"奕奕偞偞（奕奕偞偞）"的词源即奕、偞。

（3）《方言》卷三："梱，就也。"郭璞注："梱梱，成就貌。"（P23）

按，周祖谟校笺："梱，戴本改作稛，字从禾，注内同。"钱绎笺疏："《广韵》：'裍，成就也。'《说文》：'稛，豢束也。'《玉篇》：'捆，成熟也。'《广韵》同。《赵策》云：'状如振稛，缠之以布。'注云：'稛，就也。'緸、捆、裍、稛并与梱通，皆成就之意。"①《墨子·非乐上》"多治麻丝葛绪緸布緣"孙诒让间诂："緸、梱、捆并稛之俗。"②则"梱"亦不烦改作"稛"。郭注以"梱梱"释"梱"，暗示了"梱梱"的词源。

（4）《方言》卷六："汩、遥，疾行也。"郭璞注："汩汩，急貌也。"（P42）

按，依周祖谟校笺，"汩"，戴卢两本均作"汩"，与《说文》合，当据正。"汩汩"的词源正在"汩"。

（5）《方言》卷十三："藐、素，广也。"郭璞注："藐藐，旷远貌。"（P80）

按，"藐藐"的词源正在"藐"。

叠音词是由两个相同音节相叠构成的单纯词，如猩猩、姥姥、饽饽、潺潺、皑皑、瑟瑟。由一个语素构成的词叫单纯词。③ 既然

①钱绎《方言笺疏》，上海古籍出版社1983年，第225页。

②孙诒让《墨子间诂》，上海古籍出版社1993年版四部精要本第十二册，第25页。

③黄伯荣、廖序东主编《现代汉语》，高等教育出版社2002年第3版，第257-258页。

是单纯词,似乎就不可以拆开解释。但是,郭注常常用叠音词来解释单音词,说明叠音词的词源正在单音词。

(二)揭示了单音词的词源。他常有意识地揭示事物的得名之由;如果不是有意识地揭示事物的得名之由,有时我们也可以从释词用语中看出他在一定程度上暗示了词源。

其一,有意识地揭示事物的得名之由。

郭注探究事物得名之由,主要是用"因名"、"故名"、"以名之"、"之名"、"以……故"、"取名于"、"因以为号"等术语。例如:

(1)《方言》卷三:"楚东海之间亭父谓之亭公,卒谓之弩父,或谓之褚。"郭璞于"弩父"下注:"主担幔弩导幨因名云。"(P18)

按,郭璞的这句释义用语看起来不够清楚,可能有传写之误。周祖谟校笺:"注'主担幔弩导幨因名云'《御览》卷三百引作'卒主担弩导引因以为名'。《绀珠集》引作'言主担弩因以为名也'。"钱绎笺疏:"《汉书·高祖纪》应劭注:'旧时亭有两卒,一为亭父,掌开闭扫除;一为求盗,掌逐捕盗贼。'《续汉书·百官志》注引《风俗通义》云:'汉时因秦,大率十里一亭,亭,留也,盖行旅宿食之所馆。亭吏旧名负弩,改为亭长,或曰亭父。'"①我们据此知道,负弩求盗是亭卒的职责,因此郭璞释义中有"因名"之语,也就是有意识地指出"弩父"的得名之由。

(2)《方言》卷三:"苏、芥,草也。……沅湘之南或谓之䓯,其小者谓之蘮葇。"郭璞注:"堇葇也,亦苏之种类,因名云。"(P19)

按,"堇葇"当依周祖谟校笺作"薰葇"。郭璞注说"……因名云",也正说明了他是有意识地在解释事物的得名之由。

(3)《方言》卷三:"茷芡,鸡头也。北燕谓之茷,青徐淮泗之间谓之芡。南楚江湘之间谓之鸡头,或谓之雁头,或谓之乌头。"郭璞注:"状似乌头,故传以名之。"(P20)

---

①钱绎《方言笺疏》,上海古籍出版社 1983 年,第 175－176 页。

按,郭注“乌头”当作“鸟头”。又郭注中“传”当作“博”。周祖谟校笺云:“茷,方语或曰鸡头,或曰雁头,或曰乌头,称谓有殊,而同以鸟头名之,则一也;故郭璞云:‘状似鸟头,故博以名之。’传博形近而讹,戴校作转,则似郭注专为释乌头一词而设矣,不若刘说为长。”郭注“博以名之”解释了鸡头、雁头、乌头(鸟头)等名称的得名之由。

(4)《方言》卷四:“襜谓之袖。”郭璞注:“襦襬有袖者,因名云。”(P27)

按,周祖谟校笺:“戴氏云:‘案《释名》云:半袖,其袂半襦而施袖者也。是襦有不施袖者,正文当云襜谓之半袖,注当云襦之半袖者,注内襬字亦舛误,不得言袖,襬当是因上条而误。’”此说是。郭璞注解释了襦之所以称为“半袖”的原因。

(5)《方言》卷四:“幏,巾也。”郭璞注:“巾主覆者,故名幏也。”(P29)

按,《说文·冃部》:“冡,覆也。”段注:“凡蒙覆、童蒙之字,今字皆作蒙,依古当作冡。蒙行而冡废矣。”冡声字蒙、醭、蘔、幏的源义素为“蒙覆”。郭注正揭示了“幏”的得名之由。

(6)《方言》卷六:“緍、緜,施也。秦曰緍,赵曰緜,吴越之间脱衣相被谓之緍緜。”郭璞注:“相覆及之名也。”(P43)

按,郭注认为“緍緜”的得名之由是“相覆及”,即“脱衣相被”。

(7)《方言》卷七:“杜、蹻,涩也。赵曰杜,山之东西或曰蹻。”郭璞于“赵曰杜”下注:“今俗语通言涩如杜,杜梨子涩,因名之。”(P47)

按,郭注解释了“赵曰杜”的原因。

(8)《方言》卷七:“攍、膂、贺、艜,儋也。齐楚陈宋之间曰攍。燕之外郊越之垂瓯吴之外鄙谓之膂。”郭璞注:“担者用膂力,因名云。”(P50)

按,郭注指出了方言曰“膂”的得名之由。

(9)《方言》卷八:“鹂黄,自关而东谓之鸧鹒,自关而西谓之鹂黄。”郭璞注:“其色黧黑而黄,因名之。”(P54)

(10)《方言》卷九:“戟,楚谓之釨。”郭璞注:“取名于钩釨也。”(P55)

(11)《方言》卷九:“箭,自关而东谓之矢,江淮南楚之间谓之镞,关西曰箭。”郭璞注:“箭者竹名,因以为号。”(P55)

按,《说文·竹部》:“箭,矢也。”这当是引申义,本义当为竹名。《慧琳音义》卷六“箭笞”注引《考声》云:“箭,竹名也,似篠而小,大叶,可以为矢,因名矢为箭。”

(12)《方言》卷十三:“冢,秦晋之间谓之坟,或谓之培,或谓之堬,或谓之采,或谓之埌,或谓之垄。”郭璞于“坟”下注:“取名于大防也。”于“采”下注:“古者卿大夫有采地死葬之,因名也。”于“垄”下注:“有界埒似耕垅,因名之。”(P815)

按,郭注揭示了賁声字可示“高、大”源义素,“采”指采邑,龙声字可示“高”源义素,“坟”、“采”、“垄”因而得名。

有时候虽然没有类似的术语,但其实和上面谈到的例子完全相同。例如:

(13)《方言》卷一:“眉、梨、耋、鲐,老也。东齐曰眉,燕代之北鄙曰梨,宋卫兖豫之内曰耋,秦晋之郊、陈兖之会曰耇鲐。”郭璞于“梨”下注:“言面色似冻梨。”于“鲐”下注:“言背皮如鲐鱼。”(P6)

按,《广雅·释诂一》:“梨,老也。”即老人脸上有老年斑。又《尔雅·释诂上》:“鲐背,寿也。”《书·泰誓中》“播弃梨老”孔安国传“鲐背之耇称梨老”孔颖达疏引舍人曰:“鲐背,老人气衰,皮肤消脊,背若鲐鱼也。”郭璞的注释实际上也就是说明了“梨”、“耇鲐”的得名之由。

(14)《方言》卷八:“鹎鸮,周魏齐宋楚之间谓之定甲,或谓之独春。自关而东谓之城旦,或谓之倒悬。”郭璞于“独春”下注:“好自低仰。”于“城旦”下注:“言其辛苦有似于罪祸者。”于“倒悬”下

注："好自倒悬于树也。"（P52）

按，这里揭示了"鹖鴠"在不同的方言中的不同称谓的得名之由。

（15）《方言》卷十三："隑，陭也。"郭璞注："江南人呼梯为隑，所以隑物而登者也。"（P85）

（16）《方言》卷十三："㩲，依也。"郭璞注："谓可依倚之也。"（P86）

这两个例子分别揭示了"隑"、"㩲"的得名之由。

"'追溯语源'还包括探求词的'内部形式'。词的内部形式，就是用作命名根据的事物的特征在词里的表现，又叫词的理据。简单地说，探求词的'内部形式'，就是要探求词的'得名之由'。"①研究事物的"得名之由"是有意义的。但是，由于历史条件的限制，郭璞的注所揭示的得名之由有时只能称为"流俗词源"②，例如：

（17）《方言》卷八："虎，陈魏宋楚之间或谓之李父，江淮南楚之间谓之李耳，或谓之於䖘。自关东西或谓之伯都。"郭璞于"李耳"下注："虎食物值耳即止，以触其讳故。"（P51）

按，《方言》这里列出了众多名称"李父"、"李耳"、"於䖘"、"伯都"。关于"李耳"，《太平御览》卷八九一引汉应劭《风俗通》："呼虎为李耳。俗说虎本南郡中庐李氏公所化为，呼'李耳'因喜，呼'班'便怒。"明代李时珍《本草纲目·兽二·虎》反驳这一说法："李耳当作狸儿，盖方言狸为李，儿为耳也。"但事实上，哪种说法都不对。据考，上引四种关于虎的称谓其实都是当时的民族语言，并非汉语方言。今湘西土家语称公虎为[lipa]，与"李父"音近，称

①蒋绍愚《古汉语词汇纲要》，北京大学出版社1989年，第265页。

②关于"流俗词源"，参见索绪尔《普通语言学教程》，高名凯译，商务印书馆1980年，第244－247页。

母虎为[lini]，与“李耳”音近。所以二词实际上是借自当时南楚一带少数民族语言的外来词。① 郭注中关于“李耳”的说法无疑是不对的。

(18)《方言》卷十：“痴，騃也。扬越之郊凡人相侮以为无知谓之眲。眲，耳目不相信也。或谓之斫。”郭璞于“耳目不相信也”下注：“因字名也。”(P65)

按，从郭璞注来看，似乎“眲”表示“耳目不相信也”是因为这个字从目从耳。但事实上，应该是为了记录“耳目不相信”这个词义才造的“眲”这个字。严格说来，这一条与词源无关，但是“因……名也”看起来与其他术语差不多，所以顺便一说。

其二，在释词中暗示词源。

(1)《方言》卷一：“眉、梨、耋、鲐，老也。东齐曰眉，燕代之北鄙曰梨，宋卫兖豫之内曰耋，秦晋之郊、陈兖之会曰耇鲐。”郭璞于“东齐曰眉”下注：“言秀眉也。”于“耋”下注：“八十为耋。”(P6)

按，《诗·豳风·七月》：“为此春酒，以介眉寿。”毛传：“眉寿，豪眉也。”孔疏：“人年老者，必有豪毛秀出者，故知眉谓豪眉也。”《说文·老部》：“耋，年八十曰耋。”《诗·秦风·车邻》“逝者其耋”毛传：“耋，老也。”《尔雅·释言》：“耋，老也。”上引郭璞的注释在释词中暗示了词源。

(2)《方言》卷二：“驢瞳之子谓之䁖。”②郭璞于“驢”下注：“驢，黑也。”(P11)

按，“卢”声可示“高”源义素，亦可示“黑”源义素，郭璞这里指

①参见王静如《关于湘西土家语言的初步意见》，《中国民族问题研究集刊》第4辑，1955年。张永言《训诂学简论》，第39页，华中工学院出版社1985年；赵振铎、黄峰《扬雄〈方言〉里的外来词》，《中华文化论坛》1998年第2期。

②周祖谟校笺：“䁖当作矑，《说文》矑，卢瞳子也。”又引段注证之。可从。

出的是后者，指出了“黸”的词义是黑，实际上也暗示了其词源。宋人王观国指出，“《汉书·扬雄〈甘泉赋〉》曰：‘玉女欣视其青卢。’注曰：‘卢，目童子也。’而《文选·甘泉赋》作青矑。按《字书》：矑，目童子也。……扬雄《法言》曰：‘彤弓黸矢，不为有矣，黸者黑之甚也，于义无伤焉。’”①也认为卢声可示“黑”源义素，但比郭璞晚了很多年。

(3)《方言》卷二：“私、策、纤、葰、稺、杪，小也。……凡草生而初达谓之葰。……木细枝谓之杪，江淮陈楚之内谓之篾。”郭璞于“葰”下注：“锋萌始出。”又于“篾”下注：“篾，小貌也。”(P12)

按，“锋萌始出”是用来解释“葰”的，这就暗示了“葰”的词源“小、细”。《广雅·释诂二》：“葰，小也。”王念孙疏证：“葰之言锐也。……小谓之锐，故兵芒亦谓之锐，草初生亦谓之葰。”②郭璞的注正暗示了这一词源。

又按，郭注“篾，小貌也”也暗示了词源。高亨《文字形义学概论》系联了一组同源字：“毛本细小之物，故含有细小之义诸字，由此孳生而出。《说文》：‘緜，联微也。缅，微丝也。緍，钓缴也。緢，旄丝也。彡，细文也。缦，缯无文也。米，粟实也。糜，糁也。糠，碎也。糩，麸也。麪，麦末也。鹪，鹪鹩也。蠓，蠛蠓也。蠡，啮人飞虫。篎，小管谓之篎。嫇，婴嫇也，一曰嫇嫇小人皃。溟，小雨溟溟也。濛，微雨也。溦，小雨也。霡霂，小雨也。塺，尘也。’此皆含有细小之义。今人称小雨曰毛毛雨，即因雨丝如毛而名之。然则蒙、溟、溦、霡霂等字，由毛滋生而出，审矣。”③他所举例子中的形声字，声符大多示“细小”之源义素，如昏声、苗声、曼声、蔑

①王观国《学林》，中华书局 1988 年版，第 176－177 页。

②王念孙《广雅疏证》，上海古籍出版社 1993 年版四部精要本第三册，第 408 页。

③高亨《文字形义学概论》，齐鲁书社 1981 年新 1 版，第 309 页。

声、少声、蒙声、冥声、散声等等。《方言》的“杪”、“篾”可以纳入这一组同源字中，而郭璞的注“小貌”也正暗示了词源。

(4)《方言》卷三：“楚东海之间亭父谓之亭公，卒谓之弩父，或谓之褚。”郭璞于“褚”下注：“言衣赤也。褚音赭。”(P18)

按，《说文·衣部》：“褚，制衣。”又《说文·糸部》“絮”字段注：“以絮纳袷衣间为袍曰褚，亦曰装。褚亦作著。以麻緼为袍亦曰褚。”与衣赤无关。郭璞释作“言衣赤也。褚音赭”实际上表明褚为借字，本字当作赭。《说文·赤部》：“赭，赤土也。”段注：“引申为凡赤。”《广雅·释器》：“赭，赤也。”这就通过揭示本字而使“褚”的词源更为显豁。

(5)《方言》卷四：“襜谓之被。”郭璞注：“衣掖下也。”(P28)

按，掖通腋。《礼记·深衣》“袼之高下，可以运肘”郑玄注：“袼，衣袂当掖之缝也。”陆德明释文：“掖，本又作腋。”上引方言文例钱绎笺疏：“郭璞注：被所以蔽掖下，故以为名。”①“故以为名”是钱绎替郭璞说的，但也由此可以看出郭注确实暗示了词源。

(6)《方言》卷五：“瓬、瓨、甒、岙、甀、瓮、瓺、瓷、瓿甊、甇，甖也。灵桂之郊谓之瓬，其小者谓之瓨。”郭璞于“灵桂之郊谓之瓬”下注：“今江东通名大瓮为瓬。”(P33)

按，亢声可示“大”源义素。王念孙有《释大》一文，取《尔雅·释诂》“弘、廓、宏、溥”以下凡有“大”义之字，依三十六字母，集牙、喉八母汇释而成。例如：“冈，山脊也；亢，人颈也。二者皆有‘大’义。故山脊谓之冈，亦谓之岭。人颈谓之领，亦谓之亢。彊谓之刚，大绳谓之纲，特牛谓之犅。大贝谓之魧，大瓮谓之瓬。其义一也。”郭注引方言材料正说明他注意到了“瓬”的词源。

(7)《方言》卷六：“聳、䏂，聋也。半聋，梁益之间谓之䏂。秦晋之间听而不聪，闻而不达，谓之䏂。生而聋，陈楚江淮之间谓之

①钱绎《方言笺疏》，上海古籍出版社1983年，第264页。

耸。"郭璞注:"言无所闻常耸耳也。"(P39)

按,郭注暗示了为什么陈楚江淮之间把"生而聋"叫做"耸"。

(8)《方言》卷九:"车辖,车轴头也。齐谓之轪。"郭璞注:"又名铙。"(P56)

按,辖、铙,即套在车轴末端的金属筒状物。按,《说文》:"堯,高也,从垚在兀上,高远也。""垚,土高也,从三土。"从"尧"得声的形声字往往有"高大"义素,如峣,高山;颡,高大的头;骁,高大的马;獍,高大的犬;翘,长大的尾巴;趬,高高地举足。① 车辖又名"铙",其得名之由当也是由于它是套在车轴末端的外面,比车轴要略大,以防车轴脱出,故名。郭璞有意识地指出这一点,说明他对"铙"的词源有一定认识。

(9)《方言》卷九:"(船)首谓之閤闾,或谓之艗艏。"郭璞注:"鹢,鸟名也。今江东贵人船前作青雀是其像也。"(P60)

按,郭注指出了"艗艏"得名于"鹢首"。

(10)《方言》卷十一:"蜂,燕赵之间谓之蠓螉,其小者谓之蠮螉。"郭璞注:"小细腰蜂也。"(P70)

按,殹声字可示"小"源义素,故郭注云"小细腰蜂"。

(11)《方言》卷十二:"尐、杪,小也。"郭璞注:"树细枝为杪也。"(P73)

按,少声字可有小义。

(12)《方言》卷十二:"解、输,棁也。"郭璞注:"棁犹脱也。"(P73)

按,周祖谟校笺:"棁,戴本作捝,注同。云:'棁乃侏儒柱,不与脱通。《说文》云:"捝,解捝也。"《广韵》捝字注云:"或作脱。"'今据以订正。"依《说文》,"捝"与"脱"通,二者同源。

①张世禄《汉语同源词的孳乳》,《扬州师范学院学报》(哲社版)1980年第3期。

(13)《方言》卷十二:“殹,幕也。”郭璞注:“谓蒙幕也。”(P78)

按,殹声字可有蒙覆义。

(14)《方言》卷十二:“蜀,一也。南楚谓之独。”郭璞注:“蜀犹独也。”(P79)

按,郭注以“独”释“蜀”。独从蜀得声,“蜀”亦可表示孤独义。如《管子·形式》:“上无事,则民自试;抱蜀不言,而庙堂既修。”郭注已经注意到声符的示源功能。

(15)《方言》卷十三:“黮、黰,私也。”郭璞注:“皆冥闇,故为阴私也。”(P80)

按,郭注解释了“黮”、“黰”二词表示阴私义的词源。

(16)《方言》卷十三:“漮,空也。”郭璞注:“漮窘,空貌。康或作歉虚字也。”(P83)

按,依周祖谟校笺,“窘”当作“窞”。但钱绎笺疏本作“窞”;另外,郭注中“康”当作“漮”,钱绎笺疏本正作“漮”字,可能周祖谟校笺本误排。又按,钱绎笺疏:“漮空声之转也。”①这段话可与《玉篇》互证。《原本玉篇残卷·欠部》:“歉,苦唐反。《穀梁传》:‘四谷不升谓之歉。’刘兆曰:‘歉,虚也。’《说文》:‘饥也,虚也。’野王案:《大戴礼》‘礼丧凶歉色’是也。凡器物空虚亦曰歉,《毛诗》‘酌彼歉爵’是也。水空虚为漮字,在《水部》;屋空虚为㡉字,在《宀部》。”按,这里系联了歉、漮、㡉三字,并且指出其源义素为“空虚”。郭注则在此之前就已经指出了“漮”、“歉”二字所记录词义中的源义素“空、虚”。

(17)《方言》卷十三:“芋,大也。”郭璞注:“芋犹讶耳。”(P87)

按,《说文》:“芋,大叶实根骇人,故谓之芋也。”钱绎笺疏云:“《众经音义》引李登《声类》云:‘芋,大叶著根之菜,见之惊人,故曰芋。’”于声字可示大源义素。

---

①钱绎《方言笺疏》,上海古籍出版社 1983 年,第 757 页。

(18)《方言》卷十三:“冢……自关而东谓之邱,小者谓之塿,大者谓之邱,凡葬而无坟谓之墓,所以墓谓之墲。”郭璞于“塿”下注:“培塿亦堆高之貌。”于“墓”下注:“言不封也;墓犹慕也。”于“墲”下注:“墲谓规度墓地也,《汉书》曰‘初陵之墲’是也。”(P815-816)

按,这一段话中郭注暗示了词源:“塿”词源在于娄声(高大义素),“墓”词源在于莫声(蒙覆义素),“墲”的词源则由“规度墓地”引申而来。

(三)揭示古今方言的语转关系。这又可以从两个方面来说。

其一,对声转(或语转)的阐发。

继承了扬雄《方言》的“转语”概念,用来表示方言词的古今变化,也就是一个词在时间或空间上发生的变化。

(1)《方言》卷一:“秦晋之间凡物壮大谓之嘏,或曰夏。秦晋之间凡人之大谓之奘,或谓之壮。燕之北鄙齐楚之郊或曰京,或曰将。皆古今语也,初别国不相往来之言也,今或同。”郭璞于“皆古今语也”下注:“语声转耳。”(P4)

按,奘、壮、京、将四字,古音韵部均属阳部,语音相近。

(2)《方言》卷二:“剿、蹶,狯也。秦晋之间曰狯,楚谓之剿,或曰蹶;楚郑曰蔿,或曰姡。”郭璞于“楚郑曰蔿”下注:“音指撝,亦或声之转也。”(P17)

按,周祖谟校笺:“或,戴本改作狯。”钱绎笺疏:“《楚辞·九叹》‘若青蝇之伪质兮’王逸注云:‘伪,变也。’譌、伪、为并与蔿通,方俗语有轻重耳。”①说明“蔿”可读如“指撝”之“撝”,但同时也是“狯”声之转,即语音稍有变化。这就说明“语转”不仅有语音上的变化,也有语义上的关系。

(3)《方言》卷三:“蔿、譌、譁、涅,化也。燕朝鲜洌水之间曰

①钱绎《方言笺疏》,上海古籍出版社 1983 年,第 170 页。

涅，或曰譁。”郭璞于“譁”下注：“皆化声之转也。”（P19）

按，钱绎笺疏云：“《广雅》：‘譁、蔿、涅，匕也。’又云：‘蔿、譌，譁也。’《说文》：‘匕，变也。’经典通作化。”①郭注云“皆化声之转也”说明声转不仅仅是语音关系，语义上同样有关系。

（4）《方言》卷三：“苏、芥，草也。”郭璞注：“《汉书》曰：‘樵苏而爨。’苏犹芦，语转也。”（P19）

按，郭注中“芦”字传写致误。周祖谟校笺：“‘苏犹芦，语转也’，王氏校本作蘆，是也。蘆蘆形近而讹。……蘆乃枯草之名，与苏音义相似，故郭云语转。芦者苇也，与苏芥不相类，不得谓之语转。”是知“苏犹蘆，语转也”也是音义相关。

（5）《方言》卷五：“杷，宋魏之间谓之渠挐，亦谓之渠疏。”郭璞注：“语转也。”（P36）

（6）《方言》卷五：“薄，宋魏陈楚江淮之间谓之苗，或谓之麴。”郭璞注：“此直语楚声转也。”（P36）

按，周祖谟校笺引《玄应音义》，谓其引《方言》“语楚”作“楚语”。但上引文亦未必误。《方言》卷七：“竘、貌，治也。吴越饰貌为竘，或谓之巧。”郭璞注：“语楚声转耳。”（P49）与此相同，周无校。细味其义，当是指“此语乃楚声转也”之义。又卷八：“尸鸠”条下郭璞注：“此亦语楚声转也。”（P53）

（7）《方言》卷五：“床……其杠，北燕朝鲜之间谓之树，自关而西秦晋之间谓之杠，南楚之间谓之赵。”郭璞注：“赵当作兆，声之转也。”（P37）

按，依周祖谟校笺，“兆”，戴本作桃，《广雅·释器》字作㧁。其实，不管作何体，作“赵”是不对的，故郭璞加注。而其致误的原因在于音近：“声之转也”。

（8）《方言》卷十：“崽者，子也。”郭璞注：“崽音枲，声之转

①钱绎《方言笺疏》，上海古籍出版社1983年，第179页。

也。”(P61)

(9)《方言》卷十:“涑,不知也。”郭璞注:“音瘢眩,江东曰咨,此亦如声之转也。”(P61)

按,据周祖谟校笺,“瘢”当作“痴”。所谓“此亦如声之转”即“咨”的读音读如痴眩反,而略有改变。

(10)《方言》卷十:“湘,或也。沅湘之间凡言或如此者曰湘如是。”郭璞注:“亦此憨声之转也。”(P66)

(11)《方言》卷十一:“蝇,东齐谓之羊。”郭璞注:“此亦语转耳。今江东人呼羊声如蝇。凡此之类,皆不宜别立名也。”(P70)

按,所谓“凡此之类,皆不宜别立名也”意思是说音如“蝇”和音如“羊”的词是同一个词,不宜看成是两个词。

其二,有时候虽然没有指明语转关系,但实际上还是说的语转,但这些往往是用声训方式表现出来。例如:

(1)《方言》卷六:“悀,愊也。凡以器盛而满谓之悀。”郭璞注:“言涌出也。”(P43)

以“涌”释“悀”。

(2)《方言》卷七:“发税,舍车也。东齐海岱之间谓之发,宋赵陈魏之间谓之税。”郭璞注:“税犹脱也。”(P47)

以“脱”释“税”。

(3)《方言》卷十二:“倩、荼,借也。”郭璞注:“荼犹徒也。”(P75)

以“徒”释“荼”。

(4)《方言》卷十二:“麋、梨,老也。”郭璞注:“麋犹眉也。”(P75)

以“眉”释“麋”。

郭璞所揭示的语音关系的相互转化对我们今天进行同源词的语音关系研究是有一定的启发的。当然,他所说的“语转”过于宽泛,而事实上其中的语音规律是比较复杂的。“必须了解声转与韵转的这种相互制约和相互作用的关系，才算做到了对同源词语音关系的全面把握。”①

（四）郭璞《方言注》进行了平面的系源。前面我们所说到的几项内容，实际上其中有相当一部分内容已经包含了系源的成分在内。再如：

（1）《方言》卷九：“盾，自关而东或谓之瞂，或谓之干。”郭璞注：“干者扞也。”（P55）

按，《慧琳音义》卷六十八“防御”注引《考声》云：“扞，御也。”郭注从功用上解释了盾叫做“干”的原因。也就是说二者是同源词。但是，以“扞”释“干”，是以派生词释源词，达不到推源的目的，虽然这一解释说明了“盾（干）”的功用。

（2）《方言》卷十二：“怤愉，悦也。”郭璞注：“怤愉，犹呴愉也。”按，钱绎《笺疏》云：“《广雅》：‘怤愉，说也。’说悦古今字。又云：‘怤愉，喜也。’喜与说义相近。……王褒《圣主得贤臣颂》云：‘是以呕喻受之。’《文选》李善注引应劭云：‘呕喻，和悦貌。呕喻与呴愉同。’”（P75）可知怤愉与呴愉是一对同源词。

王宁先生说到，“由于根词不确定，加之词在派生时多枝多蔓，悠久的历史和纷繁的方言又使词音与字形变化多端，所以，全部系源实际上也作不到。”②所以，我们应该从语言学史的角度对郭注中的这种平面的系源工作予以肯定。

---

①孟蓬生《上古汉语同源词语音关系研究》，北京师范大学出版社 2001 年，第 256 页。

②王宁《浅论传统字源学》，《训诂学原理》，中国国际广播出版社 1996 年，第 136 页。

二 《尔雅注》中的词源探讨

郭璞的《尔雅注》中的词源研究主要表现在以下几个方面①:

(一)在释词中揭示词源。

郭璞常有意识地揭示事物的得名之由;如果不是有意识地揭示事物的得名之由,有时我们也可以从释词用语中看出他在一定程度上暗示了词源。

其一,有意识地揭示事物的得名之由。

郭注探究事物得名之由,主要是用"因以名云"、"以……名之"、"义出于此"、"所以……""因取……以为名"、"取……"、"因名"、"故名"、"故曰"、"言……"等术语。例如:

(1)《释训》:"籧篨,口柔也。"郭璞注:"籧篨之疾不能俯,口柔之人视人颜色常亦不伏,因以名云。"(P29)

(2)《释训》:"戚施,面柔也。"郭璞注:"戚施之疾不能仰,面柔之人常俯,似之,亦以名云。"(P30)

(3)《释宫》:"牖户之间谓之扆。"郭璞注:"牕东户西也。《礼》云斧扆者,以其所在处名之。""其内谓之家。"郭璞注:"今人称家,义出于此。""东西墙谓之序。"郭璞注:"所以序别内外。""西南隅谓之奥。"郭璞注:"室中隐奥之处。"(P1-2)

(4)《释宫》:"室中谓之时,堂上谓之行,堂下谓之步,门外谓之趋,中庭谓之走,大路谓之奔。"郭璞注:"此皆人行步趋走之处,因以名云。"(P17)

---

①引文据郝懿行《尔雅义疏》,北京市中国书店1982年影印本。全书共三册,其中第一册是《释诂上》、《释言》、《释训》、《释亲》,第二册是《释诂下》、《释宫》、《释器》……(以下排列方式与传统的相同)。该书将《释诂上》与《释诂下》分列于不同的地方,不知出于何种原因。该书每篇页码都始于一,且每两页页码相同。本书引文姑依该书。

(5)《释器》:“弓,有缘者谓之弓,无缘者谓之弭。以金者谓之铣,以蜃者谓之珧,以玉者谓之珪。”郭璞注:“用金蚌玉饰弓两头,因取其类以为名。珧,小蚌。”(P21)

(6)《释天》:“穹、苍苍,天也。”郭璞注:“天形穹隆,其色苍苍,因名云。”(P1)(宋邢昺疏:“郭以穹及苍苍俱为天称,《毛诗传》则以苍天释穹苍。”)《释天》:“载,岁也。夏曰岁。”郭璞注:“取岁星行一次。”“商曰祀。”郭璞注:“取四时一终。”“周曰年。”郭璞注:“取禾一熟。”“唐虞曰载。”郭璞注:“取物终更始。”(P8)

(7)《释天》:“十月为阳。”郭璞注:“纯阳用事,嫌于无阳,故以名云。”(P10)

(8)《释天》:“寿星,角亢也。”郭璞注:“数起角亢,列宿之长,故曰寿。”(P15)

(9)《释天》:“星纪斗,牵牛也。”郭璞注:“牵牛斗者,日月五星之所终始,故谓之星纪。”《释天》:“娵觜之口,营室东壁也。”郭璞注:“营室东壁星四方似口,因名云。”(P19)

(10)《释天》:“降娄,奎娄也。”郭璞注:“奎为沟渎,故名降。”(P20)

(11)《释天》:“浊谓之毕。”郭璞注:“掩兔之毕,或呼为浊,因星形以名。”(P21)

(12)《释天》:“彗星为欃枪。”郭璞注:“亦谓之孛,言其形孛,孛似扫彗。”(P24)

(13)《释虫》:“蠸舆父,守瓜。”郭璞注:“今瓜中黄甲小虫,喜食瓜叶,故曰守瓜。”(P7)

(14)《释虫》:“蚬,缢女。”郭璞注:“小黑虫,赤头,喜自经死,故曰缢女。”(P16)

(15)《释鸟》:“鹈,鴮鸅。”郭璞注:“今之鹈鹕也,好群飞,沉水食鱼,故名洿泽,俗呼之为淘河。”(P6)

(16)《释鸟》:“鷯,负雀。”郭璞注:“鷯鹞也,江东呼之为鷯,

善捉雀,因名焉。"(P7)

(17)《释鸟》:"鳭鷯,剖苇。"郭璞注:"好剖苇皮,食其中虫,因名云。江东呼卢虎,似雀,青斑长尾。"(P9)

(18)《释鸟》:"春扈,鳻鶞;夏扈,窃玄;秋扈,窃蓝;冬扈,窃黄;桑扈,窃脂;棘扈,窃丹;行扈,唶唶;宵扈,啧啧。"郭璞注:"诸扈皆因其毛色音声以为名。窃,蓝青色。"(P15)

(19)《释鸟》:"鴍,泽虞。"郭璞注:"今婟泽鸟,似水鸮,苍黑色,常在泽中,见人辄鸣唤不去,有象主守之官,因名云。俗呼为护田鸟。"(P16)

(20)《释鸟》:"鴷,斲木。"郭璞注:"口如锥,长数寸,常斲树食虫,因名云。"(P23)

(21)《释鸟》:"仓庚,黧黄也。"郭璞注:"其色黧黑而黄,因以名云。"(P23)

有时候虽然没有类似的术语,但其实和上面谈到的例子完全相同。例如:

(22)《释诂上》:"鲐背,寿也。"郭璞注:"鲐背,背皮如鲐鱼。"(P23)

按《方言》卷一:"眉、梨、耋、鲐,老也。东齐曰眉,燕代之北鄙曰梨,宋卫兖豫之内曰耋,秦晋之郊、陈兖之会曰耇鲐。"郭璞于"梨"下注:"言面色似冻梨。"于"鲐"下注:"言背皮如鲐鱼。"(P6)与此相同。

(23)《释天》:"春为青阳。"郭璞注:"气青而温阳。""夏为朱明。"郭璞注:"气赤而光明。""秋为白藏。"郭璞注:"气白而收藏。""冬为玄英。"郭璞注:"气黑而清英。""四时和谓之玉烛。"郭璞注:"道光照。"(P2)

当然郭璞注中也有一部分如例(23)是从传统哲学角度来说的,未必是真正的得名之由。

其二，在释词中暗示词源。例如：

(1)《释言》："卤、矜、咸，苦也。"郭璞注："卤，苦地也，可矜怜者，亦辛苦，苦即大咸。"(P19)

(2)《释言》："冥，幼也。"郭璞注："幼稚者冥昧。"(P41)

(3)《释言》："舫，舟也。"郭璞注："并两船。"(P40)按，"方"有并义，故郭注云"并两船"。

(4)《释言》："苞，稹也。"郭璞注："今人呼物丛緻者为稹。"(P54)按，不少"真"声字有浓重义，郭注以"丛緻"说明了"稹"的词源。

(5)《释言》："障，畛也。"郭璞注："谓壅障。"(P83)按，《说文·衣部》："袗，玄服。"段玉裁校改为："袗，禅衣也，一曰盛服。"注："㐱本训稠发，凡㐱声字多为浓重。……然则袗亦可训盛服。"㐱声可示浓重源义素，故郭注以"壅障"(雍声亦可示浓重源义素)释"障"，这一方面指明了"障"的词义，另一方面也说明了"畛"的词源。

(6)《释诂下》："秉、拱，执也。"郭璞注："两手持为拱。"(P48)按《说文·共部》："共，同也，从廿廾。"按甲金文共是双手共举一物之形，是双手交合、共举的动作，故引申有"交合、共同"义，《论语·公冶长》："愿车马、衣轻裘，与朋友共，敝之而无憾。"拲、拱、鬨、巷等共声字有交合、共同义。《尔雅》原文未能说明"拱"何以有"执"义，"执"的具体情况又是怎样的。郭注"两手持为拱"正说明了"拱"的词源。

(7)《释宫》："宋廇谓之梁，其上楹谓之棁。"郭璞注："侏儒柱也。"(P7)按，"兑"声可示"细小"源义素，郭璞以"侏儒柱"释之，正暗示了词源。

(8)《释宫》："两阶间谓之乡。"郭璞注："人君南乡当阶间。""中庭之左右谓之位。"郭璞注："群臣之侧位也。""门屏之间谓之宁。"郭璞注："人君视朝所宁立处。"(P9)

(9)《释器》:"律谓之分。"郭璞注:"律管可以分气。"(P6)

(10)《释器》:"绝泽谓之铣。"郭璞注:"铣即美金,言最有光泽也。《国语》曰'玦之以金铣'者,谓此也。"(P21)按,郭注"最有"云云暗示了"铣"的词源。

(11)《释天》:"春祭曰祠。"郭璞注:"祠之言食。""夏祭曰礿。"郭璞注:"新菜可汋。""秋祭曰尝。"郭璞注:"尝新穀。""冬祭曰蒸。"郭璞注:"进品物也。"(P25)

(12)《释地》:"东方有比目鱼焉,不比不行,其名谓之鲽。"郭璞注:"状似牛脾,鳞细,紫黑色,一眼,两片相合乃得行。今水中所在有之。江东又呼为王余鱼。"(P14)按,"枼"声可示"薄"源义素,"鲽"之得名正在于其状扁("两片相合乃得行",则单片必扁)。

(13)《释山》:"属者峄,独者蜀。"郭璞注:"蜀亦孤独。"(P4)按《方言》卷十二:"蜀,一也。南楚谓之独。"郭璞注:"蜀犹独也。"(P79)按,独从蜀得声,蜀亦可表示孤独。

(14)《释山》:"厓内为隩,外为隈。"郭璞注:"别厓表里之名。"(P9)郭注"表里"之说,说明他认识到了"隩"与"隈"的词义特点。按,《原本玉篇残卷·阜部》:"隩,竹报反。《尔雅》:'隩,隈也。'郭璞曰:'今江东呼为浦隩。淮南[子曰]"隩(渔)者不争隈"。'是也。又曰'内为隩。'郭璞曰:'别厓[表]里之名也。'《苍颉篇》:'隩,藏也。'《说文》为澳字,在《水部》。隅隩为奥字,在《宀部》也。"按,《说文·宀部》:"奥,宛也。室之西南隅。"段注:"宛、奥双声。宛者,委曲也。室之西南隅,宛然深藏。"引申可泛指幽深处。故隩、澳从奥得声,得有深隐义,它们是一组同源字。

(15)《释草》:"蘩,皤蒿。"郭璞注:"白蒿,蒿菣。今人呼青蒿香中炙啖者为菣。"(P4)按,《说文·臤部》:"臤,坚也,从又臣声,凡臤之属皆从臤,读若'铿锵'之'铿',古文以为贤字。"《金文诂林》卷三下引刘心源说,"以为作器者名,当是贤。"臤本义当为贤,坚贤义通。又《说文·臤部》:"臤,从又臣声。"《臣部》:"臣,牵也。"段注:"以叠韵说之。《春秋说》、《广雅》皆曰:'臣,坚也。'《白虎通》曰:'臣者,缠也,属志自坚固也。'"是臣声表坚义,臤从臣声,故臤亦有坚义。《广雅·释诂一》:"掔,坚也。"王念孙疏证:"各本掔下俱脱坚字,……《说文》坚贤并从臤声,臤从臣声。《广雅》:'堅、贤、臣、掔,坚也。'坚、緊、贤、蕡、掔、掔、臤、臣八字并声近而义同。"臤声字词义含有质地好的意义,即"臤"声可示"坚厚美大"源义素,郭注"香中炙啖"云云正暗示了词源。①

(16)《释草》:"菲,蒠菜。"郭璞注:"菲草生下湿地,似芜菁,华紫赤色,可食。"(P34)按,"非"声可示"红"源义素,郭注"华紫赤色"正暗示了词源。②

(17)《释木》:"栵,栭。"郭璞注:"树似槲樕而庳小,子如细栗,可食。今江东亦呼为栭栗。"(P4)按,"而"声可示"小"源义素,郭注"庳小,子如细栗"正暗示了词源。

(18)《释虫》:"蠓,蠛蠓。"郭璞注:"小虫,似蜹,喜乱飞。"(P22)按,蔑声字有小义,《广雅·释诂四》:"纅,微也。"王念孙疏证:"凡言蔑者,皆微之义。"郭注指明"小虫",说明郭璞已经认识到这一点并揭示出词源。又《方言》卷二:"木细枝谓之杪,江淮陈楚之内谓之蔑。"郭璞注:"蔑,小貌也。"(P12)亦揭示了词源。

(19)《释虫》:"蜺,寒蜩。"郭璞注:"寒螿也。似蝉而小,青色。《月令》曰:'寒蝉鸣'。"(P3)按,"兒"声可示"小"源义素,郭注"似蝉而小"正暗示了词源。

(20)《释鱼》:"鲵,大者谓之鰕。"郭璞注:"今鲵鱼似鲇,四脚前似弥猴,后似狗;声如小儿啼。大者长八九尺,别名鰕。"(P18)按,鲵俗称娃娃鱼,平均体长约一米,是比较大的动物,"叚"声可

①参见曾昭聪《形声字声符示源功能述论》,黄山书社 2002 年,第 62－64 页。

②参见曾昭聪《形声字声符示源功能述论》,黄山书社 2002 年,第 59 页。

示“大”源义素,故其大者称为“鰕”。那么,鲵为什么又从“兒”得声呢?“兒”声可示“小”源义素,郭注“声如小儿啼”,故“鲵”从之得声,乃是因叫声而得名的。

(21)《释兽》:“虎窃毛谓之虦猫。”郭璞注:“窃,浅也。《诗》曰:‘有猫有虎。’”(P5)按,虦,或作戱。《说文·虎部》:“虦,虎窃毛谓之虦苗。从虎戋声。窃,浅也。”段注:“苗,今之猫字……窃戱浅亦同音也。”浅与小义通。郭注已指明“虦”的声符“戋”可示源义素“小”。

其三,不可否认,其中亦有不妥之处。例如:

《释鸟》:“桑扈,窃脂。”郭璞注:“俗谓之青雀,觜曲,食肉,好盗脂膏,因名云。”(P8)

按,宋邢昺疏:“诸儒说窃脂皆谓盗脂膏。即如下云‘窃玄’‘窃黄’者,岂复盗窃玄黄乎?案下篇《释兽》云:‘虎窃毛谓之虦猫’,‘魋如小熊窃毛而黄’,‘窃毛’皆谓浅毛,‘窃’即古之‘浅’字。但此鸟其色不纯:窃玄,浅黑也;窃蓝,青也;窃黄,浅黄也;窃丹,浅赤也。四色皆具。则窃脂为浅白也。”此释窃脂之名“得名于它有浅白颜色”,故可见释“窃脂”词源为“好盗脂膏”,“这也是典型的因声附意,望文生训。”①

(二)揭示古今方言的语转关系。这又可以从两个方面来说。

其一,对语转的阐发。

郭璞继承了扬雄《方言》的“转语”概念,用来表示方言词的古今变化,也就是一个词在时间或空间上发生的变化。

(1)《释诂上》:“卬、吾、予、朕、身、甫、余、言,我也。”郭璞注:“卬犹姎也,语之转耳。”(P49)

---

①此据刘兴均、金薰镐《汉民族民俗对汉语名物词命名与认知的影响》,《中国俗文化研究》第五辑,巴蜀书社 2008 年,第 164 页。但该文将邢昺疏误作郝氏义疏。

(2)《释亲》:“夫之兄为兄公。”郭璞注:“今俗呼兄钟,语之转耳。”(P11)

(3)《释草》:“红茏古,其大者蘬。”郭璞注:“俗呼红草为茏鼓,语转耳。”(P32)

(4)《释鸟》:“鴟鸡,戴鵀。”郭璞注:“鵀即头上胜,今亦呼为戴胜,鵖鸡犹鵧鸔,语声转耳。”(P16)

其二,有时候虽然没有指明语转关系,但实际上还是说的语转,这些注释往往是用声训方式表现。例如:

(1)《释诂上》:“壑、阬、滕、徵、隍、漮,虚也。”郭璞注:“《方言》云:漮之言空也。皆谓丘墟耳。”(P69)

(2)《释诂下》:“娠,动也。”郭璞注:“娠犹震也。”(P56)

(3)《释诂下》:“祔、祪,祖也。”郭璞注:“祔,付也。付新死者于祖庙。”(P81)

(4)《释诂下》:“即,尼也。”郭璞注:“即犹今也。尼者,近也。《尸子》曰:悦尼而来远。”(P81)

(5)《释器》:“麋罟谓之罞。”郭璞注:“冒其头也。”(P5)

(6)《释器》:“邸谓之柢。”郭璞注:“根柢皆物之邸,邸即底,通语也。”(P25)

(7)《释天》:“夏为昊天。”郭璞注:“言气皓旰。”“秋为旻天。”郭璞注:“旻犹愍也,愍万物雕落。”(P1)

(8)《释天》:“天气下,地不应,曰雺;地气发,天不应,曰雺。”郭璞于“雺”下注:“言蒙昧。”(P12)

(9)《释天》:“玄枵,虚也。”郭璞注:“虚在正北,北方黑色;枵之言耗,耗亦虚意。”(P18)

(10)《释天》:“营室谓之定。”郭璞注:“定,正也。作宫室皆以营室之中为正。”(P19)

(11)《释天》:“祭地曰瘗薶。”郭璞注:“既祭,埋藏之。”(P26)以“埋”释“薶”。

郭璞所揭示的语音关系的相互转化对我们今天进行同源词的语音关系研究是有一定的启发的。当然,他在这里所说的"语转"同样过于宽泛,而事实上其中的语音规律是比较复杂的。

(三)郭璞在《方言注》中注意到连绵词往往可以拆开探源,但他同时也注意到有的连绵词是不可拆分的。例如:

(1)《释诂下》:"覭髳,茀离也。"郭璞注:"谓草木之丛茸翳荟也。茀离即弥离,弥离犹蒙茏耳。孙叔然字别为义,失矣。"(P29)

三　小　结

在讨论了郭璞《方言注》、《尔雅注》中有关词源研究情况之后,我们可以发现郭注在词源探讨方面的贡献是很大的。在《方言注》中,郭注对词源的探讨主要表现在:(一)揭示了连绵词和叠音词的词源:包括暗示连绵词的词源和揭示了叠音词的词源;(二)揭示了单音词的词源,包括有意识地揭示事物的得名之由(主要是用"因名"、"故名"、"以名之"、"之名"、"以……故"、"取名于"、"因以为号"等术语),和在释词中暗示词源;(三)揭示古今方言的语音变化,主要是对声转(或语转)的阐发,有时候虽然没有指明语转关系,但实际上还是说的语转,这些注释往往是用声训方式表现;(四)郭璞《方言注》进行了平面的系源。在《尔雅注》中,词源探讨主要表现在:(一)揭示了词的词源,他常有意识地揭示事物的得名之由;如果不是有意识地揭示事物的得名之由,有时我们也可以从释词用语中看出他在一定程度上暗示了词源;(二)揭示古今方言的语音变化;(三)郭璞在《方言注》中注意到连绵词往往可以拆开探源,但他在《尔雅注》中也注意到有的连绵词是不可拆分的。总之,郭璞注中的词源探讨成绩是很大的,为魏晋南北朝隋唐五代词源学史揭开了一个新的篇章。

我们也发现,《方言注》中的词源研究比《尔雅注》中的词源研究内容要丰富。其原因似可归纳为以下两点：

其一，《晋书·郭璞传》说："璞……注释《尔雅》，别为《音义》、《图谱》。又注《三苍》、《方言》、《穆天子传》、《山海经》及《楚辞》、《子虚》、《上林赋》数十万言，皆传于世。"又郭璞注《方言》自序谓："余少玩《雅》训，旁味《方言》，复为之解，触事广之，演其未及。"可知注《尔雅》在前，注《方言》在后。一般说来，一个从事语言文字研究的学者的学问越在后则将越精，因此所作注释在后者比在前者强，当是意料中事，更何况是汉语词源，没有相当的积累是不容易研究的。

其二，从被注的两部典籍来看，《尔雅》是综合性词典，着重于对典籍词语的解释；而《方言》是方言词典，着重于同一个词在不同方言中的表现形式。因此，在注释《尔雅》时，郭璞最常用的方法就是引证和描写（对通义词语即《释诂》、《释言》、《释训》，主要用引用书证的方法，对于后十六篇，因为多为名物词，所以主要用描写方法）；在注释《方言》时，郭璞更加注重语音的古今变化和地域变化，因此在词源的探讨上也更加自觉。

赵振铎先生说到，"魏晋时期的古书注释……从语言学上看，大多数注释都说不出有什么突出的成就。惟有郭璞对古书的注释值得引起注意。从表面上看，他和当时人写的注释没有两样，但是仔细研究，不难发现他在字里行间透露出的语言学观点和方法都有超越时人的地方。"①郭璞《方言注》、《尔雅注》在汉语词源研究方面的内容是十分丰富的，我们通过以上具体的例证作了一些总结。虽然郭璞《方言注》、《尔雅注》在系统性、理论性方面有所欠缺，但是他在注释中所透露出来的词源研究的观点和方法值得我们深入探索。

---

①赵振铎《中国语言学史》，河北教育出版社2000年，第142页。

第二章　中古三部农学杂著中的词源探讨

《毛诗草木鸟兽虫鱼疏》、《南方草木状》、《齐民要术》基本上是属于农学方面的著作。虽然前两种著作在作者、成书年代方面还有争议,但把它们看作是中古时期的著作,则基本上是没有问题的。三部农学杂著中蕴含了不少词源研究的成分,对其略作整理,可以为词源学史的研究作出一定的补充。

一　《毛诗草木鸟兽虫鱼疏》中的词源探讨

《毛诗草木鸟兽虫鱼疏》①,三国吴陆玑撰。关于作者,历史上有过争议,或以为陆机。《四库提要》谓:"《毛诗草木鸟兽虫鱼疏》二卷,吴陆玑撰。明北监本《诗正义》全部所引皆作陆机。考《隋书·经籍志》,《毛诗草木虫鱼疏》二卷,注云:'乌程令吴郡陆玑撰。'陆德明《经典释文·序录》:'陆玑《毛诗草木鸟兽虫鱼疏》二卷,注:云字元恪,吴郡人,吴太子中庶子乌程令。'《唐书·艺文志》亦作陆玑,则监本为误。又毛晋《津逮秘书》所刻援陈振孙之言,谓其书引《尔雅》郭璞注,当在郭后,未必吴人,因而题曰'唐陆玑'。夫唐代之书,《隋志》乌能著录?且书中所引《尔雅注》仅及汉犍为文学、樊光,实无一字涉郭璞,不知陈氏何以云然?姚士粦《跋》已

①[吴]陆玑《毛诗草木鸟兽虫鱼疏》,四库全书本。

辨之。或晋未见士龚《跋》欤？……虫鱼草木，今昔异名，年代迢遥，传疑弥甚，玑去古未远，所言犹不甚失真，《诗正义》全用其说，陈启源作《毛诗稽古编》，其驳正诸家亦多以玑说为据讲，多识之学者，固当以此为最古焉。”故我们认定其作者为吴陆玑。从语言学角度对此书进行研究的文章尚不多见。下面对《毛诗草木鸟兽虫鱼疏》中涉及词源探讨的内容作一述评。

(一)《毛诗草木鸟兽虫鱼疏》一书中有关词源探讨的情况可作如下分析。

其一，从外形(包括纹理)解释事物的得名之由，例如：

(1)卷上“采采卷耳”条：卷耳，一名枲耳，一名胡枲，一名苓耳，叶青白色，似胡荽，白华，细茎，蔓生，可煮为茹，滑而少味，四月中生子，正如妇人耳中珰，今或谓之耳珰草。郑康成谓是白胡荽，幽州人呼为爵耳。

按，此条解释了“卷耳”的俗名“耳珰草”的得名之由。

(2)卷上“卭有旨鷊”条：鷊，五色，作绶文，故曰绶草。

按，此处解释了“绶草”的得名之由。

(3)卷下“脊令在原”条：脊令，大如鷃雀，长脚，长尾，尖喙，背上青灰色，腹下白，颈下黑如连钱，故杜阳人谓之连钱。

按，此条解释了“脊令”的方言别名“连钱”的得名之由。

其二，从口味解释事物的得名之由，例如：

(1)卷上“匏有苦叶”条：匏叶少时可为羹，又可淹煮，极美。扬州人食，至八月叶即苦，故曰苦叶。

按，此条解释了“匏叶”的又名“苦叶”的得名之由。

其三，从习性解释事物的得名之由，例如：

(1)卷下“鸱鸮”条：鸱鸮似黄雀而小，其喙尖如锥，取茅莠为巢，以麻紩之，如刺袜然，县著树枝，或一房，或二房，幽州人谓之鸋鴂，或曰巧妇，或曰女匠，关东谓之工雀，或谓之过羸，关西谓之桑飞,或谓之袜雀,或曰巧女。

按,此条解释了“鸱鸮”的别名“巧妇”等的得名之由。

(2)卷下“维鹈在梁”条:“鹈,水鸟,形如鹗而极大,喙长尺余,直而广口,中正,赤颔,下胡大如数升囊,好群飞。若小泽中有鱼,便群共抒水,满其胡而弃之,令水竭尽,鱼在陆地,乃共食之,故曰淘河。”

按,此条解释了“鹈”的别名“淘河”的得名之由。

其四,从颜色解释事物的得名之由,例如:

(1)卷下“振鹭于飞”条:鹭,水鸟也,好而洁白,故谓之白鸟。

按,此条解释了“鹭”的别名“白鸟”的得名之由。

其五,从声音解释事物的得名之由,例如:

(1)卷下“蟋蟀在堂”条:蟋蟀,似蝗而小,正黑,有光泽,如漆,有角翅,一名蛬,一名蜻蛚,楚人谓之王孙,幽州人谓之趣织,督促之言也。里语曰‘趋织鸣,懒妇惊’是也。

按,此条解释了“蟋蟀”的俗名“趣织”的得名之由是“督促”、“趋织鸣,懒妇惊”。

其六,从民俗解释事物的得名之由,例如:

(1)卷下“蟏蛸在户”条:蟏蛸,长踦,一名长脚,荆州河内人谓之喜母,此虫来著人衣,当有亲客至,有喜也。幽州人谓之亲客,亦如蜘蛛为网罗居之。

按,此条记录了“蟏蛸”的方言别名“喜母”的得名之由。

(2)卷下“为鬼为蜮”条:蜮,短狐也,一名射影,如龟,二足,江淮水滨皆有之。人在岸上,影见水中,投人影则杀之,故曰射影也。南方人将入水,先以瓦石投水中,令水浊,然后入,或曰含细沙射人,入人肌,其创如疥。

按,此条记录了“蜮”的别名“射影”的得名之由。

(二)有时没有解释词源,但是在释词中暗示了词源,例如:

(1)卷上“蒹葭苍苍”条:蒹,水草也,坚实,牛食之,令牛肥强。

青徐州人谓之蒹，兖州辽东通语也。

按，此条解释"蒹"的得名在于"坚实，牛食之，令牛肥强"，暗示了"蒹"的词源在于"坚"。

(2)卷上"隰有游龙"条：游龙，一名马蓼，叶麄大而赤白色，生水泽中，高丈余。

按，由"高丈余"的描述来看，我们知道"游龙"的得名之由在于其象龙；另外，"马蓼"的得名也可旁证这一点，因动植物名"马"者往往有大的意思。《尔雅·释虫》："蝒马蜩"郭璞注："蜩中最大者为马蜩。"《本草纲目·介部·马刀》："俗称大为马。"章炳麟《新方言·释言》："古人于大物辄冠马字，马蓝、马蓼、马薤、马蜩、马蚿是也。今淮南、山东谓大枣为马枣，广东谓大豆为马豆，通言谓大蚁为马蚁。"

(3)卷上"于以采蘩"条：蘩，皤蒿，凡艾白色为皤；蒿，今白蒿，春始生，及秋，香美可生食，又可蒸食。一名游胡，北海人谓之旁勃，故《大戴礼·夏小正》传云：蘩，游胡；游胡，旁勃也。

按，"番"声可示白色之源义素(如《广韵》中从番之字：皤，老人白皃；潘，米汁；䪤，百合蒜也)，作者这里说"凡艾白色为皤"也暗示了词源。

(4)卷上"食野之蒿"条：蒿，青蒿也，香中炙啖，荆豫之间、汝南汝阴皆云"菣"也。

按，《说文·艸部》："菣，香蒿也。从艸，臤声。"《尔雅·释草》："蒿，菣。"郭璞注："今人呼青蒿香中炙啖者为菣。"郝懿行义疏："青蒿香美中啖也。"臤声字可表坚厚美大义素①，陆玑此条"香中炙啖，荆豫之间、汝南汝阴皆云'菣'也"也暗示了这一词源。

(三)还有一些内容是作者并未探源，或有误，但可供后人进一步研究的，例如：

①曾昭聪《形声字声符示源功能述论》，黄山书社2002年，第62－64页。

(1)卷上“其柽其椐”条：柽，河柳，生水旁，皮正赤如绛，一名雨师，枝叶如松，椐樻节中，肿以扶老，今灵寿是也。

按，此条描述了“柽”的习性颜色等。由“皮正赤如绛”我们可以知道“柽”为借字，本字当为“赪”。这样词源是什么我们就意会了。

(2)卷下“教猱升木”条：猱，猕猴也，楚人谓之沐猴，老者为玃，长臂者为猨，猨之白腰者为獑，胡獑、胡猨骏捷于猕猴，其鸣嗷嗷而悲。

按，此条记录了“猕猴”的别名“沐猴”，为我们进一步探源提供了线索。《说文·爪部》：“为，母猴也。”段注：“此乃兽名，非谓牝者。沐猴、猕猴皆语之转，字之讹也。”（按，既是语转，说“字之讹”就不妥）《广雅·释兽》：“猱，猕猴也”王念孙疏证：“猕声转而为母。《说文》：‘为，母猴也’，又转而为沐。《汉书·项籍传》：‘人谓楚人沐猴而冠’，张晏云：‘沐猴，猕猴也。’”真正从音转上把母、沐、猕联系起来了。

(3)卷下“宛彼鸣鸠”条：鸣鸠，今云南鸟，大如鸠而黄，啼鸣相呼不同，集谓金鸟，或云黄当为鸠声转，故名移也。又云，鸣鸠一名爽，又云是鹘。

按，黄，上古音为匣纽，鸠，上古音为见纽，二者均为舌根音。①“黄当为鸠声转”之说为我们探讨“鸣鸠”的词源提供了一定的信息。

(4)卷下：“交交桑扈”条：桑扈，青雀也，好窃人脯肉脂及膏，故曰窃脂。

按，此条所探词源误。详第一章所引《尔雅·释鸟》“桑鳸，窃脂”郭璞注该条。

①此蒙匿名评审专家指教，谨此致谢。

二 《南方草木状》中的词源探讨

《南方草木状》①，晋嵇含撰。《四库提要》谓："《南方草木状》三卷，晋嵇含撰，含事迹附载《晋书·嵇绍传》。考《隋志》、《旧唐志》，俱有含集十卷，而不载此书，至《宋志》始著录。观此书载指甲花自大秦国移植南海，是晋时已有此花，而唐段公路《北户录》乃云指甲花本出外国，梁大同二年始来中国，知公路未见此书，盖唐时尚不甚显，故史志不载也。……其书凡分草、木、果、竹四类，共八十种，叙述典雅，非唐以后人所能伪，不得以始见《宋志》疑之。"又据当代专家意见，亦认定《南方草木状》是西晋嵇含的著作。② 下面对书中有关得名之由的探讨内容作一述评。

（一）《南方草木状》并不是一部有意为之的词源探讨之作，不过，在对草木进行描述的时候，作者也从不同角度触及到了事物的得名之由。

其一，从外形解释事物的得名之由，例如：

（1）卷上：甘蕉……此有三种，子大如拇指，长而锐，有类羊角，名羊角蕉，味最甘好……

按，此条"羊角蕉"是从水果的外形命名。

（2）卷上：鹤子草，蔓生，其花曲尘色，浅紫蒂叶，如柳而短，当夏开花，形如飞鹤，觜翅尾足无所不备，出南海……

按，此条"鹤子草"之名是从外形似飞鹤而得名。

（3）卷下：五敛子，大如木瓜，黄色，皮肉脆软，味极酸，上有五棱，如刻出。南人呼棱为敛，故以为名。

---

①［晋］嵇含《南方草木状》，四库全书本。

②梁家勉《对〈南方草木状〉著者及若干有关问题的探索》，载《〈南方草木状〉国际学术讨论会论文集》，农业出版社 1990 年。

按,此条从外形解释了“五敛子”的得名之由。

(4)卷下:人面子,树似含桃,结子如桃,实无味,其核正如人面,故以为名。

按,此条从形状解释了“人面子”的得名之由。

其二,从口味气味解释事物的得名之由,例如:

(1)卷上:甘蕉……此有三种,子大如拇指,长而锐,有类羊角,名羊角蕉,味最甘好;一种子大如鸡卵,有类牛乳,名牛乳蕉,味微减羊角;一种大如藕子,长六七寸,形正方,少甘,最下也。

按,此条“牛乳蕉”是从水果的口味命名。

(2)卷中:枫香树,似白杨,叶圆而歧分,有脂而香。

按,此条解释了“枫香树”的得名之由在于“有脂而香”。

其三,从功能解释事物的得名之由,例如:

(1)卷上:甘蕉……此有三种……其茎解散如丝,以灰练之,可纺绩为絺绤,谓之蕉葛,虽脆而好。

按,此条“蕉葛”是从植物茎的实用功能(可纺绩为絺绤)命名。

(2)卷上:鹤子草……出南海,云是媚草,上有虫,老蜕为蝶,赤黄色,女子藏之,谓之媚蝶,能致其夫怜爱。

按,此条“媚草”“媚蝶”是从功能得名。

(3)卷上:甘藷,盖薯蓣之类,或曰芋之类……旧珠崖之地,海中之人,皆不业耕稼,惟掘地种甘藷,秋熟收之,蒸晒,切如米粒,仓圌贮之,以充粮糗,是名藷粮。

按,此条也是从功能(“充粮糗”)解释了“藷粮”的得名之由。

(4)卷上:蒟酱,荜茇也。生于蕃国者大而紫,谓之荜茇;生于番禺者小而青,谓之蒟焉,可以为食,故谓之酱。

按,此条解释了“蒟酱”的得名之由是“可以为食”,也是从功用说的。

(5)卷上:南方冬无积藁,濒海郡邑多马,有草,叶类梧桐而厚，取以秣马，谓之肥马草。马颇嗜而食，果肥壮矣。

按，“肥马草”的得名是从功能来说的。

(6)卷中：抱香履，抱木生于水松之旁，若寄生，然极柔弱，不胜刀锯，乘湿时刳而为履，易如削瓜，既干，则韧不可理也。履虽猥大而轻者，若通脱木，风至则随飘而动，夏月纳之，可御蒸湿之气。

按，此条解释了“抱香履”的得名之由。

其四，从来源或其他密切相关事物解释事物的得名之由，例如：

(1)卷上：芒茅枯时，瘴疫大作，交广皆尔也。土人呼曰黄茅瘴，又曰黄芒瘴。

按，“黄茅瘴”“黄芒瘴”的得名之由是“芒茅枯时，瘴疫大作”。

(2)卷中：枫人，五岭之间多枫木，岁久则生瘤瘿，一夕遇暴雷骤雨，其树赘暗长三五尺，谓之枫人。越巫取之作术，有通神之验；取之不以法，则能化去。

按，此条解释了“枫人”的得名之由。

(3)卷中：蜜香纸，以蜜香树皮叶作之，微褐色，有纹如鱼子，极香而坚韧，水渍之不溃烂。

按，此条解释了“蜜香纸”的得名之由。

(4)卷下：龙眼……荔枝过即龙眼熟，故谓之荔枝奴，言常随其后也。

按，此条解释了“龙眼”的俗名“荔枝奴”的得名之由。

(5)卷下：石栗，树与栗同，但生于山石罅间。

按，此条从产地解释了“石栗”的得名之由。

(6)卷下：越王竹，根生石上，若细荻，高尺余，南海有之，南人爱其青色，用为酒筹，云越王弃余筭而生竹。

按，此条从来源解释了“越王竹”的得名之由。

其五，从颜色解释事物的得名之由，例如：

(1)卷上：赪桐花，岭南处处有，自初夏生，至秋，盖草也，叶如桐，其花连枝，萼皆深红之极者，俗呼贞桐花，贞音讹也。

按，“赪桐花”得名源于“萼皆深红之极者”，而俗名“贞桐花”则是音讹。

以上从各个不同的角度解释了事物的得名之由，并且还在几个地方用到了“故以为名”的术语，说明作者在词源探讨方面有了一定的意识。

（二）在探讨得名之由时，作者注意到了语音讹转的现象，例如上引中的部分内容：“五敛子……南人呼棱为敛，故以为名。”“赪桐花……俗呼贞桐花，贞音讹也。”作者注意透过讹转的语音去探讨得名之由，这是很宝贵的做法。

（三）当然，不必讳言，其中也有证据不足的地方，例如：

（1）卷上：吉利草，其茎如金钗股，形类石斛，根类芍药，交广俚俗多蓄蛊毒，惟此草解之，极验。吴黄武中江夏李俣以罪徙合浦，始入境，遇毒，其奴吉利者偶得是草，与俣服，遂解，吉利即遁去，不知所之。俣因此济人，不知其数，遂以吉利为名。岂李俣者徙非其罪，或俣自有隐德，神明启吉利者救之耶？

按，此条探讨词源疑有误。“遇毒，其奴吉利者偶得是草，与俣服，遂解……遂以吉利为名”云云，恐是流俗词源，真正的词源当是由于该草能让人“遇毒……遂解”，故名“吉利”。

（2）卷上：良耀草，枝叶如麻黄，秋结子，如小栗，煨食之，解毒，功用亚于吉利。始者有得是药者，梁氏之子耀亦以为名，梁转为良尔，花白，似牛李，出高凉。

按，此云“始者有得是药者，梁氏之子耀亦以为名，梁转为良尔”亦疑不确，恐是流俗词源。

三 《齐民要术》中的词源探讨

《齐民要术》①，北魏高阳太守贾思勰撰。这是中国现存最早最完整的古代农学名著，也是世界农业史上最有价值的名著之一。从语言研究角度来说，它的词汇现象已为从事中古汉语词汇研究的学者们所注意；但是书中的词源研究也即关于事物“得名之由”的探讨，尚不大为人所注意。以下试分类引述并加以评论。

（一）有意识地对事物的“得名之由”进行探讨或者暗含了词源探讨的内容。例如②：

（1）卷一《种穀第三》：

【按，今世粟名，多以人姓字为名目，亦有观形立名，亦有会议（义）为称，聊复载之云耳：

朱穀、高居黄、刘猪黄、道愍黄、聒穀黄、雀懊黄、百日粮……此十四种，早熟，耐旱，熟早免虫。聒穀黄、辱稻粮二种，味美。

今堕车、下马看、百群羊、悬蛇赤尾、罢虎黄、雀民泰、马曳缰……此二十四种，穗皆有毛，耐风，免雀暴。一晛黄一种，易舂。】（下略，P61）

案：贾思勰从三个角度解释了粟的得名之由，一是“以人姓字为名目”即事物大名前加人的姓名（也包括地名），如朱穀、刘猪黄、东海黄；二是“观形立目”即比附类似事物外形而命名（也包括颜色），如堕车、下马看、青茎黄、黑好黄；三是“会义为称”即该事物所具有的性质对人所发生的关系，如百日粮、起妇黄。

---

①［北魏］贾思勰著，缪启愉校释《齐民要术校释》（第二版），中国农业出版社1998年。

②以下举例所引内容有大字小字之别（小字原为双行），均据缪启愉校释本。今为使全书体例统一，将原双行小字改为加方头括号标明。

（2）卷二《种麻第八》：凡种麻，用白麻子。【白麻子为雄麻。颜色虽白，啮破枯燥无膏润者，秕子也，亦不中种……】（P117）

案，缪启愉校："'虽'，金抄及《辑要》引如字，明抄、湖湘本误作'雄'。"（P119）说明"虽"字不误。这里的"虽"是"原本、本来"之意，中古近代汉语中多有用例，最早见于《史记》："义帝虽无功，故当分其地而王之。"①贾思勰说"颜色虽白"是说雄麻的颜色本来就是白的，实际上也就是解释了"白麻子"的得名之由。

（3）卷五《种红蓝花、栀子第五十二》：然后削去四畔粗白无光润者，别收之，以供粗用。【粗粉，米皮所成，故无光泽。】其中心圆如钵形，酷似鸭子白光润者，名曰"粉英"。【英粉，米心所成，是以光润也。】（P372）

案，这里揭示了"粗粉"和"英粉"的性质，实际上也就是指出了二者的得名之由。

（4）卷六《养牛、马、驴、骡第五十六》：肩肉欲宁。【宁者，却也。】"双凫"欲大而上。【"双凫"，胸两边肉如凫。】（P399）

案，贾思勰关于"双凫"的解释正说明了马胸两边得名"双凫"的缘由。

（5）卷六《养牛、马、驴、骡第五十六》：眼去角近，行驶。眼欲得大。眼中有白脉贯瞳子，最快。"二轨"齐者快。【"二轨"，从鼻至髀为"前轨"，从甲至髂为"后轨"。】颈骨长且大，快。（P416）

案，这里指出了"二轨"的得名之由。

（6）卷八《作酱等法第七十》：作鱁鮧法：【昔汉武帝逐夷至于海滨，闻有香气而不见物。令人推求，乃是渔父造鱼肠于坑中，以

---

①王锳《近代汉语词汇研究与中古汉语》，载《近代汉语词汇语法散论》，商务印书馆2004年，第64页。

至土①覆之，香气上达。取而食之，以为滋味。逐夷得此物，因名之，盖鱼肠酱也。】取石首鱼……食时下姜、酢等。（P545）

案，这里揭示了“鱁鮧”的得名之由。“因名之”之语说明贾思勰确实是有意识地探究词源的。

（7）卷八《作鱼鲊第七十四》：作裹鲊法：脔鱼，洗讫，则盐和糁。十脔为裹，以荷叶裹之，唯厚为佳，穿破则虫入。不复须水浸、镇迮之事。只三二日便熟，名曰“暴鲊”。（P574）

案，“暴”是迅速之意，指前面说到的“只三二日便熟”。这里解释了“暴鲊”一词的得名之由。

（8）卷八《羹臛法第七十六》：食脍鱼莼羹：芼羹之菜，莼为第一。四月莼生，茎而未叶，名作“雉尾莼”，第一肥美。叶舒长足，名曰“丝莼”。入七月，尽九月十月内，不中食，莼有蜗虫著故也。虫甚细微，与莼一体，不可识别，食之损人。十月，水冻虫死，莼还可食。从十月尽至三月，皆食“环莼”。环莼者，根上头、丝莼下茇也。（P589）

案，这里揭示了“雉尾莼”、“丝莼”、“环莼”的得名之由。“雉尾莼”缘于“茎而未叶”；“丝莼”缘于“叶舒长足”；“环莼”缘于“根上头、丝莼下茇”。

（二）有意识地举出事物别名或俗名以见其“得名之由”。例如：

（1）卷四《种椒第四十三》：熟时收取黑子。【俗名“椒目”。不用人手数近捉之，则不生也。】（P309）

案，缪启愉注：“花椒种子色黑形圆有光泽，故有‘目’名，名称已见于陶弘景《本草经集注》。”（P311）贾思勰在这里指出“椒目”的名称，应当不是偶然的，而是注意到了其“得名之由”。

---

①“至土”疑误，参见缪启愉《齐民要术校释》校勘记。中国农业出版社1998年，第546页。

(2)卷五《种榆、白杨第四十六》:白杨,【一名“高飞”,一名“独摇”。】性甚劲直,堪为屋材;折则折矣,终不曲挠。(P343)

案,缪启愉注:“‘高飞’:形容它长得很快,长得高。‘独摇’:形容它很快挺拔,高出其他的混生树种,耸立随风摇曳。”(P344-345)贾思勰这里指出白杨的别名,当然也暗含了揭示其词源的深层意识。

(3)卷五《种榖楮第四十八》:

【《说文》曰:“榖者,楮也。”

按,今世人乃有名之曰“角楮”,非也。盖“角”、“榖”声相近,因讹耳。其皮可以为纸也。】(P347)

案,这里从词源角度指出了楮的别名错误的原因。

(4)卷五《种槐、柳、楸、梓、梧、柞第五十》:【然则楸、梓二木,相类者也。白色有角者名为梓。以楸有角者名为“角楸”,或名“子楸”;黄色无子者为“柳楸”,世人见其木黄,呼为“荆黄楸”也。】(P354)

案,这里揭示了柳楸别名“荆黄楸”的得名之由。

(5)卷五《种槐、柳、楸、梓、梧、柞第五十》:【是知荣、桐、榇、梧,皆梧桐也。桐叶,花而不实得曰白桐。实而皮青者曰梧桐;按,今人以其皮青,号曰“青桐”也。】(P356)

案,这里揭示了梧桐别名“青桐”的得名之由。

(6)卷五《种槐、柳、楸、梓、梧、柞第五十》:

【《尔雅》曰:“栩,杼也。”注云:“柞树。”

按,俗人呼杼为橡子,以橡㱿为“杼斗”,以剜剜似斗放也。】(P358)

案,缪启愉注:“‘剜剜’,各本及元刻《辑要》引并同,形容橡㱿凹陷如斗形。”(P358)贾思勰在这里揭示了橡㱿的别名“杼斗”的得名之由。

(7)卷五《种红蓝花、栀子第五十二》:【鸡舌香,俗人以其似丁

子，故为“丁子香”也。】（P367）

案，缪启愉注：“花成聚伞圆锥花序顶生，花蕾长管状，上大下锐，形如土制铁钉（丁子），故有‘丁子香’之俗名（丁即‘钉’字）。”（P370）这里也揭示了“丁子香”这一名称的得名之由。

（三）引述前人文献中有关事物“得名之由”探讨的内容。例如：

（1）卷二《种匏第十五》：【《卫诗》曰：“匏有苦叶。”毛云：“匏，谓之瓠。”《诗义疏》云：“匏叶，少时可以为羹，又可淹煮，极美，故云‘瓠叶幡幡，采之亨之’。河东及扬州常种之。八月中，坚强不可食，故云‘苦叶’。”】（P165）

这是引述《诗义疏》解释“匏”之“苦叶”的“得名之由”。

（2）卷三《种苜蓿第二十九》：【《西京杂记》曰：“乐游苑自生玫瑰树，下多苜蓿。苜蓿，一名‘怀风’，时人或谓‘光风’；光风在其间，常肃然自照其花，有光彩，故名苜蓿‘怀风’。茂陵人谓之‘连枝草’。”】（P224）

案，这里引述《西京杂记》中对“苜蓿”别名由来的解释。

四　小　结

以上三种著作都包含一定的词源探讨内容。要正确评价古人的词源探讨内容，就必须把它们放在词源学史中客观评价，这样才能看出它们的不足和历史贡献。《毛诗草木鸟兽虫鱼疏》、《南方草木状》、《齐民要术》在词源探讨方面的共同点是：三书都不是有意为之的词源学著作，而是大体上属于农学方面的杂著，但都在描写事物性状的同时在一定程度上解释了词源。

三书相比较，《齐民要术》在词源探讨方面的成绩最大。贾思勰已经在《齐民要术》中对事物“得名之由”作了一定程度的探讨。他的成绩可以归纳为两个方面：（一）他对事物的得名之由的探讨基本上是自觉的——前两类尤其明显;即使是引述前人的有关内容,也说明作者有这一方面的意识。(二)贾思勰不但对事物得名之由作了探讨,而且还从一定程度上作了概括说明。他从三个角度解释了粟的得名之由,即"以人姓字为名目"、"观形立目"、"会义为称"。这一概括,闪烁出词源研究的火花,表明贾思勰作为一名太守兼农学家已经具有了一定的词源意识。

从词源学史的角度来说,与三书成书时间基本属于同时(均为中古)的有晋郭璞的《方言注》和《尔雅注》,郭注从不同的角度对汉语词源进行了有意的探讨,在词源学史上占有重要地位,《毛诗草木鸟兽虫鱼疏》、《南方草木状》中的词源解释内容则在是否有自觉的词源意识、探讨是否深入、词源探讨的数量三个方面基本上不能和《尔雅注》和《方言注》相提并论;但是《齐民要术》在词源探讨方面已经成绩可观,毫不逊色了。

从整个学术史来看,其他典籍,比如以解经为目的的《五经正义》及其之前的解经之作,其中的词源探讨成分几乎是一片空白;相比而言,在不是有意为之的这三种农学杂著中我们却能找出这么多的词源探讨内容,说明这三种著作在词源学史上是应该重视的。

第三章 《水经注》中有关得名之由的探讨

《水经注》是北魏郦道元所著的一部地理学名著。在述及事物的名称时,郦道元往往要对其得名之由进行探讨,因而表现出比较明显的词源意识。张永言先生《郦道元语言论拾零》说到,“他在研究地名的时候就接触到如下三个问题:(1)名称是怎样成立的?(2)名称是怎样改变的?(3)语音和文字是怎样交互影响的?”并以具体例子对这三类问题进行了讨论。① 本节拟以张永言先生的论述为基础,以更多的例子来说明郦道元对事物得名之由的探讨。②

一 《水经注》对事物名称来源的探讨

关于《水经注》中对事物名称来源的探讨,张永言先生说,“郦道元结合地名的研究提出来一个原理,即山川‘以物色受名’;其中有的是‘因声以纳称’,有的是因色以纳称,有的是因形以纳称,等等。”除声、色、形之外,还有以相关事物和包括社会文化背景以及性状命名的。试分类举例于下。

---

①张永言《郦道元语言论拾零》,《中国语文》1964 年第 3 期;又载《语文学论集》,语文出版社 1999 年增补本,第 159－163 页。

②引文据杨守敬、熊会贞《水经注疏》,江苏古籍出版社 1989 年版。

(一)以声音命名。例如:

(1)卷九沁水:又南与蟲蟲水合,水出东北巨骏山,乘高泻浪,触石流响,世人因声以纳称。(P820)

(二)以颜色命名。例如:

(1)卷十二巨马水:左属白涧溪。水有二源,合注一川,川石皓然,望同积雪,故以物色受名。(P1111)

(三)以形状命名。例如:

(1)卷十浊漳水:漳水又东北,历望夫山,山之南有石人,竚于山上,状有怀于表,因以名焉。(P925)

(2)卷十三㶟水:逆水又西注于祁夷之水,逆之为名,以西流故也。祁夷水东北径青牛渊,水自渊东注之,耆彦云,有潜龙出于兹浦,形类青牛焉,故渊潭受名矣。(P1167)

(3)卷十五洛水:洛水又东,合白马溪水,水出宜阳山,涧有大石,厥状似马,故溪涧以物色受名也。(P1300)

(4)卷十五洛水:休水又西南北屈,潜流地下,其故渎北屈出峡,谓之大穴口。北历覆釜堆东,盖以物象受名矣。(P1319)

(5)卷三十四江水:江水又东,历荆门、虎牙之间,荆门在南,上合下开,闇彻山南,有门像,虎牙在北,石壁色红,间有白文,类牙形,并以物像受名。(P2848-2849)

(6)卷三十八漓水:漓水又东南流入熙平县,径羊濑山,山临漓水,石间有色类羊,又东南径鸡濑山,山带漓水,石色状鸡,故二山以物象受名矣。(P3170)

(四)以相关事物(包括社会文化背景)命名。例如:

(1)卷三河水:河水又东,枝津出焉。河水又东流,石门水南注之。水出石门山。《地理志》曰:北出石门障,即此山也。西北趣光禄城。甘露三年,呼韩邪单于还,诏遣长乐卫尉高昌侯董忠、车骑都尉韩昌等,将万六千骑,送单于居幕南保光禄。徐自为所筑城也,故城得其名矣。(P226)

(2)卷三河水:河水于二县之间,济有君子之名。皇魏桓帝十一年,西幸榆中,东行代地,洛阳大贾赍金货随帝后行,夜迷失道,往投,津长曰:子封送之。渡河,贾人卒死。津长埋之。其子寻求父丧,发冢举尸,资囊一无所损,其子悉以金与之。津长不受。事闻于帝。帝曰:君子也。即名其津为君子济。济在云中城西南二百余里。(P238-239)

(3)卷三河水:水出东山,西南流,右合中陵川水。水出中陵县西南山下,北俗谓之大浴真山,水亦取名焉。东北流,径中陵县故城东北,俗谓之北右突城。王莽之遮害也。《十三州志》曰:善无县南七十五里,有中陵县,世祖建武二十五年置。其水又西北,右合一水,水出东山北,俗谓之贷敢山,水又受名焉。(P241)

(4)卷三河水:其水又西北流,右会一水,水出东山下,北俗谓之吐文水,山又取名焉。(P242)

(5)卷四河水:有姓刘名堕者,宿擅工酿,采挹河流,酝成芳酎,悬食同枯枝之年,排于桑落之辰,故酒得其名矣。(P303)

(6)卷八济水:其水西北出城北,径黄巾固,盖贼所屯,故固得名焉。(P725)

(7)卷九清水:清水又东南径合城南,故三会亭也,以淇清合河,故受名焉。(P816)

(8)卷十一滱水:其水又东南流径蒲阴县故城北。《地理志》曰:城在蒲水之阴。汉章帝章和三年,行巡北岳,以曲逆名不善,因山水之名,改曰蒲阴焉。(P1081)

(9)卷十一滱水:水右合鱼水。水出北平县西南鱼山,山石若巨鱼,水发其下,故世俗以物色名川。(P1081-1082)

(10)卷十二圣水:圣水又东迳玉石山,谓之玉石口,山多珉玉燕石,故以玉石名之。(P1099)

(11)卷十二圣水:汉高祖六年分燕置涿郡,涿之为名,当受涿水通称矣,故郡县氏之。(P1103)

(12)卷十六沮水:又东径莲芍县故城北,《十三州志》曰:县以草受名也。(P1460 - 1461)

(13)卷二十三阴沟水:又东有故渠出焉,南通睢水,谓之董生决,或言,董氏作乱,引水南通睢水,故斯水受名焉。(P1962)

(14)卷二十四瓠子河:于是卒塞瓠子口,筑宫于其上,名曰宣房宫。故亦谓瓠子堰为宣房堰,而水亦以瓠子受名焉。(P2030)

(15)卷二十六淄水:淄水自县东北流,径东安平城北,又东径巨淀县故城南。征和四年,汉武帝幸东莱,临大海,三月,耕巨淀,即此也。县东南则巨淀湖,盖以水受名也。(P2232 - 2233)

(16)卷三十四江水:沿江有峻壁百余丈,猨所不能游。有一白鹿,陵峭登崕,乘岩而上,故世名此岩为白鹿岩。(P2848)

(17)卷三十四江水:江水又东,得豫章口夏水所通也,西北有豫章冈,盖因冈而得名矣。或言,因楚王豫章台名,所未详也。(P2866)

(18)卷三十四酉水:《武陵先贤传》曰:潘京世长为郡主簿,太守赵伟甚器之。问京贵郡何以名武陵? 京答曰:鄙郡本名义陵,在辰阳县界,与夷相接,数为所破,光武时移治东山之上,遂尔易号。《传》曰:止戈为武,《诗》云:高平曰陵。于是名焉。酉水北岸有黚阳县,许慎曰:温水南入黚。盖鳖水以下津流沿注之通称也。故县受名焉。(P2970 - 2971)

(19)卷三十八资水:左右二冈对峙,重阻齐秀,间可二里。旧传,后汉伐五溪蛮,蛮保此冈,故曰武冈。县即其称焉。(P3112)

(20)卷三十八资水:县西有小山,山上有渟,水既清且浅,其中悉生兰草,绿叶紫茎,芳风藻川,兰馨远馥,俗谓兰为都梁,山因以号,县受名焉。(P3112)

(21)卷三十九赣水:《地理志》曰:豫章水出赣县西南而北入江,盖控引众流,总成一川,虽称谓有殊,言归一水矣。故《后汉[书]·郡国志》曰:赣有豫章水。雷次宗云:似因此水为其地名。

虽十川均流而此源最远,故独受名焉。刘澄之曰:县东南有章水,西有贡水,治二水之间,二水合赣字,因以名县焉。是为谬也。刘氏专以字说水,而不知远失其实矣。(P3229－3230)

(22)卷三十九赣水:水出雩都县,导源西北,流径金鸡石,其石孤竦临川,耆老云:时见金鸡出于石上,故石取名焉。(P3231)

(23)卷四十毂水:毂水又东径长山县南,与永康溪水合,县即东阳郡治也。县,汉献帝分乌伤立;郡,吴宝鼎中分会稽置。城居山之阳,或谓之长仙县也,言赤松采药此山,因而居之,故以为名。(P3290－3291)

(五)此外,还有因性状而得名的。例如:

(1)卷二十七沔水:沔水一名沮水,阚骃曰:以其初出沮洳然,故曰沮水也。(P2295－2296)

(2)卷二十七沔水:山有黄金峭,水北对黄金谷,有黄金戍傍山依峭,险折七里。氐掠汉中,阻此为戍,与铁城相对,一城在山上,容百余人,一城在山下,可置百许人,言其险峻,故以金铁制名矣。(P2326)

(3)卷一河水:道狭尺余,行者骑步相持,絙桥相引,二十许里,方到悬度。阻险危害,不可胜言。郭义恭曰:乌秅之西有悬度之国,山溪不通,引绳而度,故国得其名也。(P17－18)

二 《水经注》关于事物名称改变的探讨

关于事物名称的改变,《水经注》的探讨体现在两个方面。

(一)因语音相近而音转,这又可以分成两种情况。

其一,《水经注》中常说到"民俗语讹"和"俗语讹谬",即张永言先生所说的"流俗语源往往导致名称的变化"。例如:

(1)卷三河水:清水又东径高奴县,合丰林水,《地理志》谓之洧水也。故言高奴县……民俗语讹,谓之高楼城也。(P268－

269)

(2)卷十一滱水:其城东侧,因阿仍墉,筑一城,世谓之寡妇城。贾复从光武追铜马、五幡于北平所作也。世俗音转,故有是名矣。(P1080)

(3)卷二十一汝水:水出鲁阳北山,水有二源,奇导于贾复城,合为一渎。径贾复城北,复南击郾所筑也。俗语讹谬,谓之寡妇城,水曰寡妇水,此渎水有穷通,故有枯渠之称焉。(P1757)

(4)卷二十八沔水:县西北四十里汉水中有洲名沧浪洲,庾仲雍《汉水记》谓之千龄洲,非也。是世俗语讹,音与字变矣。(P2351)

(5)卷三十七夷水:上有故城,城中有水,登城望见一州之境,故名望州山。俗语讹,今名武钟山。(P3061)

其二,张先生说到,“郦道元更着重指出,方俗语音的歧异或一般的字音相近而‘传呼失实’,也是名称改变的一个重要原因。”例如:

(1)卷三河水:其水又南出西转,径隰城县故城南。汉武帝元朔三年,封代共王子刘忠为侯国,王莽之慈平亭也。胡俗语讹,尚有十城之称。(P256)

(2)卷四河水:清水历其南,东流径皋落城北。服虔曰:赤翟之都也。世谓之倚亳城。盖读声近转,因失实也。(P361)

(3)卷六汾水:又南出二城间,其城角倚,翼枕汾流,世谓之侯莫干城。盖语出戎方,传呼失实也。(P525)

(4)卷六汾水:水又西合于婴侯之水,径邬县故城南,晋大夫司马弥牟之邑也,谓之邬水,俗亦曰虑水,虑、邬声相近,故因变焉。(P538)

(5)卷七济水:济水出河东垣县东王屋山,为沇水,《山海经》曰:王屋之山联水出焉,西北流注于泰泽。郭景纯云:联、沇声相近,即沇水也。(P626)

(6)卷七济水:水出西南,东北流注于济。济水又东径原城南,东合北水,乱流东南注,分为二水。一水东南流,俗谓之为衍水,即沇水也。衍、沇声相近,转呼失实也。(P630)

(7)卷八济水:今防门北有光里,齐人言广音与光同,即《春秋》所谓“守之广里”者也。(P735)

(8)卷九淇水:绍将曲义破瓒于界城桥,斩瓒,冀州刺史严纲又破瓒殿兵于桥上,即此梁也。世谓之鬲城桥,盖传呼失实矣。(P870-871)

(9)卷十一滱水:此城之东,有山孤峙,世以山不连陵,名之曰孤山。孤、都声相近,疑即所谓都山也。(P1062)

(10)卷十三㶟水:桑干水自源东南流,右会马邑川水,水出马邑西川,俗谓之磨川矣。盖狄语音讹,马、磨声相近故尔。(P1130)

(11)卷十四濡水:水出东坞南,西北流径沙野南,北人名之曰沙[野?]。镇东北二百三十里,西北入难河,濡、难声相近,狄俗语讹耳。(P1242)

(12)卷十六甘水:余按甘水东十许里洛城南有故甘城焉,北对河南故城,世谓之鉴洛城。鉴、甘声相近,即故甘城也,为王子带之故邑矣。(P1444)

(13)卷十八渭水:雍水又东径召亭南,世谓之树亭川,盖召、树声相近误耳。(P1534)

(14)卷二十一汝水:汝水又东南,径奇各页城西北,今南颍川郡治也,濆水出焉,世亦谓之大㶏水。《尔雅》曰:河有雍,汝有濆。然则濆者,汝别也。故其下夹水之邑,犹流汝阳之名,是或濆㶏之声相近矣,亦或下合㶏、颍,兼统厥称耳。(P1766-1777)

(15)卷二十二洧水:洧水又东,径阴坂北,水有梁焉,俗谓是济为参辰口。《左传·襄公九年》:晋伐郑,济于阴坂,次于阴口而还,是也。杜预曰:阴坂洧津也。服虔曰:水南曰阴。口者,水口

也。参、阴声相近，盖传呼之谬耳。（P1841）

（16）卷二十二洧水：洧水又东，南径辰亭东，俗谓之田城，非也。盖田、辰声相近，城亭音韵联故也。（P1856）

（17）卷二十二渠水：又东，役水注之。水出苑陵县西，隟候亭东，世谓此亭为卻城，非也，盖隟、卻声相近耳。（P1883）

（18）卷二十四睢水：睢水又东径横城北……世谓之光城，盖光、横声相近，习传之非也。（P2006）

（19）卷二十五泗水：洋水又东合黄水，时人谓之狂水，盖狂、黄声相近，俗传失实也。（P2139）

（20）卷二十七沔水：昔汉女所游，侧水为钓台，后人立庙于台上。世人覩其颓基崇广，因谓之汉庙堆，传呼乖实，又名之为汉武堆，非也。（P2310）

（21）卷三十淮水：川流泄注于决水之右，北灌安风之左，世谓之安风水，亦曰穷水，音戎，并声相近，字随读转。（P2519）

（22）卷三十一淯水：洱水又东南流注于淯水，世谓之肆水，肆、洱声相近，非也。（P2600）

（23）卷三十二漻水：赐水西南流入于漻，即厉水也。赐、厉声相近，宜为厉水矣。（P2656）

（24）卷三十九漉水：醴陵县，高后四年，封长沙相侯越为国。县南临渌水，水东出安城乡翁陵山。余谓漉、渌声相近，后人藉便，以渌为称，虽翁陵名异，而即麓是同。（P3224）

（25）卷四十穀水：穀水又东径长山县南……或谓之长仙县也，言赤松采药此山，因而居之，故以为名，后传呼乖谬，字亦因改。（P3290－3291）

（二）由语言和文字的交互影响而导致的变化。张永言先生说："对于语言发展过程中语音（词的声音形式）和文字（词的书写形式）交互影响的现象，郦道元作了细致的观察，揭示出这一现象的两个方面：一方面是'字随读改'或者说是'字从声变'，另一方面是‘读随字改’或者说‘音从字变’。前者是语言影响文字，词的声音变了，写法会跟着变；后者是文字影响语言，词的写法变了，语音也会跟着变。”前者是语言影响文字，文字是记录人们口头语言的符号，所以也是名称的变化；后者是文字影响语言，当然也是名称的变化。

其一，语言对文字的影响，例如：

(1)卷五河水：又东北过杨虚县东，商河出焉……亦曰小漳河，商、漳声相近，故字与读移耳。(P492－494)

(2)卷二十二潩水：东流入潩水，时人谓之敕水，非也。勑、潩音相类，故字从声变耳。(P1863)

(3)卷二十六沭水：沭水又南，径东海郡即丘县，故《春秋》之祝丘也……阚骃曰：即、祝，鲁之音，盖字承读变矣。(P2197)

(4)卷三十一淯水：棘水自新野县东，而南流入于淯水，谓之为力口也。棘、力声相近，当为棘口也。又是方俗之音，故字从读变，若世以棘子木为力子木，是也。(P2619)

(5)卷三十九钟水：灌水，即桂水也，灌、桂声相近，故字随读变，《经》仍其非矣。(P3207)

其二，文字对语言的影响，例如：

(1)卷七济水：索水又东径虢亭南，应劭曰：荥阳故虢公之国也，今虢亭是矣。司马彪《郡国志》曰：县有虢亭，俗谓之平桃城。城内有大冢，名管叔冢，或亦谓之为號咷城，非也。盖號、虢字相类，字转失实也。(P665－666)

(2)卷十浊漳水：《地理风俗记》曰：扶柳县西北五十里有西梁城故县也，世以为五梁城，盖字状致谬耳。(P974)

(3)卷二十二洧水：东径洧阳故城南，俗谓之复阳城，非也。盖洧、复字类，音读变。(P1854)

(4)卷二十四瓠子河：《地理志》千乘有延乡县，世人谓故城为从城，延、从字相似，读随字改，所未详也。(P2055)

(5)卷二十六巨洋水:城东北二十里有丹山,世谓之凡山,县在西南,非山也。丹、凡字相类,音从字变也。(P2204)

三 小 结

《水经注》中的相关例子很多,不能一一列举。从上面引用的资料已可看出,尽管郦道元的《水经注》是一部地理学著作,但其在词源学史上的地位不容我们不重视。与同一时期的其他相关著作相比较,《水经注》在词源研究方面的贡献主要有两方面:

(一)在数量上对众多的事物的得名之由及变化情况作了探讨,即我们上面所说的,对事物名称的来源和对事物名称的改变都从词源的角度作了探讨。

(二)在理论上进行了一定的总结归纳,即如张永言先生所说的,郦道元对事物名称的由来、名称的变化和语言文字的交互影响都用具体的例子作了说明。这种有意识的理论总结在中古时期的汉语词源学史上并不多见。

总之,《水经注》在汉语词源学史上应当占有重要地位。

第四章　原本《玉篇》中的同声符同源字探讨

南朝梁顾野王于梁大同九年(543年)撰成《玉篇》三十卷,但原本今已不存。清末以来,黎庶昌、罗振玉先后在日本发现了原本《玉篇》残卷,该本虽不能完全肯定是顾氏原本,但也可以认定至少是唐人抄本,比较接近顾氏原本。中华书局1985年影印出版了黎、罗的影抄本,为我们研究汉语词源学史提供了有力的材料。

顾野王《玉篇》在每一个字头下首先是注音,用"某某反"这一形式;接着广引前代文献中出现的用法(一个或多个义项);最后以按语的形式对与该字在字形和意义上易混的字一一列出,加以区分。正是这一区分体现了他对汉语词源的思考。因为他所区分的字,常常是与该字头同声符的形声字,所以在区分的同时进行了同声符同源字研究。据统计,可认定为同源字系联或有助于词源研究者当在70条以上。①

①就笔者所见,注意到原本《玉篇》中的同声符同源字的系联的有申小龙《传统词源学论纲》(《浙江社会科学》1997年第2期)、朱葆华《原本玉篇文字研究》(齐鲁书社2004年)等。前者举了四个例子进行讨论,本节内容参考过该论文。后者第九章是"顾野王字类说研究——《玉篇》中关于形声字声符表义现象的描述",与本节所举例有不一样的,请读者参看。

一　原本《玉篇》中同声符同源字的系联

顾野王对于同声符同源字的研究首先表现在同源字的系联上。

(一)其中许多指出了这些同源字共同的源义素。例如①:

(1)《言部》:譢,呼会反。《说文》:"譢,声也。"《诗》曰"譢譢其声"是也。銮声为鐬字,在《金部》;"凤羽翽翽"字在《羽部》也。

按歲声示"声"之源义素,《玉篇》已说明。

(2)《欠部》:歉,苦唐反。《谷梁传》:"四谷不升谓之歉。"刘兆曰:"歉,虚也。"《说文》:"饥也,虚也。"野王案:《大戴礼》"礼丧凶歉色"是也。凡器物空虚亦曰歉,《毛诗》"酌彼歉爵"是也。水空虚为漮字,在《水部》;屋空虚为㝩字,在《宀部》。

按,这里系联了歉、漮、㝩三字,并且指出其源义素为"空虚"。这一说解又见于《水部》:"漮,……《说文》:'水虚也。'年饥谷虚为歉字,在《欠部》;屋室空处为㝩字,在《宀部》。"又见于《广部》:"饥虚之康为歉字,在《欠部》;水深虚为漮字,在《水部》;屋空虚为㝩字,在《宀部》;康瓠为甗字,在《瓦部》也。"

(3)《糸部》:総,……野王案,総犹普也。《说文》:"総,聚束也。"《广雅》:"総,皆也。""総,丛也。""総,结也。""総,□众也。"或为揔字,在《手部》。束发之総为鬆字,在《髟部》;束数之総为稯字,在《禾部》。

①引文据中华书局《原本玉篇残卷》1985 年版。因黎、罗影抄本有重复之处,故本书引文不标页码。由于影抄本的影印本错讹很多,所引内容参考了胡吉宣《玉篇校释》(上海古籍出版社 1989 年影印本),引述原文时对于明显错讹的字径行改正,衍文则删去,俗字改为正体;补字以方括号标明,不能完全确定的错字则在圆括号中改正;原字缺脱及不可辨识者则以方框代替。

按,这里串起了総、鬆、稯等字,并指出源义素:“総犹普也”。犹可值得注意的是,这里除了同声符同源字的系联之外,又串起了不同声符的同源字,即从㚇声的形声字,这样,我们可以从这两个声符出发系联更多的形声字。

(4)《水部》:滃,……《说文》:“云气起皃也。”草木蓊郁为蓊字,在《艸部》;多大滃浓为䨴字,在《多部》。

按,“蓊郁”、“多大滃浓”实际上已经点明了源义素。

(5)《阜部》:隐,……隐据之隐为㥯字,在《㞢部》;忧痛之隐为㥯字,在《心部》;声隐为磤字,在《石部》也。

按,这里点明了源义素“隐”。

(二)更多的虽没有指明源义素但在同源字系联方面做了许多有益的探索。例如:

(1)《糸部》:繈,居两反。《汉书》:“出繈千万。”李奇曰:“繈,落也。”孟康曰:“钱贯也。”《管子》曰:“凶岁糴釜千繈”是也。《说文》:“觕纇。”繈緥之繈为襁字,在《衣部》。

按,繈本义为“丝节粗长”,《说文》“繈”字段注:“丝节粗长谓之繈。”引申为绳索。“出繈千万”之繈为穿钱之绳,“繈緥”之繈(襁)为负婴儿之绳(或袋)。又,《广韵·阳韵》:“勥,迫也。”又《养韵》:“追也,勉力也。”“膙,筋头。”可以考知从强声之字繈、襁、勥、膙等有共同的“粗长”之源义素。

(2)《糸部》:纏,除连反。《淮南》:“纏以朱丝。”《说文》:“纏,约也。”日月行舍为躔字,在《足部》。

按,《说文·足部》:“躔,践也。”引申指日月的运行。《方言》卷十二:“躔,行也。日运为躔。”《广韵·仙韵》:“躔,日月行也。”《吕氏春秋·圆道》:“日夜一周,圆道也。月躔二十八宿,轸与角属,圆道也。”“躔”指天体运行,即天体作圆周运动。从廛得声之字当有共同源义素“环、绕”。

(3)《糸部》:……《说文》:“纽,丝系也。一曰结可解也。”野王案,《礼记》"弟子缟带并纽"是也。《广雅》:"纽,采也。"剑(印?)鼻之纽为玬字,在《玉部》,或为钮字,在《金部》。

按,纽、玬(钮)应为同源字,其共同源义素当为"交缠"。

(4)《用部》:庸,……水沟之庸为滽字,在《水部》;大钟之庸为镛字,在《金部》;城庸为墉字,在《土部》。

按,从庸得声之字有"大"源义素。

(5)《车部》:楺……野王按,《说文》即车辋也,所谓牙者是也。《埤苍》:"楺,辘也。"曲直木为煣字,在《火部》,或为楺字,在《木部》。

按,楺、煣(楺)为同源字,其共同源义素为"柔"。

(6)《水部》:游,……旌旗之游为斿字,在《㫃》部。

按,游、斿甲文为同一字形,"游"是"斿"的后起加旁字,当为同源字。

(7)《水部》:澴,於回反。《说文》:"澴,没也。"水澳曲之澴为隈字,在《阜部》。

按,朱骏声通训定声:"澴,山曲曰隈,水曲曰澴。"从"畏"声者有"曲"源义素。

(8)《水部》:澌,……《说文》:"水索也。"《苍颉篇》:"澌,尽也。"流水之澌为凘字,在《仌部》。

按,《说文》:"斯,析也。"从斯声之字不少有"分、析"之源义素。

(9)《水部》:消,……《说文》:"消,尽也。"《苍颉篇》:"消,灭也。"金铁消铄为销字,在《金部》。

按"肖"声从"小",小至至微则为尽,故从肖声者有"尽"之源义素。

(10)《水部》:涼,……野王案,今谓薄寒为涼。……《说文》为飆字,在《风部》。不善悲涼为㾾字,在《歺部》;饮浆之涼为醇字,在《酉部》。

按,涼、飆、𤸎、醇四字为同源字,其共同源义素为“凉”。

(11)《水部》:淡,……《说文》:“淡,薄味也。”……安恬之淡为倓字,在《人部》。

按,源义素为“淡”。

(12)《水部》:淬,……《淮南》:“身淬霜露。”许叔重曰:“冒犯霜露也。”……《说文》:“灭火器也。”淬坚金刃为焠字,在《火部》。

按,源义素为“冒犯”。

(13)《山部》:峻,……孔安国曰:“峻,高大也。”《毛诗》“为下国峻”[郑]玄笺云:“峻之言俊也。”又曰:“不峻其德。”传曰:“峻,长也。”《尔雅》:“峻,速也。”郭璞曰:“峻犹迅速,亦疾也。”险峭之峻为陖字,在《阜部》也。

按,《说文》:“夋,行夋夋也;一曰倨也。”从夋声字有“高”之义素,是从“夋”的“倨”这一义项来的。峻、俊、陖实际上都是“夋”的分化字。

(14)《广部》:廱,於龙反。《尚书》:“黎民于变时廱。”孔安国曰:“廱,和不当廱。”(按,阮刻十三经作黎民于变时雍,孔传:雍,和也。)贾逵曰:“当,任也。年谷和熟曰廱。”又曰:“廱不为幸。”贾逵曰:“廱,乐也。”《尔雅》:“廱,声也。”郭璞曰:“谓肃廱和鸣也。”又曰:“廱廱,音声和也。”……或为邕字,在《巛部》。廱馀饩[为□]字在《食部》;廱鶨鸟为雝字,在《隹部》也。

按,从邕声之字有“大”之源义素,这从“廱”字说解所引大量例证中可以明显看出。

(15)《广部》:庬,……《尔雅》:“庬,大也。”又曰:“庬,有也。”郭璞曰:“大为有无也。”《方言》:“凡物之大皃曰豊。庬,深之大也。”又曰:“[庬,]豊也。秦晋凡大皃谓之庬。”《说文》为厖字,在《厂部》;杂乱之庬为牻字,在《牛部》。

按,《说文·犬部》:“尨,犬之多毛者。”段注:“引申为杂乱之称。”杂乱又可引申为多、大，故从龙声之字词义中有“多、大”之源义素。

(16)《广部》：廋，……所留反。《左氏传》：“服谗廋□。”杜预曰：“廋，隐也。”……《方言》：“廋，求也。秦晋之间，廋，就室求曰廋。”野王案，《庄子》“廋国中三日”是也。《字书》：“廋，索也。”数阅之廋为搜字，在《手部》；春獀字在《犬部》也。

按，《说文·又部》：“叜，老也。”朱骏声通训定声：“叜，即搜之古文，从又持火屋下索物也，会意。为长老之称者，发声之词，非本训。”徐灏注笺：“叜，今隶变作叟。”“叟”本义为搜求，故叟声字之词义有“搜求”之义素。

(17)《厂部》：厧，都曰反。《尔雅》：“山厧，冢。”郭璞谓：“山颠也。”野王案，此亦颠字也。《毛诗》“首阳之颠”是也，在《页部》；木须(顶)为槙字，在《木部》也。

按，厧、颠、槙为同源字。

(18)《石部》：磑，……野王案，《说文》：“磑，礳也。”《方言》：“磑，坚也。”郭璞曰：“石物坚也。”磨切为剴字，在《刀部》也。

按，“礳”字下野王按语谓：“以石相摩所甲，以研破谷麦也。”剴，《说文·刀部》：“剴，大镰也，一曰摩也。”磑、剴二字古音均为微部，是同源字。

(19)《石部》：礑，贞昭反。《说文》：“斫之也。”野王案，镢研之礑为擆字，在《手部》，或为䥣字，在《金部》也。

按，擆，《广韵·药韵》：“擆，击也。”䥣，《尔雅·释器》：“斫谓之䥣。”郭璞注：“镬也。”郝懿行义疏：“《说文》云：‘镬，大锄也。’”又礑、擆、䥣古音均在铎部，故为同源字。

(20)《阜部》：隩，竹报反。《尔雅》：“隩，隈也。”郭璞曰：“今江东呼为浦隩。淮南[子曰]‘隩(渔)者不争隈’”是也。又曰“内为隩。”郭璞曰：“别厓[表]里之名也。”《苍颉篇》：“隩，藏也。”《说文》为澳字，在《水部》。隅隩为奥字，在《宀部》也。

按,《说文·宀部》:"奥,宛也。室之西南隅。"段注:"宛、奥双声。宛者,委曲也。室之西南隅,宛然深藏。"引申可泛指幽深处。故隩、澳从奥得声,得有深隐义,它们是一组同源字。

(21)《阜部》:隧,……《左氏传》:"伐吴为三隧。"杜预曰:"隧,道也。"……通水之隧为澻字,在《水部》也。

按,《广韵·至韵》:"澻,田间小沟。"为通水之道。隧、澻为同源字。

(三)又指出了典籍中的同源通用现象。例如:

(1)《言部》:譆,……郑玄曰:"譆,恨之声也。"《说文》:"哀痛也。"欢和之嘻字在《口部》也。

按,《文选·曹植〈七启八首·序〉》李善注:"譆与嘻古字通也。"依顾野王,二字当有区别,但在使用中实际上是混用不别,应算是同源通用之字。

(2)《言部》:䜥,於骄反。《字书》亦祆字也。祆,灾也。地反物为祆字,在《示部》。

按,䜥,同讶,《集韵·宵韵》:"䜥,语祅祥。一曰巧言。或省。"祆,通妖。《集韵·宵韵》:"䄏,《说文》:'地反物为䄏。'或省。通作妖。"诸字典籍多通用。《荀子·非十二子》:"则可谓讶怪狡猾之人矣。"杨倞注:"讶与妖同。"《汉书·礼乐志》:"奸伪不萌,祆孽伏息。"《乐府诗集·郊庙歌辞·汉郊祀歌》作"妖"。可见,讶、祆、妖乃是一组同源通用字。

(3)《欠部》:歉,苦唐反。《穀梁传》:"四谷不升谓之歉。"……凡器物空虚亦曰歉。《毛诗》"酌彼歉爵"是也。……

按,歉本义为饥虚,器物空虚亦曰歉,则为同源通用。

(4)《糸部》:織,……《毛诗》"織文鸟章"笺云:"徽幟也。"《礼记》"士不衣織"郑玄曰:"染丝织之也。"旌旗徽織为幟字也,在《巾部》。

按,《说文·糸部》:"織,作布帛之总名也。""織"用为徽幟字,乃是同源通用。

(5)《糸部》:纬,……郑玄曰:“纬,束也。”《说文》:“横织丝也。”《楚辞》或以此为帏字。帏,香囊也,音呼违反。在《巾部》。

按,纬本义为束,用为帏,亦为同源通用。

(6)《糸部》:终,……《埤苍》以死没之终为殍字,在《歹部》。

按,“终”、“殍”均为“冬”的同源分化字。则可见《埤苍》乃是同源通用。

(7)《水部》:没,……《声类》:“没,溺也。”古文为㕦字,在《又部》。终竟殂没之没为歾字,在《歹部》。

按,没、歾典籍常混用不别,如魏曹植《升天行》:“日出登东幹,既夕歾西枝。”歾读为没,二字是同源通用。

(8)《厂部》:辟,孚赤反。《左氏传》“辟君之执事”杜预曰:“辟,陋也。”《楚辞》“靡江离与辟芷”王逸曰:“辟,幽也。”野王案,幽亦隐蔽也。《礼记》曰“隐辟而淩□”是也。《说文》:“辟,仄也。”耶(邪)辟为僻字,在《人部》。

按,邵瑛群经正字:“今经典多借用辟字,字或作僻。”则辟、辟、僻为同源通用字。

(9)《阜部》:障,……野王案,《礼记》“开通道路,无有障塞”是也。《苍颉篇》:“障,隰也。亦小城也。”野王案,《汉书》“使居一障间,能乎”、“女子乘障”并是也。或为瘴字,在《广部》。壅防川泽为墇字,在《土部》也。

按,《说文·阜部》:“障,隔也。”《说文·土部》:“墇,拥也。”(《慧琳音义》卷二十六“周墇”注引《说文》:“墇,拥塞也。”)朱骏声通训定声:“墇,经传多以鄣、以障为之。”如《国语》“鲧墇洪水”之“墇”,亦作障。则障、墇为同源通用。

二　原本《玉篇》中关于同源字的其他材料

有的地方，顾野王《玉篇》虽没有直接指出同源字，但该书中所提供的材料有助于我们的进一步研究。例如：

(1)《言部》：讶……郑玄曰："讶，迎也。"……车网之讶为枒字，在《木部》是也。

按，《说文·木部》："枒，木也，从木，牙声。一曰车网会也。"(依段玉裁校改)"车网会"云云，徐锴系传："谓车轮外网也。谓之牙，以其穹隆相接若牙齿之相入也。"可见"枒"的得名之由在于车轮外形象牙；而"讶"之得名则在于"迎接"这一动作类若人饮食时总是牙先迎之。通过一"牙"字可明了二字之词源，这一探索的出发点是《残卷》的系联。

(2)《食部》：馨，□□反。《声类》亦糁字也。糁，以米和羹也，在《米部》。

按，糁是以米和羹，声符"参"体现了词义中的"掺和"之义素，《残卷》特意标明了这一点，有助于我们认识该字词义的词源。

(3)《糸部》：绘，胡横反。《尚书》："山龙华虫作绘。"孔安国曰："绘，会五彩也。"《论语》："绘事后素。"郑玄曰："绘，会也。"

按，《论语》"绘事后素"意为"先有白色底子，然后画花"(据杨伯峻《论语译注》)，亦即会五彩之事当后于白色底子。虽然顾野王并没有直接指出"会"声的示源功能，但他所提供的例证一方面说明他已认识到声符"会"的示源功能，另一方面也为我们的进一步研究提供了材料。

(4)《糸部》：缥，……王逸曰："衣服燿青葱也。"……《说文》："帛青白色也。"末细之缥为蔈字，在《草部》。

按，这里说"末细之缥为蔈字"，实际上已经提示了"蔈"的词源。从票得声之字多有细小义，如郝懿行《尔雅义疏》卷八就指出:剽、蔈等字并有小义。王念孙《广雅疏证》卷三上亦指出,僄、嫖、票、漂、飃、剽等有轻薄义,“并字异而义同”。按轻薄与小义通。

(5)《广部》:廇,力没反。《说文》:“庭中也。”屋檐为霤字,在《雨部》。

按,廇所从之声“留”示“留止”义素,霤所从之声则是借为“流”,流动不居之意,与“留止”之义相反。顾野王在这里把“廇、霤”二字系联在一起,可使我们认识到同一个声符可以显示相对相反的两个源义素,这种情况其实在声符示源现象中是比较多见的。已有不少学者认识到这一现象,例如张世禄先生《汉语同源词的孳乳》分析了一些从“尧”得声的形声字,发现尧声字有高大义,亦有短小义。如峣,高山;䫏,高大的头;骁,高大的马;獟,高大的犬;翘,长大的尾巴;趬,高高地举足。又,侥(焦侥),短小的人;蛲(蛲虫),腹中小虫;铙(小钲),一种小铃。他称为“反义的同源词”。①

(6)《广部》:厭,於叶反。《左氏传》:“将以厭众。”杜预注曰:“以厭众心也。”《国语》:“尧厭帝心。”贾逵曰:“厭,合。”《苍颉篇》:“伏令人心也。”《广雅》:“厭,可也。”野王案,镇笮亦与壓字同,音於涉於甲二反。壓,亦服也,损也,降也,在《土部》;饫饱之厭[为猒字,]音於艳反,在《甘部》;厭厭安静音於詹反,为懕字,在《心部》;按持之厭为擪字,音於篹乌牒二反,在《手部》;词好为㷵字,音於頬反,在《女部》。

按,这里提供的从厭得声之字颇多,我们可以进行一番梳理。《说文·厂部》:“厭,笮也,从厂,猒声。一曰合也。”“厭”有两个义项。1. 笮也,即迫也(《说文·厂部》:“厭,笮也。”又,《说文·竹

①张世禄《汉语同源词的孳乳》,《扬州师范学院学报》1983 年第 3 期。关于“反义同源”的相关研究可以参见曾昭聪《同声符反义同源词研究综述》,《古汉语研究》2003 年第 1 期。

部》:"笮,迫也"),由此可引申为压(后起字作"壓"),再引申为按压("擫");2.合也(上引《残卷》:"《国语》:'尧厭帝心。'贾逵曰:'厭,合'。"《说文·厂部》:"厭,……一曰合也。")引申为饱也(按,徐灏注笺:"猒者,猒饫本字,引申为猒足、猒恶之义。"后起字作"饜"),再引申为满足,再引申为安稳("懕"),再引申为美好("嬮"),引申为厌恶(往相反方向引申)。这实际上是两个引申系列。

三　小　结

古人探求词源有多种方式。声训是用音同音近的词来训释词义、探求词源,右文说则是指同声符的同源字具有相同的源义素这样一种学术观点、研究方法。声训是从音的角度来探源的,本不必考虑汉字形体,但是由于汉字尤其是形声字形音义关系的特殊性,古人在运用声训这一方式探求词源时,不可避免地会注意到声符示源的作用,对汉语同源词进行探求,必然与汉字形音义结合的规律相联系。由声训到右文说,是从音义结合到形音义结合的词源探求,也是对汉字形声系统的深层理解。

最早把一组同声符形声字放在一起加以考察的是晋人杨泉,其《物理论》云:"在金石曰坚,在草木曰紧,在人曰贤。"①意谓坚、紧、贤三字同从臤声,又都有品质优良这一共同意义。对于这一观点多种论文、著作已有论断,这里不再评论。介于杨泉和宋人右文说之间的对于声符示源功能有充分注意的是顾野王的《玉篇》。

我们看到,《玉篇》中把意义相通的同声符形声字系联起来,说明顾野王对声符示源功能已经有了相当清醒的认识。顾野王一方面继承了《说文》、《释名》等著作通过声符探求词源的优良传

---

①《太平御览》卷四零二《人事部》,中华书局1960年版。

统，同时又突破《说文》的结构和《释名》的两两相对的训释求源方式；另一方面又给宋代“右文说”的产生提供了直接的推动因素。虽然他并没有提出“右文说”的口号，但无疑可以看作真正自觉的右文研究的肇始，他在《说文》、《释名》、杨泉《物理论》与宋代“右文说”之间承前启后的历史功绩值得我们充分肯定。

第五章　魏晋至唐代经注中的词源探讨

先秦儒家经典在中国学术史上有重要意义，而历代关于它们的注释也不少，这里只以见于《十三经注疏》中的经注为例谈谈魏晋至唐代经注中有关词源探讨的内容。

一　魏晋南北朝时期经注中的词源探讨

魏晋南北朝时期经注主要有魏王弼《周易注》①，晋范宁《春秋穀梁传集解》②，晋杜预《春秋左传集解》③，魏何晏集解、梁皇侃义疏的《论语集解义疏》④等。

（一）王弼《周易注》、范宁《春秋穀梁传集解》中词源探讨的材料很少，所发现的数例材料不过是借用声训这一训诂方式作一些很简单的探源工作而已。例如：

（1）《周易正义》卷三："初九：咸临，贞吉。"王弼注："'咸'，感也。感，应也。有应于四，感以临者也。四履正位，而己应焉，志行

①［魏］王弼注、［唐］孔颖达正义《周易正义》，李学勤主编《十三经注疏》（标点本），北京大学出版社 1999 年。

②［晋］范宁注、［唐］杨士勋疏《春秋穀梁传注疏》，李学勤主编《十三经注疏》（标点本），北京大学出版社 1999 年。

③［晋］杜预《春秋左传集解》，上海人民出版社 1977 年。

④［魏］何晏集解、［南朝梁］皇侃义疏《论语集解义疏》，四库全书版。

正者也。”（P95）

（2）《周易正义》卷三：“上九：王用出征，有嘉折首，获匪其丑，无咎。”王弼注：“‘离’，丽也，各得安其所丽谓之‘离’。”（P137）

（3）《春秋穀梁传注疏》卷十：《春秋》：“八月，丁卯，大事于大庙，跻僖公。”《穀梁传》：“大事者何？大是事也，著祫、尝。”范宁集解：“祫，合也。”（P160）

（4）《春秋穀梁传注疏》卷十二：《春秋》：“冬，蝝生。”《穀梁传》：“蝝非灾也。其曰蝝，非税亩之灾也。”范宁集解：“蝝之言缘也，蝝宣公税亩，故生此灾以责之。”（P205）

（二）杜预对于《春秋》和《左传》的集解，主要有三个方面的内容。一是释史实，例多不备举。二是释微言大义，如《集解第二》“恒公元年”传：“元年春，公即位，修好于郑。郑人请复祀周公，卒易祊田。公许之。三月，郑伯以璧假许田，为周公祊故也。”杜预集解：“鲁不听郑祀周公，又不宜易取祊田。犯二不宜以动，故隐其实。不言祊，称璧假，言若进璧以假田，非久易也。”（P66）又如，《集解第三》“庄公三年”传：“夏五月，葬桓公，缓也。”杜预集解：“以桓十五年三月崩，七年乃葬，故曰缓。”（P134）三是释词义。释词义主要有两种形式，一是“A，B 也”，如《集解第五》“僖公七年”传：“管仲言于齐侯曰：‘臣闻之，招携以礼，怀远以德……’”，杜预集解：“携，离也。”（P263）二是“B 曰 A”，如《集解第二》“恒公元年”传：“秋，大水。凡平原出水为大水。”杜预集解：“广平曰原。”（P67）其中与词源探讨有关的内容比较少，略举数例如下：

（1）《集解第一》“隐公元年”传：“生庄公及共叔段。”杜预集解：“段出奔共，故曰共叔，犹晋侯在鄂，谓之鄂侯。”（P7）

（2）同上：“不及黄泉，无相见也。”杜预集解：“地中之泉，故曰黄泉。”（P9）

（3）《集解第一》“隐公四年”经：“夏，公及宋公遇于清。”杜预集解：“遇者，草次之期，二国各简其礼，若道路相逢遇者。”（P25）

(4)《集解第二》"桓公二年"传:"以郜大鼎赂公。"杜预集解:"郜国所造器也,故系名于郜。"(P70)

(5)《集解第二》"桓公十六年"传:"初,卫宣公烝于夷姜,生急子,属诸右公子。为之娶于齐而美,公取之,生寿及朔,属寿于左公子。"杜预集解:"左右媵之子,因以为号。"(P121)

(6)《集解第四》"闵公二年"传:"金寒玦离,胡可恃也?"杜预集解:"玦如环而缺,不连。"(P229)

(7)《集解第五》"僖公十年"传:"苏子奔卫。"杜预集解:"苏子,周司寇苏公之后也。国于温,故曰温子。"(P275)

总之,书中有意进行词源探讨的情况也很少。有些术语如"故曰"一词,杜预主要用来表明史实的。有的表面上看起来是词源探讨,但实际上不是的。如《集解第一》"隐公六年"传:"郑伯如周,始朝桓王也。"杜预集解:"桓王即位,周、郑交恶,至是乃朝,故曰始。"(P39)

(三)《论语集解义疏》中,何晏的集解以引述前人的注释为主,所以其中的词源探讨并不多见,少数可称得上声训的例子也是引用或因袭前人的。例如:

(1)《论语集解义疏》卷一:"无友不如己者,过则勿惮改。"何晏注:"郑玄曰:主,亲也;惮,难也。"按,此引郑玄的声训。

(2)《论语集解义疏》卷一:"有子曰:信近于义,言可復也。"何晏注:"復犹覆也。义不必信,信不必义也。以其言可反覆,故曰近于义也。"以"復"训"覆"、"反覆"。皇侃疏:"若如注意,则不可得为向者通也;言信不必合宜,虽不合宜,而其交是不欺,不欺则犹近于合宜,故其言可覆验也。"此"覆"为"覆验"义。按《诗·小雅·蓼莪》"顾我復我"郑玄笺:"復,反覆也。"何晏注与此声训相同,不过两个"反覆"含义并不一致。

(3)《论语集解义疏》卷二:"子曰:夏礼吾能言之,杞不足征也;殷礼吾能言之,宋不足征也。"何晏注:"苞氏曰:征,成也。杞、宋,二国名也,夏、殷之后也。夏殷之礼吾能说之,杞宋之君不足以成之也。”“文献不足故也。足,则吾能征之矣。”何晏注:“郑玄曰:献犹贤也。我能不以其礼成之者,以此二国之君文章贤才不足故也。”按,何晏集解中引用了前人的声训:苞氏的“征,成也”和郑玄的“献犹贤也”。

皇侃的义疏以阐发经义为主,偶尔也涉及一些词源探讨,例如:

(4)《论语集解义疏》卷一“子曰:导千乘之国”何晏注:“马融曰:‘导者,谓为之政教也。司马法:六尺为步,步百为亩,亩百为夫,夫三为屋,屋三为井,井十为通,通十为城,城出革车一乘,然则千乘之赋,其地千城也。居地方三百一十六里有奇,唯公侯之封乃能容之,虽大国之赋亦不是过焉。’苞氏曰:‘导,治也。千乘之国者,百里之国也。古者井田方里为井,井十为乘,百里之国者,适千乘也。’马融依周礼,苞氏依王制,孟子义疑,故两存焉。”皇侃疏:“亩广六尺,长百步,用耜耕之;耜广五寸。方两耜为耦。长沮桀溺耦而耕是也。是耦伐广一尺也。亩广六尺,以一尺耕伐地为湑通水流,水流亩亩然。因名曰‘亩’也。”

(5)《论语集解义疏》卷三:“子曰:臧文仲居蔡,山节藻棁。”何晏注:“苞氏曰:‘臧文仲,鲁大夫臧孙辰也,文,谥也。蔡,国君之守龟也,出蔡地,因以为名焉。长尺有二寸。居蔡,僭也。”此处何晏引包氏注说明了龟所以名为“蔡”的原因。皇侃疏:“云蔡国云云者,国君守国之龟出蔡地,因呼龟为‘蔡’也。云长尺有二寸者,蔡地既出大龟,龟长尺二寸者,因名‘蔡’也。”也重申了“蔡”的得名之由。

(6)《论语集解义疏》卷四:“舜有臣五人而天下治。武王曰:‘予有乱臣十人。’”何晏注:“马融曰:‘乱,理也。理官者十人也。谓周公旦、召公奭、太公望、毕公、荣公、大颠、闳夭、散宜生、南宫适。其余一人,谓文母也。”皇侃疏:“太公望第三也,谓吕望也。

吕望本姓姜氏。吕望名尚，钓于磻溪。文王出猎，遥见而呼之曰：'望公七年矣，今乃见光景于斯！'于是接之上车，文王自御而还，因名为'望'，为周太师，故云太公也。"皇侃疏指出了太公望的名字的来由。

二　唐代经注中的词源探讨

唐代为经作疏的有贾公彦、杨士勋、徐彦、孔颖达等人。

贾公彦《周礼注疏》①中的有关内容：

(1)卷一《天官冢宰第一》"庖人"郑注："庖之言苞也，裹肉曰苞苴。"贾疏："言庖者，今之厨，转作苞者，欲取庖人主六兽、六禽，以供庖厨，有裹肉之意也。又云'裹肉曰苞苴'者，《诗》云'野有死麕，白茅包之'，《礼记·内则》云'炮取豚若将，编萑以苴之'，皆是裹肉之物，故云'裹肉曰苞苴'也。"(P10)

(2)卷一《天官冢宰第一》"内饔"郑注："饔，割亨煎和之总称。内饔所主在内。"贾疏："饔，和也。熟食曰饔。熟食须调和，故号曰饔。"(P11)

(3)卷一《天官冢宰第一》"腊人"郑注："腊之言夕也。"贾疏："干曰腊，朝曝，于夕乃干，故云腊之言夕。或作'久'字，久乃干成，义亦通也。"(P12)

(4)卷一《天官冢宰第一》"内宰"郑注："内宰，宫中官之长。"贾疏："名'内宰'者，对大宰治百官，内宰治妇人之事，故名内宰。"(P18)

(5)卷一《天官冢宰第一》"阍人"郑注："阍人，司昏晨以启闭者。"贾疏："昏时闭门，则此名阍人也。晨时启门，则《论语》谓之

①[汉]郑玄注、[唐]贾公彦疏《周礼注疏》，李学勤主编《十三经注疏》(标点本)，北京大学出版社1999年。

晨人也。皆以时事为名耳。”(P18)

(6)卷一《天官冢宰第一》“寺人”郑注:“寺之言侍也。”贾疏:“云‘寺之言侍’者,欲取亲近侍御之义。”(P19)

(7)卷九《地官司徒第二》“卝人”郑注:“卝之言矿也。金玉未成器曰矿。”贾疏:“经所云卝是总角之卝字。此官取金玉,于卝字无所用,故转从石边广,以其金玉出于石,左形右声,从矿字也。”(P237)

(8)卷十三《地官司徒下》“凡治野,以下剂致甿,以田里安甿……”郑注:“变民言甿,异外内也。甿犹懵,懵,无知貌也。”贾疏:“此案大司徒、小司徒主六乡,皆云民不言甿。此变民言甿者,直是异外内而已,无义例。以其民者冥也,甿者懵懵,皆是无知之貌也。”(P391-392)

(9)卷十六《地官司徒下》“稍人,掌令丘乘之政令。”郑注:“丘乘,四丘为甸。甸读与‘维禹敶之’之敶同,其训曰乘,由是改云。”贾疏:“云‘掌令丘乘之政令’者,四井为邑,四邑[为丘,四丘](标点本缺此四字)为甸,甸出长毂一乘,故云丘乘。”(P406)

贾公彦《仪礼注疏》①中的有关内容:

(10)卷二:“爵弁服,纁裳,纯衣,缁带,韎韐。”郑玄注:“此与君祭之服。《杂记》曰:‘士弁而祭于公。’爵弁者,冕之次,其色赤而微黑,如爵头然,或谓之緅。其布三十升,纁裳,浅绛裳。凡染绛,一入谓之縓,再入谓之赪,三入谓之纁,朱则四入与?纯衣,丝衣也。余衣皆用布,唯冕与爵弁服用丝耳。先裳后衣者,欲令下近缁,明衣与带同色。韎韐,缊韨也。士缊韨而幽衡,合韦为之。士染以茅蒐,因以名焉。今齐人名蒨为韎韐。韨之制似韠。冠弁者不与衣陈而言于上,以冠名服耳。今文纁皆作熏。”贾公彦疏:“云

①[汉]郑玄注、[唐]贾公彦疏《仪礼注疏》,李学勤主编《十三经注疏》(标点本),北京大学出版社1999年。

‘士染以茅蒐,因以名焉’者,案《尔雅》云:‘茹藘,茅蒐。’孙氏注:‘一名蒨,可以染绛。’若然,则一草有此三名矣。但周公时名蒨草为韎草,以此韎染韦合之为韐,因名韨为韎韐也。”(P22)

(11)卷三:“尊于房户之间,两甒,有禁,玄酒在西,加勺,南枋。”郑玄注:“禁,承尊之器也。名之为禁者,因为酒戒也。”贾疏:“云‘禁,承尊之器也。名之为禁者,因为酒戒也’者,以醴不言禁,醴非饮醉之物,故不设戒也。此用酒,酒是所饮之物,恐醉,因而禁之,故云因为酒戒。”(P43)

(12)卷十四:“执幂者举幂,主人酌膳,执幂者反幂。”郑玄注:“君物曰膳,膳之言善也。酌君尊者,尊宾也。”贾疏:“言‘君物曰膳,膳之言善也’者,言君物,总众物之名。上云设膳篚,设膳尊,膳之言善,所以别于臣子之尊篚也。”(P257)

从以上例子可以看出,汉代的郑玄倒是对词源有一定程度的阐发,但唐代的贾公彦所作的疏只不过是对郑注作进一步阐发而已,在词源探讨上实无发明。总之,贾疏中的词源探讨也并不多见。

另外唐代杨士勋为《春秋穀梁传注》所作疏①、徐彦为《春秋公羊传注》所作的疏②中,基本上没有相关材料。

三　《五经正义》中的词源探讨

唐代孔颖达《五经正义》篇幅较大,有关词源探讨的内容相对也就多一些,所以这里单立一节讨论。

---

①[晋]范宁注、[唐]杨士勋疏《春秋穀梁传注疏》,李学勤主编《十三经注疏》(标点本),北京大学出版社 1999 年。

②[汉]何休解诂、[唐]徐彦疏《春秋公羊传注疏》,李学勤主编《十三经注疏》(标点本),北京大学出版社 1999 年。

《周易正义》①中的相关内容：

(1)卷三："初六，剥床以足，蔑贞凶。"孔疏："贞，正也。"(P109)

(2)卷三："六五：豮豕之牙，吉。"王弼注："豕牙横猾，刚暴难制之物，谓二也。五处得尊位，为畜之主。二刚而进，能豮其牙，柔能制健，禁暴抑盛，岂唯能固其位，乃将'有庆'也！"孔疏："'能豮其牙'者，观《注》意则'豮'是禁制损去之名。褚氏云：'豮，除也，除其牙也。'然豮之为除，《尔雅》无训。案《尔雅》云：'坟，大防。'则坟是堤防之义。此'豮其牙'，谓防止其牙。古字假借，虽豕傍土边之异，其义亦通。'豮其牙'，谓止其牙也。"(P121)按，这里实际上是同以源字为训。

(3)卷三："离：利贞，亨。"孔疏："离，丽也。丽谓附着也。言万物各得其所附着处，故谓之'离'也。"(P133)

(4)卷七："探赜索隐，钩深致远，以定天下之吉凶，成天下之亹亹者，莫大乎蓍龟。"孔疏："探，谓窥探求取。赜，谓幽深难见。卜筮则能窥探幽昧之理，故云探赜也。索，谓求索。隐，谓隐藏。卜筮能求索隐藏之处，故云索隐也。"(P290)

《尚书正义》②中的相关内容：

(5)卷十三："乃卜三龟，一习吉。"孔传："习，因也。以三王之龟卜，一相因而吉。"孔疏："'习'则袭也，袭是重衣之名，因前而重之，故以习为因也。"(P336)

《毛诗正义》③中的相关内容：

---

①[魏]王弼注、[唐]孔颖达正义《周易正义》，李学勤主编《十三经注疏》(标点本)，北京大学出版社 1999 年。

②[汉]孔安国传、[唐]孔颖达正义《尚书正义》，李学勤主编《十三经注疏》(标点本)，北京大学出版社 1999 年。

③[汉]郑玄笺、[唐]孔颖达正义《毛诗正义》，李学勤主编《十三经注疏》(标点本)，北京大学出版社 1999 年。

(6)卷二(二之三):"新台有泚,河水弥弥。燕婉之求,籧篨不鲜。"毛传:"籧篨,不能俯者。"郑笺:"籧篨口柔,常观人颜色而为之辞,故不能俯者也。"孔疏:"籧篨、戚施,本人疾之名,故《晋语》云'籧篨不可使俯,戚施不可使仰',是也。但人口柔者,必仰面观人之颜色而为辞,似籧篨不能俯之人,因名口柔者为籧篨。面柔者,必低首下人,媚以容色,似戚施之人,因名面柔者为戚施。"(P176-177)

(7)卷三(三之一):"君子偕老,副笄六珈。"毛传:"珈笄,饰之最盛者,所以别尊卑。"郑笺:"珈之言加也,副既笄而加饰,如今步摇上饰。古之制所有,未闻。"孔疏:"以珈字从玉,则珈为笄饰。谓之珈者,珈之言加,由副既笄,而加此饰,故谓之珈,如汉之步摇之上饰也。步摇,副之遗象,故可以相类也。古今之制不必尽同,故言'古之制所有,未闻'。"(P184-185)

(8)卷三(三之三):"氓之蚩蚩,抱布贸丝。"毛传:"布,币也。"郑笺:"币者,所以贸买物也。"孔疏:"《外府》注云:'布,泉也。其藏曰泉,其行曰布。取名于水泉,其流行无不遍。'《檀弓》注云:'古者谓钱为泉布,所以通布货财。泉亦为布也。'知此布非泉,而言币者,以言抱之,则宜为币,泉则不宜抱之。"(P229)

(9)卷四(四之一):"悠悠苍天,此何人哉!"毛传:"苍天,以体言之。尊而君之,则称皇天;元气广大,则称昊天;仁覆闵下,则称旻天;自上降鉴,则称上天;据远视之苍苍然,则称苍天。"郑笺:"远乎苍天,仰诉欲其察已言也。此亡国之君,何等人哉!疾之甚。"孔疏:"《释天》云:'穹苍,苍天。'李巡曰:'古时人质,仰视天形,穹隆而高,其色苍苍,故曰穹苍。是苍天以体言之也。皇,君也,故尊而君之,则称皇天。昊,大貌,故言其混元之气昊昊广大,则称昊天。旻,闵也,言其以仁慈之恩覆闵在下,则称旻天。从上而下视万物,则称上天。据人远而视之,其色苍苍然,则称苍天。'然以经传言天,其号不一,故因苍天而总释之,当有成文,不知出何

书。……虽苍、昊有春、夏之殊，则未知孰是，要二物理相符合，故郑和而释之。”(P254－255)

按孔疏对毛诗的疏只是在郑笺基础上作阐发而已。

《春秋左传正义》①中的相关内容：

(10)卷三“涧溪沼沚之毛”杜预注：“溪亦涧也。”孔疏：“《尔雅·释山》云：‘山夹水，涧。’李巡曰：‘山间有水。’《释名》曰：‘言水在两山间也。’《释水》曰：‘水注川曰溪。’李巡曰：‘水出于山，入于川。’《释山》又云：‘山豄无所通，溪。’李巡曰：‘山中水渎，虽无所通，与水注川同名。’宋均曰：‘无水曰谷，有水曰溪。’然[则]溪亦山间有水之名，是涧之类，故云‘溪亦涧也’。”(P74－75)在同义词比较中引用了前人关于词源的一些说法。

(11)卷三“螟”孔疏：“《释虫》云：‘食苗心，螟。食叶，蟘。食节，贼。食根，蟊。’舍人曰：‘食苗心者名螟，言冥冥然难知也。’李巡曰：‘食禾心为螟，言其奸冥冥难知也。食禾叶者，言其假貣无厌，故曰蟘也。食其节者，言其贪狠，故曰贼也。食其根者，言其税取万民财货，故曰蟊也。’孙炎曰：‘皆政贪所致，因以为名。’郭璞曰：‘分别虫啖食禾所在之名耳。’李巡、孙炎以政致为名，舍人、郭璞以食处为名。陆(机)[玑]《疏》云：‘旧说螟、蟘、蟊、贼，一种虫也，如言寇、贼、奸、宄，内外言之耳。故犍为文学曰：此四种虫皆蝗也。实不同，故分别释之。’然则螟，非以虫名，以食苗之处为名耳。”(P90－91)

(12)卷六“骖絓而止”杜预注：“骖騑马”孔疏：“《说文》云：‘騑，骖，旁马。’是騑、骖为一也。初驾马者，以二马夹辕而已，又驾一马，与两服为参，故谓之骖。又驾一马，乃谓之驷。故《说文》云：‘骖，驾三马也；驷，一乘也。’两服为主，以渐参之，两旁二马遂

①[晋]杜预注、[唐]孔颖达正义《春秋左传正义》，李学勤主编《十三经注疏》(标点本)，北京大学出版社1999年。

名为骖,故总举一乘则谓之驷,指其騑马则谓之骖。《诗》称‘两骖如舞’,二马皆称骖。《礼记》称‘说骖而赙之’。一马亦称骖,是本其初参,遂以为名也。骖马在衡外挽靷,每结于木,由颈不当衡故也。名騑者,以驷马有騑騑之容。故《少仪》云‘騑騑翼翼’是也。”(P159)

(13)卷六“闭蛰而烝”杜预注:“建亥之月,昆虫闭户,万物皆成,可荐者众,故烝祭宗庙。《释例》论之备矣。”孔疏:“《尔雅·释诂》云:‘烝,众也。’知万物皆成,可荐者众,故名此祭为烝。”(P171)

(14)卷九:“郑伯享王于阙西辟,乐备。”杜预注:“阙,象魏。”孔疏:“刘熙《释名》云:‘阙,在门两旁,中央阙然,为道也。’然则其上县法象,其状巍巍然高大谓之象魏,使人观之,谓之观也。”(P265)

(15)卷十:“凡师,有钟鼓曰伐,(杜注:声其罪。)无曰侵,(杜注:钟鼓无声。)轻曰袭。(杜注:掩其不备)”孔疏:“然则春秋之世,兵加于人,唯此三名。击鼓、斩木俱名为伐,鸣钟鼓声其罪,往讨伐之,若击鼓斩木然。侵者,加陵之意,寝其钟鼓,潜入其竟,往侵陵之。袭者,重衣之名,倍道轻行,掩其不备,忽然而至,若被衣然。立此三名,制讨罪之等级也。”(P292)

(16)卷十一:“二年春,虢公败犬戎于渭汭。”杜预注:“水之隈曲曰汭。”孔疏:“《释丘》云:‘隩隈,厓内为隩,外为隈。’李巡曰:‘厓内近水为隩。’孙炎云:‘内隈曲里也。’彼虽不言汭,汭即隩也。而汭字以内为声,明是水之隈曲之内也。”(P308)

(17)卷十一:“重锦三十两”杜预注:“重锦,锦之熟细者。以二丈双行,故曰两。三十两,三十匹也。”孔疏:“《杂记》曰:‘纳币一束,束五两,两五寻。’八尺曰寻,则五寻四丈。谓之两者,分为两段故也。谓之匹者,两两合卷,皆匹偶然也。”(P312)

从以上材料可以看出,唐代孔颖达五经正义中所作的词源探讨相对于魏晋和唐代其他经注中的有关内容要稍多一些，但总的来说，阐发前人的有关内容较多，而属于个人的发明则较少。

四　小　结

以上我们分别举例谈到了先秦儒家经典在魏晋至唐代学者所作注疏中的词源探讨情况。这些注疏中的词源探讨内容有两个共同特点：一是有关词源探讨的内容少；二是即使有一些内容，也都以阐述前人的说法为主。

这些注疏的作者生活于魏晋和唐代。在汉语词源学史上，魏晋和唐代产生了不少重要的词源研究成果，有的词源研究内容很多，也达到了很高的水平；而这些经注在汉语词源学史上并不占有重要位置。

先秦儒家经典及其注疏是有很高的学术价值的，著名哲学家张岂之先生归纳为三点："第一，十三经是研究中国古代思想文化的重要史料。""第二，经书从某种意义上说是中国古代文化的百科全书。""第三，从古代经书中可以看到不同学派的相互影响。"①为什么其中的词源研究的学术价值却并不高呢？笔者认为，这是经注本身的体例要求所限定的。因为经注以阐述经义为主，不可能对词义的来源作较多的说明。同样是注释，郭璞的《尔雅注》和《方言注》、颜师古的《汉书注》和《急就篇注》中就蕴含有相当多的词源探讨内容。经学家的任务是阐述经义，小学家的任务是阐述语言文字，二者的任务不同，研究的成果也就不一样了。此前的郑玄在经注中有较多的词源探求，如前面说到孔疏对毛诗的疏只是在郑笺基础上作阐发而已，说明郑玄注经时比较注意从语言角度进行。这是郑注与魏晋至唐代经注不一样的地方，其深层原因尚

①张岂之《〈十三经注疏〉的学术价值》，《光明日报》2001年6月21日。

需进一步思考。

这也提示我们，在进行汉语词源学史研究时，一定要密切注意所选材料的准确性，如果用魏晋至唐代经注的材料作为这一阶段词源学史研究的唯一材料，可能会得出错误的结论，会以为这一阶段的词源研究成果极少（过去，学界对于魏晋南北朝隋唐五代词源学史关注不够，原因之一恐怕也在于此）；如果一点儿都没有注意到这些材料，而只是注意上面提到的郭璞的《方言注》等等材料，又会以为这一历史阶段中的词源研究成果非常丰富，会以为所有的学者都在研究词源。这两种观点都是需要避免的，我们研究词源学史一定要全面地看材料，才能得出全面而准确的结论。

第六章　隋唐笔记中的词源探讨

中国古代的笔记非常丰富，尤其是唐宋之后，笔记数量巨大。郭在贻先生在谈到魏晋南北朝隋唐时期的训诂学史时说："有的书虽不以训诂专书而著称，但在训诂上确有其成就和价值，也值得在这里一提。如颜之推《颜氏家训》，其中《勉学》、《书证》、《音辞》诸篇，都有不少极可宝贵的训诂材料。颜之推的后人唐初的颜师古，除注《汉书》外，还撰有《匡谬正俗》一书，在训诂上亦有所发明。另外，唐人笔记中也有些训诂材料，散金碎玉，时有可采。"①隋唐时期的笔记内容芜杂，其中同样包含了相当多的汉语词源研究的内容。本章以《颜氏家训》、《酉阳杂俎》、《资暇集》和《岭表录异》为代表，对其中词源探讨的内容作一述评。

一　《颜氏家训》中的词源探讨

《颜氏家训》②，颜之推著。颜之推历官南北朝，在梁为散骑侍郎，在齐为黄门侍郎，在隋为内史。此书自署为"北齐黄门侍郎颜

①郭在贻《训诂学》，载《郭在贻文集》第一卷，中华书局 2002 年，第 579 页。

②[北齐]颜之推著、王利器集解《颜氏家训集解》（增补本），中华书局 1993 年。

之推撰”,因此前人对其书成书年代颇有疑义。王利器先生考订其成书于入隋之后,自题为“北齐黄门侍郎”者,以此官最为清显,故颜之推津津乐道。史学家、目录学家一般也都追认其自署。我们是从语言角度研究的,所以还是将其视作隋代笔记。

《颜氏家训》共七卷二十篇,约四万字左右,所涉范围比较广泛,王利器先生认为“颜氏对于佛教之流行,玄风之复扇,鲜卑语之传播,俗文字之兴盛,都作了较为翔实的纪录”。对于研究南北朝诸史,研究《汉书》、《文心雕龙》、《经典释文》以及音韵学都有很大的参考价值。① 目前语言学界对此书的利用多集中于《音辞》、《书证》等篇,从词汇语法角度进行专书研究的成果也早已出现②,不过,从词源学史的角度对此书作一考察的论著似乎还没有,因此我们打算在这一方面作一初步的探讨。

《颜氏家训》中有关词源探讨的内容我们共发现十一条,分类评述如下。这一分类有些并不是在同一平面上的,分类只是从不同侧面加以强调。

(一)《颜氏家训》中词源探讨的方式可分为三个方面:

其一,对古籍中词义的来源深入探讨,指明了得名之由。例如:

(1)卷三《勉学第八》:又《礼乐志》云:“给太官挏马酒。”李奇注:“以马乳为酒也,揰挏乃成。”二字并从手。揰挏,此谓撞捣挺挏之,今为酪酒亦然。向学士又以为种桐时,太官酿马酒乃熟,其孤陋遂至于此。(P207)

按,《说文》:“挏,攤引也。汉有挏马官,作马酒。”《汉书》卷十

---

①王利器《叙录》,载《颜氏家训集解》(增补本),中华书局 1993 年,第 8–11 页。

②周日健、王小莘主编《颜氏家训词汇语法研究》,广东人民出版社 1998 年。

九上《百官公卿表》:“武帝太初元年,更名家马为挏马。”应劭曰:“主乳马,取其汁挏治之,味酢可饮,因以名官也。”如淳曰:“主乳马,以韦革为夹兜,受数斗,盛马乳,挏取其上肥。因名曰挏马。”王利器集解引邓廷桢《双研斋笔记》四:“案:此法至今西北两路蕃俗犹然,其法以革囊盛马乳,一人抱持之,乘马绝驰,令乳在囊中自相撞动,所谓挏也。往复数十次,即可成酒。余在西域时,亲见额鲁特,及移驻之察哈尔,皆沿此俗。”(P213)

由此,可知“揰挏,此谓撞捣挺挏之”确实如此。“向学士又以为种桐时,太官酿马酒乃熟”的流俗词源观点不攻自破。然则宋代王观国《学林》卷三说“役之以造酒而供挏马之所用”,又说“挏马所用之酒”,并批评颜之推的说法,实在是未弄明白“揰挏”的词源。

(2)卷六《书证第十七》:或问:“《汉书注》:‘为元后父名禁,故禁中为省中。’何故以‘省’代‘禁’?”答曰:“案:《周礼宫正》:‘掌王宫之戒令纠禁。’郑注云:‘纠,犹割也,察也。’李登云:‘省,察也。’张揖云:‘省,今省察也。’然则小井、所领二反,并得训察。其处既常有禁卫省察,故以‘省’代‘禁’。詧,古察字也。”(P461)

按,颜之推考察了“省中”之“省”的词义,也就揭示了以“省中”代“禁中”的原因。从词源的角度来说,颜之推的考察实际上也是指明了“省中”一词的得名之由。

其二,从考本字入手探讨词源。例如:

(1)卷三《勉学第八》:吾在益州,与数人同坐,初晴日晃,见地上小光,问左右:“此是何物?”有一蜀竖就视,答云:“是豆逼耳。”相顾愕然,不知所谓。命取将来,乃小豆也。穷访蜀士,呼粒为逼,时莫之解。吾云:“《三苍》、《说文》,此字白下为匕,皆训粒,通俗文音方力反。”众皆欢悟。(P230)

按《说文》:“皀,谷之馨香也,象嘉谷在裹中之形,匕所以扱之。或说,一粒也。凡皀之属皆从皀。又读若香。”这里有两个义项,颜氏所谓出《说文》者,当是用其后一义项"一粒也"。又《玄应音义》卷二十"麦果"条注:"果,书又作颗,或言子,或云粒,又言皀,皆一也。"《广韵·职韵》:"皀,皀粒。"《集韵·职韵》:"皀,粒也。"颜之推在这里既考证了四川方言词"逼逼"之"逼"的本字,同时也是指出了它的词源。

(2)卷六《书证第十七》:《尚书》曰:"惟影响。"《周礼》云:"土圭测影,影朝影夕。"《孟子》曰:"图影失形。"《庄子》云:"罔两问影。"如此等字,皆当为光景之景。凡阴景者,因光而生,故即谓为景。《淮南子》呼为景柱,《广雅》云:"晷柱挂景。"并是也。至晋世葛洪《字苑》,傍始加彡,音於景反。而世间辄改治《尚书》、《周礼》、《庄》、《孟》从葛洪字,甚为失矣。(P430)

按,颜氏以为"景"本谓"光",引申而可指"阴影";后人造出后起分化字"影"专门纪录其引申义,由于使用的广泛,甚至将原来表示本义"光"的"景"的用例改为"影",殊不可取。其说是也。《说文》:"景,光也。"段注:"光所在处,物皆有阴。""后人名阳曰光,名光中之阴曰影,别制一字,异义异音。""影"是指阴影,而不可指"光",故颜氏的说法是对的。从词源的角度来说,表示阴影的"影"词源在于表示"光"的"景",二者还是有联系的,此则不可不察。

(3)卷六《书证第十七》:太公《六韬》,有天陈、地陈、人陈、云鸟之陈。《论语》曰:"卫灵公问陈於孔子。"《左传》:"为鱼丽之陈。"俗本多作阜傍车乘之车。案诸陈队,并作陈、郑之陈。夫行陈之义,取於陈列耳,此六书为假借也,苍、雅及近世字书,皆无别字;唯王羲之《小学章》,独阜傍作车,纵复俗行,不宜追改《六韬》、《论语》、《左传》也。(P432)

按,《广韵·震韵》:"陈,列也。"《正字通·阜部》:"陈,军伍行列也。"表示"军队行列"、"阵法"义的"阵"本作"陈",后来写作"阵",即在这一意义上,二者是古今字的关系。《论语》:"卫灵公问陈于孔子。"何晏集解:"孔曰:军阵行列之法。""阵"是汉代之后才产生的后起字,故《论语》作"陈",而何晏集解作"阵"。颜氏之说大体正确。这一例子对我们认识"阵"的词源也是有所帮助的。顺便一说,颜氏以为"以六书为假借也"则不确,"阵"是"陈"的后起分化字,构形方式与"陈"相同。

(4)卷六《书证第十七》:柏人城东北有一孤山,古书无载者。唯阚骃《十三州志》以为舜纳於大麓,即谓此山,其上今犹有尧祠焉;世俗或呼为宣务山,或呼为虚无山,莫知所出。赵郡士族有李穆叔、季节兄弟、李普济,亦为学问,并不能定乡邑此山。余尝为赵州佐,共太原王邵读柏人城西门内碑。碑是汉桓帝时柏人县民为县令徐整所立,铭曰:"山有巏嵍,王乔所仙。"方知此巏嵍山也。巏字遂无所出。嵍字依诸字书,即旄丘之旄也;旄字,《字林》一音亡付反,今依附俗名,当音权务耳。入邺,为魏收说之,收大嘉叹。值其为《赵州庄严寺碑铭》,因云:"权务之精。"即用此也。(P498)

按,颜之推在这里考证了山名的本字,同时也暗示了山名的词源。"巏嵍",前一字从"雚",从"雚"声的字往往有高大义,如爟(烽火)、讙(喧哗)、貛(牡狼)等。"嵍",《广韵》:"嵍,丘也。"那么这是什么样的"丘"呢?考"務"声字往往有高上义,如蝥(长跪又拜)、帑(发巾、车衡上衣)、鍪(首铠)等。因此,"巏嵍"就是高山,这正好印证了颜之推在本条开头所说的"孤山"。正因其孤,所以显得高。

其三,从考俗语入手探讨词源。例如:

(1)卷六《书证第十七》:《诗》云:'参差荇菜。'《尔雅》云:'荇,接余也。'字或为莕。先儒解释皆云:水草,圆叶细茎,随水浅深。今是水悉有之,黄花似莼,江南俗亦呼为猪莼,或呼为荇菜。刘芳具有注释。而河北俗人多不识之,博士皆以参差者是苋菜,呼人苋为人荇,亦可笑之甚。(P409)

王利器集解:《尔雅》郭注云:"丛生水中,叶圆,在茎端,长短随水深浅。江东菹食之。亦呼为莕,音杏。"《齐民要术》九"作菹藏生菜法第八十八"引《诗义疏》:"接余,其叶白,茎紫赤,正圆,径寸余,浮在水上,根在水底,茎与水深浅等,大如钗股,上青下白,以苦酒浸之为菹,脆美,可案酒,其华蒲黄色。"(P409)按,"荇"是多年生水生草本植物,飘浮于水面,随水而"行",颜之推所概括的"随水浅深"其实就是指出了"荇"的得名之由。又,颜之推指出"黄花似莼,江南俗亦呼为猪莼","莼"字原繁体形式作"蓴",从专;"专"可表圆义,如《周礼·地官·大司徒》"其民专而长"郑玄注:"专,圜也。"从"专"声之字亦往往有圆义,如转、抟、团等皆是。因此,可以说颜之推说"叶圆"、"黄花似莼,江南俗亦呼为猪莼",则是说明了"荇"江南俗名"猪莼"的得名之由是取其形状。

(2)卷六《书证第十七》:或问曰:"何故名治狱参军为长流乎?"答曰:"《帝王世纪》云:'帝少昊崩,其神降于长流之山,於祀主秋。'案:《周礼·秋官》,司寇主刑罚、长流之职,汉、魏捕贼掾耳。晋、宋以来,始为参军,上属司寇,故取秋帝所居为嘉名焉。"(P507)

时俗名治狱参军为长流,王利器集解引朱亦栋曰:"案:长流二字,切音为秋,即秋官之谓也;颜氏所引,毋乃迂曲与?"(P508)按,上古音中秋为清母幽部,长为定母阳部,流为来母幽部。朱亦栋的说法似不准确。因为清、定母相差较远,不可互谐。颜之推对"长流之职"的词源作了探求并用"故取……为嘉名"的方式表明"长流之职"的词源在于"长流之山"。这应当是对的。

(二)由于种种原因,颜之推探源工作也需要作一分为二的评价,即其中往往有不正确的成分。上述"从考本字入手探讨词源"的第(3)例中就有表述不确的,又如:

(1)卷六《书证第十七》:《礼》云:"定犹豫,决嫌疑。"《离骚》曰:"心犹豫而狐疑。"先儒未有释者。案:《尸子》曰:"五尺犬为犹。"《说文》云:"陇西谓犬子为犹。"吾以为人将犬行,犬好豫在人前,待人不得,又来迎候,如此返往,至於终日,斯乃豫之所以为未定也,故称犹豫。或以《尔雅》曰:“犹如麂,善登木。”犹,兽名也,既闻人声,乃豫缘木,如此上下,故称犹豫。狐之为兽,又多猜疑,故听河冰无流水声,然后敢渡。今俗云:“狐疑,虎卜。”则其义也。(P423-424)

按,犹豫、狐疑都是连绵字,《广雅疏证》卷六:“踌躇,犹豫也。”王念孙疏证:“犹豫字或作犹与,单言之则曰犹、曰豫……合言之则曰犹豫,转之则曰夷犹,曰容与。”连绵词义存乎声,颜之推的推源是不对的。①

(2)卷六《书证第十七》:又问:“《东宫旧事》‘六色罽緦’,是何等物?当作何音?”答曰:“案:《说文》云:‘莙,牛藻也,读若威。’《音隐》:‘坞瑰反。’即陆机所谓‘聚藻,叶如蓬’者也。又郭璞注《三苍》亦云:‘蕴,藻之类也,细叶蓬茸生。’然今水中有此物,一节长数寸,细茸如丝,圆绕可爱,长者二三十节,犹呼为莙。又寸断五色丝,横著线股间绳之,以象莙草,用以饰物,即名为莙;於时当绀六色罽,作此莙以饰绲带,张敞因造糸旁畏耳,宜作隈。”(P495)

“宜作隈”王利器集解:“《续家训》‘作’作‘音’,是。卢文弨曰:‘隈’似当作‘莙’。”(P497)按,颜之推好讲本字,推测他的本意是说这张敞所造字不对,因此卢文弨的说法可能更符合原意。“莙”本义为“牛藻”,引申指“寸断五色丝,横著线股间绳之,以象莙草,用以饰物”的东西,张敞因此为这一引申义造出一后起分化字“緦”。颜之推认为这一后起分化字不该有,径用本字即可。这

①郭在贻先生指出:“‘犹豫’这个习见的双声连语,历来的注释家多不能得其正解。最早的如《尔雅》、《水经注》和《颜氏家训》,都是望文生训。”“清代学者对‘犹豫’一词作出正确解释的不止段氏一人。黄生《义府》、王念孙《读书杂志》和《广雅疏证》、王鸣盛《蛾术编》、郝懿行《尔雅义疏》、邓廷桢《双砚斋笔记》等,对这个连语亦均有确诂。”见《〈说文段注〉与汉语词汇研究》,《郭在贻文集·训诂丛稿》,中华书局2002年,第302-303页。

一观点可以作正误两方面理解。一方面,他否认了汉字发展的观点;其实后起的分化字“緷”从“糸”,表示词义与丝织品有关,在表义上有本字“莙”不可替代的优势。但是另一方面,后起分化字“緷”也掩盖了词源。因为本字“莙”表示“牛藻”,段注:“按藻之大者曰牛藻,凡草类之大者多曰牛曰马……牛藻当是叶如鸡苏者,但析言则有别,统言则皆谓之藻,亦皆谓之莙。”词义中“大”的义素由“莙”的声符“君”体现出来,即“君”具有示源功能。从“君”声的字往往有大义,如宭(群居)、頵(大头)、峮(嶙峮,山相连貌)等皆是。本字“莙”中能看出词源,而为引申义新造的字“緷”中却看不出词源。从这个角度来说,颜之推的话又有一定的道理。

(3)卷六《书证第十七》:或问:“俗名傀儡子为郭秃,有故实乎?”答曰:“《风俗通》云:‘诸郭皆讳秃。’当是前代人有姓郭而病秃者,滑稽戏调,故后人为其象,呼为郭秃,犹文康象庾亮耳。”(P504－505)

按,“傀儡”与“郭秃”应当同为连绵词。王利器集解指出“颜氏‘文康象庾亮’之说为无稽”(P507),但并未指出其实郭秃说也是无稽之辞。上古音中,傀为溪母微部,儡为来母微部;郭为见母铎部,秃为透母屋部。傀与郭声母相近,此无疑义;而儡与秃其实也很相近。透母与来母在上古音中可以互谐,例如“獭”,《说文》:“獭,如小狗,水居,食鱼。从犬,赖声。”獭为透母,而其声符赖则为来母。在谐声系统中,来母与透母(包括彻母)谐声关系较为密切,而和透母同组的端母、定母谐声关系则十分疏远。李方桂就曾将和来母相谐的透母上古汉语读音拟为 lh－。① “郭秃”其实应当就是“傀儡”的音变构词,颜之推所说的词源只能称之为流俗词源。

---

①金理新《汉藏语的肢体与动物名词前缀 *S-》,《温州师范学院学报》1998 第 4 期。

二 《酉阳杂俎》中的词源探讨

《酉阳杂俎》①,唐段成式著。段成式,祖籍山东临淄邹平,生活于唐德宗至懿宗年间。该书共三十卷(其中前集二十卷,续集十卷),《新唐书·艺文志》列入子录小说家类,它记述了古代中外传说、神话、故事、传奇、史料、民俗、物产,内容丰富多彩。明代李云鹄说这部书"无所不有,无所不异,使读者忽而颐解,忽而发动,忽而目眩神骇,愕眙而不能禁。"《四库总目提要》说这部书是自唐以来"小说之翘楚"。鲁迅先生说它"所涉既广,遂多珍异"。② 其中关于动植物得名之由的探讨内容颇多。

(一)《酉阳杂俎》在词源探讨方面的成绩。

《酉阳杂俎》是一部笔记,其中亦蕴含了不少词源探讨的成分,对其略作整理,可以为词源学史的研究作出一定的补充。

其一,有意识地揭示事物的得名之由,常用的术语有"故名"、"其声自号"、"因名为"、"因名之"、"因曰"、"故以为名"等,例如:

(1)前集卷十六《羽篇》:吐绶鸟,鱼复县南山有鸟大如鸲鹆,羽色一曰毛多黑,杂以黄白,头颊似雉,有时吐物长数寸,丹彩彪炳,形色类绶,因名为吐绶鸟。又食必蓄嗉,臆前大如斗,虑触其嗉,行每远草木,故一名避株鸟。(P155)

(2)前集卷十六《羽篇》:兜兜鸟,其声自号,正月以后作声,至五月节不知所在,其形似鸲鹆。(P155)

(3)前集卷十六《羽篇》:细鸟,汉武时毕勒国献细鸟,以方尺玉为笼,数百头状如蝇,声如鸿鹄,此国以候日,因名候日虫。集宫

①[唐]段成式撰、方南生点校《酉阳杂俎》,中华书局1981年。以下引文均据此书,个别标点有改动。

②见《酉阳杂俎·前言》,中华书局1981年,第1页。

人衣,辄蒙爱幸。(P156)

(4)前集卷十七《鳞介篇》:千人捏,形似蟹,大如钱,殼甚固,壮夫极力捏之不死,俗言千人捏不死,因名焉。(P166)

(5)前集卷十七《虫篇》:谢豹,虢州有虫名谢豹,常在深土中,司马裴沈子常掘坑获之,小类虾蟇而圆如球,见人以前两脚交覆首,如羞状。能穴地如鼢鼠,顷刻深数尺。或出地听谢豹鸟声,则脑裂而死,俗因名之。(P169-170)

(6)前集卷十九《草篇》:落回一曰博落回,有大毒,生江淮山谷中。茎叶如麻,茎中空,吹作声如勃逻回,因名之。(P189)

(7)前集卷十九《草篇》:水网藻,汉武昆明池中有水网藻,枝横侧水上,长八九尺,有似网目。凫鸭入此草中,皆不得出,因名之。(P190)

(8)续集卷十《支植下》:无患木,烧之极香,辟恶气,一名噤娄,一名桓。昔有神巫曰瑶月毛,能符劾百鬼,擒魑魅,以无患木击杀之。世人竞取此木为器,用却鬼,因曰无患木。(P287)

(9)续集卷十《支植下》:女草,葳蕤草,一名丽草,亦呼为女草,江湖中呼为娃草。美女曰娃,故以为名。(P287)

以上所举诸例,分别是从不同的角度来揭示词源的。例(1)(5)从行为,例(2)(6)从声音,例(3)(7)(8)从功用,例(4)(9)从性质,分别揭示了事物的得名之由。

其二,解释了一批名物词的流俗称谓的来源。例如:

(1)前集卷十六《羽篇》:嗽金鸟,出昆明国,形如雀,色黄,常翱翔于海上。魏明帝时,其国来献此鸟,饴以真珠及龟脑,常吐金屑如粟,铸之,乃为器服。宫人争以鸟所吐金为钗珥,谓之辟寒金。以鸟不畏寒也。宫人相嘲弄曰:“不服辟寒金,那得帝王心。不服辟寒钿,那得帝王怜。”(P156)按,这里不但解释了“嗽金鸟”的得名之由,同时也用“以……也”解释了“辟寒金”的得名之由。

(2)前集卷十七《鳞介篇》:鳝鱼,章安县出,出入鳝腹,子朝

出索食，暮入母腹，腹中容四子。颊赤如金，甚健，网不能制，俗呼为河伯健儿。（P164）

（3）前集卷十七《鳞介篇》：鲎，雌常负雄而行，渔者必得其双，南人列肆卖之，雄者少肉。旧说过海辄相负于背，高尺余，如帆，乘风游行。今鲎殻上有一物，高七八寸，如石珊瑚，俗呼为鲎帆……。（P164）

（4）前集卷十七《鳞介篇》：羊头鱼，周陵溪溪中有鱼，其头似羊，俗呼为羊头鱼，丰肉少骨，殊美于余鱼。（P165）

（5）前集卷十七《虫篇》：蝎，鼠负虫巨者多化为蝎。……江南旧无蝎，开元初，尝有一主簿竹筒盛过江，至今江南往往亦有，俗呼为主簿虫。……（P170）

（6）前集卷十八《木篇》：汉帝杏，济南郡之东南有分流山，山上多杏，大如梨，黄如橘土，人谓之汉帝杏，亦曰金杏。（P174）

（7）前集卷十九《草篇》：天名精，一曰鹿活草。昔青州刘憶一作炳，宋元嘉中射一鹿，剖五脏，以此草塞之，蹶然而起，憶怪而拔草，复倒，如此三度，憶密录此草种之，多主伤折，俗呼为刘憶草。（P185）

（8）前集卷十九《草篇》：金灯，一曰九形，花叶不相见，俗恶人家种之，一名无义草。（P186）按，所谓"无义草"来源于"花叶不相见"，即花落才长叶或叶落才开花。这里的"一名"没法确定是否俗名，姑录于此。下例"一名独摇"、"一名离母"同。

（9）前集卷十九《草篇》：合离，根如芋魁，有游子十二环之，相须而生，而实不连，以气相属，一名独摇，一名离母，言若土人所食者，合呼为赤箭。（P186）

（10）前集卷十九《草篇》：竹肉，江淮有竹肉，生竹节上，如弹丸，味如白鸡，竹皆向北。有大树鸡如桮棬，呼为胡孙眼。（P189）按，"胡孙眼"是指"大树鸡如桮棬"（此处似当有误文），亦从外形而言。

(11)前集卷十九《草篇》:野狐丝,庭有草蔓生,色白,花微红,大如粟,秦人呼为野狐丝。(P189)

(12)前集卷十九《草篇》:乌蓬,叶如鸟翅,俗呼为仙人花。(P190)

(13)续集卷八《支动》:南海有水族,前左脚长,前右脚短。……其声术术,南人呼为海术。(P274)

按以上诸例,也是从各个不同的角度描述了俗名的来由,例(1)从功用,例(2)从性质,例(3)(4)(6)(8)(9)(10)(11)(12)从外形,例(5)(7)从来源(引进者、发现者),例(13)从声音,分别揭示了各种俗名的得名之由。

其三,通过对事物作详细描述,让读者看出该事物的得名之由。例如:

(1)前集卷十六《羽篇》:王母使者,齐郡函山有鸟,足青,嘴赤,黄素翼,绛颡,名王母使者。昔汉武登此山得玉函,长五寸。帝下山,玉函忽化为白鸟飞去。世传山上有王母药函,常令鸟守之。(P155)按,所谓"王母使者"得名于看守王母药函。

(2)前集卷十六《羽篇》:老羞鸟,秦中山谷间有鸟如枭,色青黄,肉翅,好食烟,见人辄惊落,隐首草穴中,常露身。其声如婴儿啼,名老羞鸟。(P155)按,"老羞鸟"得名于"见人辄惊落,隐首草穴中,常露身。其声如婴儿啼",如同小儿怕羞。

(3)前集卷十六《羽篇》:柴蒿,京之近山有柴蒿鸟,头有冠如戴胜,大若野鸡。(P155)

(4)前集卷十六《羽篇》:夜行游女,一曰天帝女,一名钓星。夜飞昼隐如鬼神,衣毛为飞鸟,脱毛为妇人。……(P155-156)

(5)前集卷十六《羽篇》:鬼车鸟,相传此鸟昔有十首,能收人魂,一首为犬所噬。秦中天阴,有时有声,声如力车鸣,或言是水鸡过也。(P156)

(6)前集卷十六《羽篇》:背明鸟,吴时越巂之南献背明鸟,形

如鹤，止不向明，巢必对北，其声百变。(P156)

(7)前集卷十六《羽篇》：鸦鸟，武州县合火山，山上有鸦鸟，形类乌，嘴赤如丹。一名赤嘴鸟，亦曰阿鸦鸟。(P156)按，此处“赤嘴鸟”得名于“嘴赤如丹”。

(8)前集卷十六《毛篇》：太原县北有银牛山，汉建武二十一年有人骑白牛蹊人田，田父诃诘之，乃曰：“吾北海使，将看天子登封。”遂乘牛上山，田父寻至山上，唯见牛迹，遗粪皆为银也。明年世祖封禅。(P159)按，此处记述“银牛山”的得名之由。

(9)前集卷十六《毛篇》：香狸，取其水道连囊，以酒浇，干之，其气如真麝。(P161)

(10)前集卷十六《毛篇》：在子者，鳖身人首，炙之以藿，则鸣曰在子。(P161)

(11)前集卷十六《毛篇》：大尾羊，康居出大尾羊，尾上旁广，重十斤。(P161)

(12)前集卷十七《鳞介篇》：乌贼，旧说名河伯度一曰从事小吏，遇大鱼，辄放墨，方数尺，以混其身。……(P163)

(13)前集卷十七《鳞介篇》：印鱼，长一尺三寸，额上四方如印，有字，诸大鱼应死者，先以印封之。(P164)按，这里是从鱼的外形而言的，但说“诸大鱼应死者，先以印封之”则不可信了。

(14)前集卷十七《鳞介篇》：鲵鱼，如鲇，四足长尾，能上树，天旱辄含水上山，以草叶覆身，张口，鸟来饮水，因吸食之，声如小儿。……(P164)按，此即娃娃鱼，“声如小儿”正说明了得名之由。

(15)前集卷十七《鳞介篇》：飞鱼，朗山浪水有鱼，鱼长一尺，能飞，飞即凌云空，息即归潭底。(P164)

(16)前集卷十七《鳞介篇》：数丸，形似蟛蜞，竟取土各作丸，丸数满三百而潮至。一曰沙丸。(P166)

(17)前集卷十七《虫篇》：毒蜂，岭南有毒菌，夜明经雨而腐，化为巨蜂，黑色，喙若锯，长三分余，夜入人耳鼻中，断人心系。

（P169）

（18）前集卷十七《虫篇》：竹蜜蜂，蜀中有竹蜜蜂，好于野竹上结窠，窠大如鸡子，有蒂，长尺许。窠与蜜并绀色可爱，甘倍于常蜜。（P169）

（19）前集卷十七《虫篇》：抱枪，水虫也，形如蛣蜣，稍大，腹下有刺，似枪，如棘针，螫人有毒。（P169）

（20）前集卷十七《虫篇》：负子，水虫也，有子多负之。（P169）

（21）前集卷十七《虫篇》：食胶虫，夏月食松胶，前脚傅之，后脚摄之内之尻中。（P169）

（22）前集卷十七《虫篇》：灶马，状如促织，稍大，脚长，好穴于灶侧。俗言灶有马，足食之兆。（P169）

（23）前集卷十八《木篇》：棘竹，一名芭竹，节皆有刺，数十茎为丛，南夷种以为城，卒不可攻。或自崩根出，大如酒瓮，纵横相承，状如缫车，食之落人齿齿一作发。

（24）前集卷十八《木篇》：脂衣柰，汉时紫柰大如升，核紫花青，研之有汁，可漆。或著衣，不可浣也。（P174）

（25）前集卷十八《木篇》：仙树，祁连山上有仙树实，行旅得之止饥渴，一名四味木。其实如枣，以竹刀剖则甘，铁刀剖则苦，木刀剖则酸，芦刀剖则辛。（P175）按，这里描述了“仙树”即“四味木”的得名之由。

（26）前集卷十八《木篇》：安息香树，出波斯国，波斯呼为辟邪。树长三丈，皮色黄黑，叶有四角，经寒不凋，二月开花，黄色，花心微碧，不结实。刻其树皮，其胶如饴，名安息香。六七月坚凝，乃取之。烧之通神明，辟众恶。（P177）

（27）前集卷十八《木篇》：紫铆树，出真腊国，真腊国呼为勒佉。亦出波斯国。树长一丈，枝条郁茂，叶似橘，经冬而凋，三月开花，白色，不结子。天大雾露及雨沾濡，其树枝条即出紫铆。波斯国使乌海及沙利深所说并同。真腊国使折冲都尉沙门施沙尼拔陁

言,蚁运土于树端作窠,蚁壤得雨露凝结而成紫铆。昆仑国者善,波斯国者次之。(P178)

(28)前集卷十八《木篇》:白豆蔻,出伽古罗国,呼为多骨。形如芭蕉,叶似杜若,长八九尺,冬夏不凋,花浅黄色,子作朵如蒲萄。其子初出微青,熟则变白,七月采。(P179)

(29)前集卷十九《草篇》:参成芝,断而可续。(P183)按,“参”当理解为三。

(30)前集卷十九《草篇》:夜光芝,一株九实,实坠地如七寸镜,视如牛目,茅君种于句曲山。(P183)

(31)前集卷十九《草篇》:隐辰芝,状如斗,以屋为节,以茎为刚一作网。(P183)

(32)前集卷十九《草篇》:凤脑芝,《仙经》言,穿地六尺,以镮实一枚种之,灌以黄水五合,以土坚筑之。三年生苗如匏,实如桃,五色,名凤脑芝。食其实,唾地为凤,乘升太极。(P183)

(33)前集卷十九《草篇》:白符芝,大雪而华。(P183)

(34)前集卷十九《草篇》:舞草,出雅州,独茎三叶,叶如决明,一叶在茎端,两叶居茎之半,相对。人或近之歌及抵掌讴曲,必动,叶如舞也。(P187)

(35)前集卷十九《草篇》:护门草,常山北,草名护门,置诸门上,夜有人一曰物过,辄叱之。(P187)

(36)前集卷十九《草篇》:仙人绦,出衡岳,无根蒂,生石上,状如同心带,三股,色绿,亦不常有。(P188)按,此就“无根蒂”而言,故为“仙人绦”。

(37)前集卷十九《草篇》:睡莲,南海有睡莲,夜则花低入水。屯田韦郎中从事南海,亲见。(P188)

(38)前集卷十九《草篇》:蔓金苔,晋时外国献蔓金苔,若萦火之聚,大如鸡卵,投之水中,蔓延波上,光泛铄日一作目如火,亦曰夜明苔。(P188)

(39)前集卷十九《草篇》:蜜草,北天竺国出蜜草,蔓生,大叶,秋冬不死,因重霜露,遂成蜜,如塞上蓬盐。(P188)

(40)前集卷十九《草篇》:老鸦爪篱,叶如牛蒡而狭,子熟时色黑,状如爪篱。(P188)

(41)前集卷十九《草篇》:铜匙草,生水中,叶如翦刀。(P188)

(42)前集卷十九《草篇》:水耐冬,此草经冬在水不死,成式于城南村墅池中有之。(P188)

(43)前集卷十九《草篇》:水韭,生于水湄,状如韭而叶细长,可食。(P188)

(44)前集卷十九《草篇》:地钱,叶圆茎细,有蔓,生溪涧边,一曰积雪草,亦曰连钱草。(P188)

(45)前集卷十九《草篇》:蚍蜉酒草,一曰鼠耳,象形也,亦曰无心草。(P189)

(46)前集卷十九《草篇》:盆甑草,即牵牛子也。结实后断之,状如盆甑,其中有子似龟,蔓如薯蓣。(P189)

(47)前集卷十九《草篇》:油点草,叶似莙荙,每叶上有黑点相对。(P189)

(48)前集卷十九《草篇》:三白草,此草初生不白,入夏叶端方白,农人候之莳,曰:三叶白,草毕秀矣。其叶似薯蓣。(P189)

(49)前集卷十九《草篇》:鬼皂荚,生江南地,泽如皂荚,高一二尺,沐之长发,叶亦去衣垢。(P189)

(50)前集卷十九《草篇》:青草槐,龙阳县裨牛山南有青草槐,丛生,高尺余,花若金灯,仲夏花发,一本云迄千秋。(P189)

(51)前集卷十九《草篇》:梦草,汉武时,异国所献,似蒲,昼缩入地,夜若抽萌。怀其草,自知梦之好恶。帝思李夫人,怀之辄梦。(P190)

(52)前集卷十九《草篇》:雀芋状如雀头,置干地反湿,置湿处复干。飞鸟触之堕,走兽遇之僵。(P190)

(53)前集卷十九《草篇》:望舒草,出扶支国,草红色,叶如莲叶,月出则舒,月没则卷。(P190)

(54)前集卷十九《草篇》:红草,山戎之北有草,茎长一丈,叶如车轮,色如朝虹。齐桓时,山戎献其种,乃植于庭,以表霸者之瑞。(P190)

(55)前集卷十九《草篇》:神草,魏明时,苑中合欢草状如蓍,一株百茎,昼则众条扶疎,夜乃合一茎,谓之神草。(P190)

(56)前集卷十九《草篇》:掌中芥,末多国出也。取其子置掌中吹之,一吹一长,长三尺,乃植于地。(P190)

(57)前集卷十九《草篇》:地日草,南方有地日草,三足乌欲下食此草,羲和之驭以手掩乌目,食此则美闷不复动。(P191)

(58)前集卷十九《草篇》:挟剑豆,乐浪东有融泽,之中生豆荚,形似人挟剑,横斜而生。(P191)

(59)前集卷二十《肉攫部》:白唐,唐者黑色也,谓斑上有黑色,一变为青白鸼,杂带黑色,鸼转之后,乃至累变,横理转细,臆前渐渐微白。(P195)

(60)前集卷二十《肉攫部》:赤斑唐,谓斑上有黑色也。一变为鸼,其色多黑,鸼转之后,乃至累变,横理转细,臆前黑虽渐褐,世人仍名为黑鸽。(P195－196)

(61)前集卷二十《肉攫部》:荆窠白者,短身而大,五斤有余,便鸟而快,一名沙里白。生代北沙漠里荆窠上,向雁门、马邑飞。(P196)

(62)前集卷二十《肉攫部》:漠北白者,身长且大,五斤有余,细斑短胫,鹰内之最。生沙漠之北,不知远近,向代川、中山飞,一名西道白。(P196)

(63)续集卷十《支植下》:倒生木,此木依山生,根在上,有人触则叶翕,人去则叶舒,出东海。(P286)

(64)续集卷十《支植下》:交让木,《武陵郡记》:白雉山有木名

交让，众木敷荣后方萌芽，亦更岁迭荣也。（P287）

按，上引诸例除了“银牛山”外，其他都是有关动植物的，亦是从不同角度描述事物的，我们可以通过他的描述看出该事物的得名之由。虽然有少数还只能说是流俗词源，但绝大部分应该还是可信的。

从行为动作和生活习性描述从而可见动物得名之由的如例（1）“王母使者”、例（2）“老羞鸟”、例（4）“夜行游女”、例（6）“背明鸟”、例（12）“乌贼”、例（15）“飞鱼”、例（16）“数丸”、例（17）“毒蜂”、例（18）“竹蜜蜂”、例（20）“负子”、例（21）“食胶虫”、例（22）“灶马”。

从外形（形状、颜色等）描述可见其得名之由的如例（3）“柴蒿”、例（7）“鹈鸟”、例（11）“大尾羊”、例（13）“印鱼”、例（19）“抱枪”、例（23）“棘竹”、例（27）“紫锥树”、例（28）“白豆蔻”、例（30）“夜光芝”、例（31）“隐辰芝”、例（33）“白符芝”、例（40）“老鸦爪篱”、例（41）“铜匙草”、例（44）“地钱”、例（45）“蚍蜉酒草”、例（46）“盆甑草”、例（47）“油点草”、例（48）“三白草”、例（49）“鬼皂荚”、例（50）“青草槐”、例（52）“雀芋”、例（54）“红草”、例（56）“掌中芥”、例（58）“挟剑豆”、例（59）“白唐”、例（60）“赤斑唐”。

从声音描述可见其得名之由的如例（5）“鬼车鸟”、例（10）“在子”、例（14）“鲵鱼”。

从典故描述可见其得名之由的如例（8）“银牛山”、例（57）“地日草”。

从气味、味道描述可见其得名之由的如例（9）“香狸”、例（25）“仙树”（四味木）、例（39）“蜜草”。

从作用描述可见其得名之由的如例（24）“脂衣柰”、例（32）“凤脑芝”、例（51）“梦草”。

从产地描述可见其得名之由的如例（26）“安息香”、例（43）“水韭”、例（61）“荆窠白”、例（62）“漠北白”。

从植物性状描述可见其得名之由的如例(29)“参成芝”、例(34)“舞草”、例(35)“护门草”、例(36)“仙人绦”、例(37)“睡莲”、例(38)“蔓金苔”、例(42)“水耐冬”、例(53)“望舒草”、例(55)“神草”、例(63)“倒生木”、例(64)“交让木”。

其四,特别值得一提的是,段成式还认识到外来词的词源不可从汉语推求。例如:

(1)前集卷十六《毛篇》:耶希,有鹿两头,食毒草,是其胎矢也。夷谓鹿为耶,矢为希。(P161)按,此条疑有脱文。不过,“耶希”一词的得名之由我们还是能看出来,即通过语音进行联系。这里认识到“夷谓……”即少数民族语言,是有眼光的。

(2)前集卷十八《木篇》:贝多,出摩伽陀国,长六七丈,经冬不凋。此树有三种:一者多罗娑一曰婆力叉贝多,二者多梨婆一曰娑力叉贝多,三者部婆一曰娑力义多罗梨一曰多梨贝多。并书其叶,部阇一色取其皮书之。贝多是梵语,汉翻为叶,贝多婆一曰娑力叉者,汉言叶树也。西域经书,用此三种皮叶,若能保护,亦得五六百年。(P177)按,这里说“贝多是梵语”,而不是硬从汉语求源,是很有见地的。

(二)《酉阳杂俎》在词源探讨方面的不足。

不必讳言,该书中亦偶有不确或理据不充分者或推源不彻底者。例如:

(1)前集卷十六《毛篇》:驼,性羞。《木兰篇》:明驼千里脚,多误作鸣字。驼卧腹不贴地,屈足漏明,则行千里。(P160)

按,段成式以为“明驼”源于“屈足漏明”,不确。有学者指出,“明”即“鸣”字,同音通假。古籍中“鸣驼”亦多见,如《太平广记》卷一八四“李氏”条引《朝野佥载》:“后魏文帝定四姓,陇西李氏恐不入,星夜乘鸣驼,倍程至洛。”段成式以为本作“明”而误作“鸣”,

实属颠倒本末，以非矫是。①

（2）前集卷十六《毛篇》：或言狼狈是两物，狈前足绝短，每行常驾两狼，失狼则不能动，故世言事乖者称狼狈。（P160）

按，关于"狼狈"的词源，段成式虽只称引而未加评论，亦可见其并未真正了解该词。事实上"狼狈"是连绵词，有多种写法，但不可分开解释；其本字当作"剌址"。② 段成式此说影响颇大，王力主编《古代汉语》注释亦用此说。③

（3）前集卷十七《鳞介篇》：牡蛎，言牡，非谓雄也。介虫中唯牡蛎是咸水结成也。（P166）

按，《说文》："牡，畜父也。"引申指雄性的动物。这里的"牡蛎"当然不是指雄性的。牡蛎，明李时珍《本草纲目·介二·牡蛎》："牡蛤、蛎蛤、古贲、蠔。"意思是说它有许多别名。牡蛎的"牡"是大的意思，从其别名也能看出这一点。牡蛎壳粗砺而体大，长牡蛎可达30厘米。《说文》称大牙为牡齿，很高的蒿为牡蒿。"牡"似借为"牟"，二者上古均明母幽部。《玉篇·牛部》："牟，大也。"《吕氏春秋·谨听》："贤者之道，牟而难知，妙而难见。"高诱

①王锳《"明驼"非马》，《近代汉语词汇语法散论》，商务印书馆2004年，第238－239页。

②郭在贻先生指出："'狼狈'是连绵词，本来写作剌址，《说文》二上址部：'址，足剌址也。'亦作狼狈（按，此似为排印之误，似当作'踉跙'），慧琳《一切经音义》卷五十八《僧祇律》第三十四卷'狼狈'条下云：'狼狈犹踉跙也。'亦作頼跙，《龙龛手鉴》足部：'頼跙，行不正也。'又作躏跙，见《集韵》去声十四泰韵。"郭在贻《训诂学》，载《郭在贻文集》第一卷，中华书局2002年，第535页。

③《古代汉语》第三册李密《陈情表》"臣之进退，实为狼狈"注："狈，一种狼类动物。旧说：狈的前腿很短，走路时常把前腿架在狼身上，否则不能走路。这里'狼狈'指进退两难。"见校订重排本第三册第931页。按，引旧说之后当指明此说法不妥，并当指明正确的解释。

注:“牟,犹大也。”①段成式在词源探求方面只做了一半工作,尚未彻底。

(4)前集卷十七《虫篇》:避役,南中名避役,一曰十二辰虫,状似蛇医,脚长,色青赤,肉鬣。暑月时见于篱壁间。俗云见者多称意事。其首倏忽更变,为十二辰状,成式再从兄郭尝观之。(P169)

按,“避役”大概类于壁虎、蜥蜴之类,名“避役”当只是俗名,原名似当是“壁蜴”。此名似约定俗成已久,如同“喜蛛”之类,故“见者多称意事”。但段成式未意识到“避役”实为受流俗词源影响而改易字形,故未进一步深入探求词源。

(5)续集卷八《支动》:予幼时尝见说郎巾,谓狼之筋也。武宗四年,官市郎巾。予夜会客,悉不知郎巾何物。亦有疑是狼筋者。坐老僧泰贤云:“泾帅段佑宅在招国坊,尝失银器十余事。贫道时为沙弥,每随师出入段公宅,段因令贫道以钱一千诣西市贾胡求郎巾。出至修竹南街金吾铺,偶问官健朱秀,秀曰:‘甚易得,但人不识耳。’遂于古培摘出三枚,如巨虫,两头光,带黄色。佑得,即令集奴婢环庭;炙之,虫栗蠕动,有一女奴脸唇瞤动,诘之,果窃器而欲逃者。”(P276)

按,段成式此说,以为“郎巾”非“狼筋”,而是一种体形巨大的虫蛹,《汉语大词典》“郎巾”条即承此说,但此虫蛹为何得名“郎巾”,段成式未作进一步解释,我们亦只能存疑。

---

①此承同门李海霞教授指教,谨此致谢。

三　《资暇集》中的词源探讨

《资暇集》①,三卷,唐李匡乂著。据四库馆臣考定,“其人当在唐末”。“《读书志》载是书,有匡乂自序曰:‘世俗之谈,类多讹误,虽有见闻,嘿不敢证,故著此书,上篇正误,中篇谈原,下篇本物。’”②其中颇多关于事物得名之由探讨的材料。

《资暇集》作为一部笔记杂著,“其中记载口语词较多”③,这应当是它在语言材料上的特点。该书在进行口语词(俗语词)探讨的同时,亦特别注意探讨其词源。对其中词源探讨的内容略作整理,可以为词源学史的研究作出一定的补充。以下试分类述评。

(一)在讨论字形或词形规范的同时揭示了一批俗语词的得名之由。例如:

(1)卷中“押牙”:武职令有押衙之目,衙宜作牙。此职名非押其衙府也,盖押牙旗者。今又有押节者之类,是也。案《兵书》云:牙旗者,将军之旌。故必竖牙旗于门。是以史传咸作牙门字。今者押牙既作押衙,而牙门亦为衙门乎。(P11)

按,《文选·张衡〈东京赋〉》:“戈矛若林,牙旗缤纷。”薛综注:“兵书曰:牙旗者,将军之旌。谓古者天子出,建大牙旗,竿上以象牙饰之,故云牙旗。”故“押衙”当作“押牙”,“衙门”当作“牙门”。后世俗语不明词源,故书作“押衙”、“衙门”。

(2)卷中“扬州”:扬州者,以其风俗轻扬,故号其州。今作杨柳之杨,谬也。(P11)

---

①[唐]李匡乂《资暇集》,丛书集成初编本(据阳山顾氏文房本排印),中华书局1985年。

②[清]纪昀等《四库提要》,见《资暇集》,中华书局1985年,第1页。

③蒋绍愚《近代汉语研究概要》,北京大学出版社2005年,第275页。

按,关于"扬州"得名之由,一般以为是"州界多水,水扬波"这一古语。此在辨"杨"字之误的同时揭示了扬州得名的另一种说法。

(3)卷中"蹙融":今有奕局,取一道人行五棋,谓之蹙融。融宜作戎。此戏生于黄帝蹙鞠,意在军戎也,殊非圆融之义。庾元规著《座右方》所言蹙戎者,今之蹙融也,学者固已知之。(P16)

按,"蹙融",古代弈戏之一,汉时称"格五"。唐段成式《酉阳杂俎续集·贬误》:"小戏中于弈局一枰,各布五子角迟速,名'蹙融'。"宋沈括《梦溪笔谈·技艺》:"蹙融或谓之蹙戎,《汉书》谓之格五。虽止用数棋,共行一道,亦有能否。"《资暇集》称宜作"蹙戎",既考词源,又是从本字而言。

(4)卷中"端午":端五者,案周处《风土记》:仲夏端五烹鹜角黍。端,始也,谓五月初五日也。今人多书午字,其义无取。为余家元和中,端五诏书并无作午字处。而近见醴泉县尉厅壁,有故光福王相题郑泉记处云端五日,岂三十年端五之义别有见耶?(P16)

按,宋洪迈《容斋随笔·八月端午》即从其说:"唐玄宗以八月五日生,以其日为千秋节。张说《上大衍历序》云:'谨以开元十六年八月端午赤光照室之夜献之。'《唐类表》有宋璟《请以八月五日为千秋节表》云:'月惟仲秋,日在端午。'然则凡月之五日,皆可称端午也。"故五月初五日当作"端五"。

(5)卷下"投子":投子者,投掷于盘筵之义。今或作头字,言其骨头所成。非也。因此兼有作骰字者。案诸家之书,骰即股字尔,不音投(原注:《史记》:蔡泽说范睢曰:博者或欲大投。裴注云:投,琼也。则知以玉石为投掷之义,安有头骰之理哉)。(P23)

按,投子为一种博具,取其投掷之义。宋高承《事物纪原·博弈嬉戏·投子》亦从此说。初用玉制,只两颗,后改用骨制,故又称"骰子",增至六颗。每颗成正立方体,六面分别刻一点至六点之数,投掷以决胜负。点着色,故后世又称“色子”。

(二)在讨论俗语词典故或来源时揭示了一批俗语词的得名之由(不过往往只是部分正确或只探讨了部分词源)。例如:

(1)卷中“蜀马”:成都府出小驷,以其便于难路,号为蜀马。今宣城郡亦有小马,时人皆呼为宣州蜀马,语习不悟,良可笑焉。有似中宗时,时人呼姚丞相为陕州吴儿(原注:同州桂麞亦然)。(P15－16)

按,蜀马因产于四川者命名,是一种体型较小的马。但蜀马并非只有四川才有,《晋书·吐谷浑传》:“地宜大麦,而多蔓菁,颇有菽粟。出蜀马、牦牛。”《资暇集》揭示了“蜀马”的得名之由,但对于“宣州蜀马”的说法表示非议,则未必恰当。“宣州蜀马”之称,犹如今日之“米豆腐”(非豆制品),是词义的引申(由“四川小马”引申泛指各地的小马品种)。

(2)卷下“非麻胡”:俗怖婴儿曰麻胡来。不知其源者,以为多髯之神而脸刺者。非也。隋将军麻祜,性酷虐,炀帝令开汴河,威棱既盛,至稚童望风而畏,互相恐吓曰麻祜来。稚童语不正,转祜为胡。只如宪宗朝,泾将郝玼,蕃中皆畏惮,其国婴儿啼者,以玼怖之则止。又武宗朝,闾阎孩孺相胁云:薛尹来。咸类此也。况《魏志》载张文远辽来之明证乎(原注:麻祜庙,在睢阳,鄜方节度李丕即其后,丕为重建碑)。(P19)

按,在当代汉语方言中,与“麻胡”音近义同的词很多,如北方大部分地区的“妈虎子”或“妈虎儿”,河北昌黎的“妈猴子”,北京城区等地的“妈胡子”、山西的“毛狐子”、“麻巫”,新疆等地的“麻兀子”,东北的“马胡子”,江南的“阿胡”等。因此,“‘麻胡’所指包括暴虐的人、野兽和鬼怪三类,因为都是凶残、丑陋的形象,所以也经常用来吓唬小孩,成为一种民俗世代流传。而且形貌丑陋者也被比喻作‘麻胡’……”。①《资暇集》所言，只是其中一种说法。

（三）直接揭示俗语词的得名之由（其中也有只是作部分探源或部分正确者）。例如：

（1）卷下“阿茶”：公郡县主，宫禁呼为宅家子。盖以至尊以天下为宅，四海为家，不敢斥呼，故曰宅家。亦犹陛下之义。至公主已下，则加子字，亦犹帝子也。又为阿宅家子。阿，助词也。急语乃以宅家子为茶子，既而亦云阿茶子，或削其子，遂曰阿家，以宅家子为茶子。既而亦云阿茶子，削其子字，遂曰阿茶。一说，汉魏已来，宫中尊美之呼曰大家子，今急讹以大为宅焉。（P20）

按，此言公主称“阿茶”，盖源于称皇帝为“宅家”，“宅家”之子则为“阿宅家子”，急语则为“茶子”、“阿茶子”、“阿家”、“阿茶”。此探“阿茶”词源，相关用例因此也就好懂了：《资治通鉴·唐昭宗乾宁四年》：“建乃与知枢密刘季述矫制发兵围十六宅，诸王被发，或缘垣，或升屋，呼曰：‘宅家救儿！’”②

（2）卷下“屋头”：俗命如厕为屋头。称并州人咸凿土为室厕在所居之上故也。一说，北齐文宣帝怒其魏郡丞崔叔宝，以溷汁沃头，后人或食或避亲长，不能正言溷，因影为沃头焉。（P20）

此言“屋头”指厕所（应为名词而不是《资暇集》中所言动词“如厕”，《汉语大词典》“屋头”条义项二径引《资暇集》，释作“上厕所”。不妥），有两个词源，一是厕所在居室的上头，二是语音讹转。笔者推测应当只有一个词源是正确的，可能第一个说法更准确。

（3）卷下“奴为邦”：呼奴为邦者，盖旧谓僮仆之未冠者曰竖人，不能直言其奴，因号奴为竖。高欢东魏用事，时相府法曹辛子炎误犯欢奴，杖之。欢讳树而威权倾于邺下，当是郡寮以竖同音，

①雷汉卿《近代方俗词丛考》，巴蜀书社2006年，第195页。

②蒋绍愚《近代汉语研究概要》，北京大学出版社2005年，第276页。

因目奴为邦,义取邦君树塞门,以句内有树字,假竖为树,故歇后为言,今兼删去君字呼之。一说,邦字类拜字,言奴非唯郎主,是宾则拜。(P21)

按,此探"邦"之词源亦有二,当以前者为是。奴本名"竖",因避高欢名"树"讳,故改称"邦"。

(4)卷下"石鏊饼":石鏊饼,本曰喭饼。同州人好相喭,将投公状,必怀此而去,用备狴牢之粮。后增以甘辛,变其名质,以为贡遗矣。(P23)

按,"喭饼"得名于"喭",即倾轧、斗殴。而饼又名"石鏊饼"的理据《资暇集》未作探讨。鏊,即"鏊",用于烙饼的平底锅。"石鏊饼"大概是说烙饼坚硬如石。

(5)卷下"风炉子":以周绕通风也。一说,形像,名烽炉子,理亦近焉。(P23)

按,风炉,一种小型的炉子,古代多用于煮茶烫酒等。唐陆羽《茶经·器》:"风炉,以铜铁铸之,如古鼎形。"此探词源有二,一是因周边通风;二是因形体得名。但原文不辞,恐当作"形像[蜂],名蜂炉子"。但由陆羽《茶经》,知风炉像古鼎形,与蜂形相差较远。姑书于此,以俟进一步考察。

(6)卷下"甘草":所言甘草,非国老之药者,乃南方藤名也。其丛似蔷薇而无刺,其叶似夜合而黄细,其花浅紫而蕊黄,其实亦居甲中。以枝叶俱甜,故谓之甘草。藤,土人异呼为草而已。出在潮阳,而南漳亦有之,故备载之。(P23)

按,此从口味探讨南方藤名"甘草"得名之由:"以枝叶俱甜,故谓之甘草"。

(7)卷下"阮咸":乐器有似琵琶而圆者曰阮咸。大历中,愚之再从叔翁司徒汧公之镇滑也,因与宾客会琴,话及斯乐,曰:往中宗朝,元宾客行中,为太常少卿,时有人于古冢获其铜铸成者,献之,元曰：此阮仲容所造。乃命工人木为之，音韵清朗颇。难为名，权以仲容姓名呼焉。于今未蒙佳号。况阮云昔贤，岂可以名氏而号乐器乎？其形象月，其声合琴，目为月琴宜矣。自是知之者，不以旧名呼。今人以为李崖州在相日所号，非也。（P24－25）

按，此探"阮咸"得名于"阮咸（仲容）"之姓名。阮咸，古乐器名，古琵琶的一种。形状略像月琴，柄长而直，四弦有柱。《资暇集》探其词源之说，盖本于唐刘餗《隋唐嘉话》卷下："元行冲宾客为太常少卿，有人于古墓中得铜物，似琵琶而身正圆，莫有识者。元视之曰：'此阮咸所造乐具。'乃令匠人改以木，为声甚清雅，今呼为'阮咸'是也。"

（8）卷下"琴甲"：今弹琴，或削竹为甲，以助食指之声者，亦因汧公也。尝患代指，而旧甲方堕，新甲未完，风景廓澄，援琴思泛，假甲于竹，聊为权用。名德既崇，人争仿效，好事者且曰司徒甲。……（P25）

按，此述及"琴甲"、"司徒甲"得名之由：汧公患指甲之病，因借用竹甲弹琴，遂蔚为风气。

（四）词源探求亦有不确或证据不足而有待进一步考察者。例如：

（1）卷中"星货"：肆有以筐以筥，或倚或垂，鳞其物以鬻者，曰星货铺。言其列货丛杂，如星之繁。今俗呼为星火铺，误也。（P11）

按，此条考证俗语"星火铺"为"星货铺"之误证据未为完备。因"铺"为商铺之义，而"星火"可表所卖诸物如星火之繁。

（2）卷中"寓直"：常见直宿公署咸云寓直，徒以当直字俗，稍贵文言，而不究其义也。案《字书》：寓，寄也。寓直二字，出于潘岳之为武贲中郎将，晋朝未有将校省，故寄直散骑省。今百官各当本司而直，固是当直。安可云寓？何异坐自居第而称侨僦也？（P16）

按,“当直”南朝时即已有“值班”义,如《宋书·百官志下》:“太子出,则当直者前驱导威仪。”但认定“寓直”当作“当直”,毕竟理据不足。“寓直”本指寄宿于别的署衙当值,后泛称夜间于官署值班。这是词义的引申现象。

(3)卷下“龍鍾”:亟有孔文子之徒下问龍鍾之义,且未知所自輙。以愚见,鍾即涔尔,涔与鍾并蹄足所践处,则龙之致雨上下,所践之鍾,固淋漓濺淀矣。义当止此,余俟该通。(P20)

按,四库提要谓:“又解龍鍾为龙所践处,亦涉穿凿。”郭在贻先生进一步指出:“其致误之由,在于不懂连语的道理。……《资暇集》所说,当是指的‘瀧潼’,《集韵》平声三鍾韵:‘瀧潼,湿貌。’”①

(4)卷下“措大”:代称士流为醋大,言其峭醋而冠四人之首。一说,衣冠俨然,黎庶望之,有不可犯之色,犯必有验,比于醋而更验,故谓之焉。或云,往有士人贫,居新郑之郊,以驴负醋巡邑而卖,复落魄不调。邑人指其醋驮而号之。新郑多衣冠所居,因总被斯号。亦云,郑有醋沟,士流多居其州沟之东,尤多甲族以甲乙叙之,故曰醋大。愚以为四说皆非也。醋宜作措,止言其能举措大事而已。(P21)

按,此列四说,并均加否定,认为“醋大”当作“措大”,词源是“能举措大事”。此说不妥。“醋大”之“醋”从酸得义,指读书人之“酸味”;“大”的语法意义是跟在名词或形容词后面表示具有某种特点的一类人,相当于表人的名词词尾。醋大,谑称读书人,含轻慢意。②

(5)卷下“毕罗”:毕罗者,蕃中毕氏罗氏好食此味,今字从

①郭在贻《训诂五讲》,《郭在贻文集·训诂丛稿》,中华书局 2002 年,第 293 页。

②江蓝生《近代汉语探源》,商务印书馆 2000 年,第 290－298 页。

"食",非也。馄饨,以其象浑沌之形,不能直书浑沌,而食避之,从食可矣。至如不托,言旧未有刀机之时,皆掌托烹之刀机,既有,乃云不托,今俗字有馎饦,乖之且甚。此类颇多,推理证辨可也(原注:元和中,有奸僧鉴虚以羊之大府,特造一味,传之于今,时人不得其名,遂以其号目之曰鉴虚。今往往俗字又加食旁,率多此类也)。(P24)

按,以为"毕罗"不当作"饆饠","毕罗"词源在"蕃中毕氏罗氏好食此味"。此说牵强。明杨慎《丹铅录·毕罗》:"朱文公《刘麦》诗:'霞觞幸自夸真一,垂钵何须问毕罗。'《集韵》:'毕罗,修食也。'按小说,唐宰相有樱笋厨,食之精者有樱桃饆饠。今北人呼为波波,南人讹为磨磨。"清沈自南《艺林汇考·饮食篇》卷三:"……《琵琶记》以秕糠饆饠充饥,其义可参。唐世,樱桃饆饠是备,此二字为食物名,非本旨也。今北人所谓波波,乃面为之者。南人罕能修治。"故"毕罗"应当就是一种面食,不当源于蕃中。

馄饨,薄面片包馅做成。清富察敦崇《燕京岁时记·冬至》:"夫馄饨之形有如鸡卵,颇似天地浑沌之象,故于冬至日食之。"故《资暇集》所探"馄饨"词源是。馎饦,汤饼的别名,古代一种水煮的面食。北魏贾思勰《齐民要术·饼法》:"馎饦,挼如大指许,二寸一断,著水盆中浸。宜以手向盆旁挼使极薄,皆急火逐沸熟煮。非直光白可爱,亦自滑美殊常。"宋欧阳修《归田录》卷二:"汤饼,唐人谓之'不托',今俗谓之馎饦矣。""不托"、"馎饦"乃一音之转。由"不托"转为"馎饦","鉴虚"加"食"旁表羊肉制品,均为新造形声字并用形符表示意义范畴,有其合理之处。《资暇集》所谓"言旧未有刀机之时,皆掌托烹之刀机,既有,乃云不托"疑未确,然其词源仍有待进一步探讨。

历来对《资暇集》的评价侧重于对典故或语言材料的辨误,如《四库提要》在指出此书中不妥之处之后紧接着以更多的例子对此书作了高度评价:"谓五臣注《文选》窃据李善之本,谓韩愈《讳辨》误以杜度为氏，谓有母之人不可称舅氏为渭阳，谓作《诗疏》之陆玑名从玉傍非士衡，谓万几字讹作机由汉王嘉封事，谓除授二字有分，以至座前阁下之别、竹甲题籤、门杖之始，皆引证分明，足为典据。"①当代学者已经注意到其中的俗语词研究内容。通过以上材料的列举与分析我们可以看出，李匡义已经在《资暇集》中对事物"得名之由"作了一定程度的探讨。因而就词源探讨来说，此书在唐代笔记中仍具有一定的代表性。

四　《岭表录异》中的词源探讨

《岭表录异》②，三卷，唐五代时人刘恂著。据四库馆臣考证，"《唐书·艺文志》称刘恂撰，宋僧赞宁《笋谱》称恂于唐昭宗朝出为广州司马，官满，上京扰攘，遂居南海，作《岭表录》。马端临《文献通考》亦云昭宗时人。"③"然考书中云唐乾符四年，又云唐昭宗即位，唐之臣子宜有内词，不应直称其国号，且昭宗时人不应预称谥号，殆书成于五代时欤。"④"粤东舆地之书，如郭义恭《广志》、沈怀远《南越志》皆已不传。诸家所援据者，以恂是编为最古。……其中记载博赡，而文章古雅，于虫鱼草木所录尤繁，训诂名义，率多精核。……盖不特图经之圭臬，抑亦苍雅之支流，有裨多识，非浅尠也。"⑤对此书评价很高。

---

①[清]纪昀等《四库提要》，见《资暇集》，中华书局1985年，第2页。

②[唐]刘恂《岭表录异》，丛书集成初编本（据聚珍版丛书排印），中华书局1985年。

③[清]陆锡深等《聚珍本提要》，见《岭表录异》，中华书局1985年，第1－2页。

④[清]纪昀等《四库提要》，四库全书本。

⑤[清]陆锡深等《聚珍本提要》，见《岭表录异》，中华书局1985年，第1－2页。

《岭表录异》是一部记述岭南地区虫鱼草木及异闻的笔记，其中蕴含了不少词源探求的成分(尤以探讨海鱼贝类得名之由的内容为多)，对其略作整理，可以为词源学史的研究作出一定的补充。以下试分类述评。引文据中华书局丛书集成初编本(据聚珍版丛书排印)①。

(一)有意识地揭示事物的得名之由，常用"故呼"、"以名"、"谓之"、"因名之"、"故以此名"、"故名"等词语表明。例如：

(1)卷上"飓母"：南海秋夏间，或云物(雾)惨然，则其晕如虹，长六七丈，比候，则飓风必发，故呼为飓母。……(P1)

(2)卷上"潘州"：潘州，昔有方士潘茂于此升仙，遂以名。(P2)

(3)卷中"倒捻子"：倒捻子，窠丛不大，叶如苦李，花似蜀葵，小而深紫。南中妇女得以染色。有子如软柿，头上有四叶，如柿

①聚珍版丛书的编纂是与四库全书同时进行的。"在《四库全书》的编纂过程中，又有为完善运用体系而做的两件事。一是在征书辑书工作中发现有不少珍本秘籍为社会所需要，于是决定刻印流通，先刻印四种，旋因刻印速度较慢，改用新创造的木活字法，共印行134种，即《武英殿聚珍本丛书》。"(来新夏《〈四库全书〉对传统文献的贡献》，《光明日报》2004年2月3日)聚珍本在文字错讹方面比《四库全书》好得多；当然也有删略过甚之处，如本文第一部分所引四库提要语"然考书中云唐乾符四年……殆书成于五代时欤"即不见于聚珍本提要。另，《岭表录异》久佚，今所见四库本、聚珍本乃从《永乐大典》中辑出。聚珍本提要谓："《百川学海》及《说郛》所载，寥寥数页，首尾不完，盖仅从类书抄撮数条，以备一种，而恂之原本则已久佚。宋代《太平寰宇记》、《太平广记》、《太平御览》诸书，征引颇夥，然尚多挂漏。惟散见《永乐大典》者，条理较详，尚可逐卷裒辑，虽所缺数函，未经遍检，或不免有遗，而证以旁见诸书者，似已十得其八九。谨排比其文，仍为三卷，以符《唐志》。唐人著述传世者稀，断简残编，已足珍惜，此更于放失之余，复成完帙，使三四百年博物君子所未觏者，一旦顿还其旧观，弥足宝矣。……恂之体例不可考，今不敢强为分门，谨使各以类聚，庶便省览。"又，原文原无词目，本文词目皆为笔者所加，以清眉目。

蒂,食者必捻其蒂,故谓之倒捻子。或呼谓都捻子,盖语讹也。……(P10)

(4)卷中"龙眼":龙眼之树如荔枝,叶小,壳青黄色,形圆,如弹丸大,核如木槵子而不坚,肉白,带浆,其甘如蜜。一朵恒三二十颗。荔枝方过,龙眼即熟。南人谓之"荔枝奴",以其常随后也。(P12)

(5)卷下"鹦鹉螺":鹦鹉螺,旋尖处屈而朱,如鹦鹉嘴,故以此名。……(P20)

(6)卷下"瓦屋子":瓦屋子,盖蚌蛤之类也,南中旧呼为蚶子头,因卢钧尚书作镇,遂改为瓦屋子,以其壳上有棱如瓦垄,故名焉。……(P20)

(7)卷下"十二时虫":十二时虫,则蛇师蜥蜴之类也,土色者,身尾长尺余,脑上连背有髻鬣,草树上行极迅速,亦多在人家篱落间。俗传云一日随十二时变色,因名之。(P22)

或以双行小字注释的形式揭示得名之由。例如:

(8)卷中"罗浮山":贞元中,有盐户犯禁,逃于罗浮山,深入第十三岭(原注:《南越志》云:本只罗山,忽海上有山,浮来相合,是谓罗浮山。……)(P10)

(9)卷中"骇鸡犀、辟尘犀、辟水犀、光明犀":岭表所产犀牛……又有骇鸡犀(原注:群鸡见之惊散)、辟尘犀(原注:为妇人簪梳,尘不着也)、辟水犀(原注:云此犀行于海,水为之开;置角于雾之中不湿矣)、光明犀(原注:处于暗室则有光明),此数犀但闻其说,不可得而见也。……(P15)

(二)解释了一批名物词的流俗称谓的来源。例如:

(1)卷中"香皮纸":广管罗州,多栈香树,身似柳,其花白而繁,其叶如橘皮,堪作纸,名为香皮纸……。(P13)

(2)卷中"朱槿花":岭表朱槿花,茎叶皆如桑树,叶光而厚,南人谓之佛桑。树身高者止于四五尺,而枝叶婆娑,自二月开花,至于中冬方歇。其花深红色，五出，如大蜀葵，有蕊一条，长于花叶，上缀金屑，日光所烁，疑有焰生。一丛之上，日开数百朵，虽繁而有艳，但近而无香，暮落朝开，插枝即活，故名之槿。……（P13）

（3）卷中“带箭鸟”：有鸟形，如野鹊，翅羽黄绿间错，尾生两枝，长二尺余，直而不曲，唯尾稍有毛，宛如箭羽，因目之为带箭鸟。（P13）

（4）卷中“蚊母鸟、吐蚊鸟”：蚊母鸟，形如青鹢，嘴大而长，于池塘捕鱼而食，每叫一声，则有蚊蚋飞出其口，俗云采其翎为扇，可辟蚊子，亦呼为吐蚊鸟。（P13－14）

（5）卷中“韩朋鸟”：韩朋鸟者，乃凫鹥之类。此鸟每双飞，泛溪浦，水禽中鸂鶒、鸳鸯、鸡鹊，岭北皆有之，唯韩朋鸟未之见也。案干宝《搜神记》云：大夫韩朋，其妻美，宋康王夺之，朋怨，王囚之，朋遂自杀。妻乃阴腐其衣，王与之登台，自投台下，左右捉衣，衣不胜手。遗书于带曰：愿以尸还韩氏而合葬。王怒，令埋之，二冢相望。经夜，忽见有梓木生二冢之上，根交于下，枝连其上，又有鸟如鸳鸯，恒栖其树，朝暮悲鸣。南人谓此禽即韩朋夫妇之精魂，故以韩氏名之。（P14）

（6）卷中“鹧鸪”：鹧鸪，吴楚之野悉有，岭南偏多。此鸟肉白而脆，远胜鸡雉，能解冶葛并菌毒。臆前有白圆点，背上间紫赤毛，其大如野鸡，多对啼。《南越志》云：鹧鸪虽东西回翔，然开翅之始，必先南翥，其鸣自呼杜薄州。① 又《本草》云自呼钩辀格磔。李群玉《山行闻鹧鸪》诗云：方穿诘曲崎岖路，又听钩辀格磔声。（P15）

---

①“杜薄州”三字四库本同，疑误。此处“其名自呼”后不当带宾语。此句宋朱胜非《绀珠集》卷四引作“其名自呼薄社州”，《太平御览》卷九二四引作“其鸣自呼。出《杜薄州》”。《太平广记》卷四六一引作“其鸣自呼社薄州”。姑存疑。

(7)卷下“跳艇”:跳艇,乃海味之小鱼艇也。以盐藏鲻鱼儿,一斤(四库本作觔)不啻千筒(四库本作箇),生擘,点醋下酒,甚有美味。余遂问名跳之义。则曰,捕鱼者仲春于高处卓望,鱼儿来如阵云,阔二三百步,厚亦相似者,既见,报鱼师。遂桨船争前而迎之。船冲鱼阵,不施罟网,但鱼儿自惊跳入船,逡巡而满,以此为艇,故名之跳。……(P17)

(8)卷下“生母鱼”:鲐鱼,南人云:鱼之欲产子者,须此鱼以头触其腹而产,俗呼为生母鱼。(P18)

(9)卷下“狗瞌睡鱼”:鲳鱼,形似鳊鱼,而脑上突起,连背而圆,身肉甚厚,肉白如凝脂,只有一脊骨。治之以姜葱,炰(原注:音缶,蒸也)之粳米,其骨自软,食者无所弃。鄙俚谓之狗瞌睡鱼,以其犬在盘下,难伺其骨,故云狗瞌睡鱼也。(P19)

(10)卷下“天脔炙”:瓦屋子,盖蚌蛤之类也……壳中有肉,紫色而满腹,广人尤重之,多烧以荐酒,俗呼为天脔炙……。(P20)

(11)卷下“射踏子”:石矩,亦章举之类,身小而足长,入盐干烧,食极美。又有小者,两足如常,曝干后似射踏子,故南中呼为射踏子也。(P20)

(12)卷下“拨棹子”:蝤蛑,乃蟹之巨而异者。蟹螯上有细毛如苔,身上八足。蝤螯则足无毛,后两小足薄而阔,俗谓之拨棹子。……(P21)

(13)卷下“招潮子”:招潮子,亦蟛蜞之属,壳带白色。海畔多潮,潮欲来,皆出坎,举螯如望,故俗呼招潮也。(P22)

以上诸例分别从各个不同的角度描述了俗名的来由,例(2)(4)(7)(10)从性状,例(1)(8)从作用,例(9)从结果,例(3)(11)(12)(13)从形状,例(5)从典故,例(6)从声音,分别揭示了各种俗名的得名之由。当然,其中不少是流俗词源,如例(8)就明显不可信。

(三)通过对名物词作详细描述,让读者看出其得名之由。

例如：

(1)卷上“白土坑”：白土坑，在富州城北隅，其土白腻，郡人取以为货，终古不竭。今五岭妇女率皆用之为粉，又名铅粉。(P3)

按，由此可知“白土坑”得名于坑中产白土(铅粉)。

(2)卷上“卢亭”：卢亭者，卢循昔据广州，既败，余党奔如海岛野居，唯食蚝蛎，叠壳为墙壁。(P5)

按，由此可知“卢亭”因人而得名。

(3)卷中“鹤子草、媚蝶”：鹤子草，蔓生也，其花麴尘，色浅紫，蒂叶如柳而短，当夏开花，又呼为绿花绿叶，南人云是媚草，采之曝干，以代面靥，形如飞鹤，翅尾嘴足，无所不具。此草蔓至春生双虫，只食其叶，越女收于妆奁中，养之如蚕，摘其草饲之，虫老不食，而蜕为蝶，赤黄色。妇女收而带之，谓之媚蝶。(P9)

按，由描述知“鹤子草”形状得名：晒干后“形如飞鹤”；“媚蝶”源于功用：佩之可媚人。

(4)卷中“刺勒”：簕竹笋，其竹枝上刺，南人呼为刺勒，自根横生枝条，展转如织，虽野火焚烧，只燎细枝嫩条，其笋丛生，转复牢密。邕州旧以为城，蛮蜒来侵，竟不能入。(P10)

按，由描述可知“刺勒”即长有很多细小的刺的灌木丛。“勒”即刺勒，此用法至今仍保留在不少方言中。

(5)卷中“枫人岭”：枫人岭，多枫树，树老，则有瘤瘿。忽一夜遇暴雷骤雨，其树赘则暗长三数尺，南中谓之枫人。越巫云：取之雕刻神鬼，则易致灵验。(P11)

按，由此可知“枫人岭”源于“枫人”，而“枫人”又源于枫似人(“有瘤瘿”，“树赘则暗长三数尺”)。

(6)卷中“偏核桃”：偏核桃，出毕占国，肉不堪食，胡人多收其核，遗汉官，以称珍异。其形薄而尖，头偏如雀嘴，破之，食其桃仁，味酸似新罗松子，性热，入药，亦与北地桃仁无异。(P12)

按，由以上描述可知“偏核桃”以形状得名(“头偏如雀嘴”)。

(7)卷中“胡桐泪、石泪”:胡桐泪,出波斯国,是胡桐树脂也,名胡桐泪。又有石泪,在石上采也。(P13)

按,由此可知“胡桐泪”即胡桐树脂,因晶莹如泪,故名。“石泪”因从石上采集,故名。

(8)卷中“鬼车”:鬼车,春夏之间稍遇阴晦,则飞鸣而过,岭外尤多,爱入人家,烁人魂气。或云九首,曾为犬啮其一,常滴血,血滴之家,则有凶咎。《荆楚岁时记》云:闻之当唤犬耳。(P14)

按,名“鬼车”者,“春夏之间稍遇阴晦,则飞鸣而过”,有类鬼所乘之车。

(9)卷中“夜行游女”:鸺鹠,即鸱也。为圞,可以聚诸鸟。昼日目无所见,夜则飞撮蚊虻,乃鬼车之属也。皆夜飞昼藏,或好食人爪甲,则知吉凶。凶者辄鸣于屋上,其将有咎耳。故人除指甲埋之户内,盖忌此也。亦名夜行游女,与婴儿作祟。故婴孩之衣不可置星露下,畏其祟耳。(P14)

按,鸺鹠即猫头鹰类,名“夜行游女”者,因其“夜飞昼藏”。

(10)卷下“石头鱼”:石头鱼,状如鳙鱼,随其大小,脑中有二石子,如荞麦,莹白如玉,有好奇者多市鱼之小者,贮于竹器,任其坏烂,即淘之,取其鱼脑石子,以植酒筹,颇为脱俗。(P18)

按,从描述可知“石头鱼”得名于“脑中有二石子”。

(11)卷下“鸡子鱼”:鸡子鱼,口有嘴如鸡,肉翅,无鳞,尾尖而长,有风涛即乘风飞于海上船梢,类鲐鲂鱼。(P18)

按,从描述可知“鸡子鱼”源于“口有嘴如鸡”。

(12)卷下“海鳝”:海鳝,即海上最伟者也,其小者亦千余尺,吞舟之说,固非谬也。每岁广州常发铜船过安南货易,路经调黎,深阔处或见十余山,或出或没。篙工曰,非山岛,鳝鱼背也。双目闪烁,鬐鬣若簸朱旗。日中忽雨霡霂,舟子曰:此鳝鱼喷气,水散于空,风势吹来若雨耳。近鱼,即鼓船而噪,倏尔而没。交趾回,乃舍

舟取雷州缘岸而归,不惮苦辛,盖避海鳝之难也。乃静思曰:设使老鳝瞋目张喙,我舟若一叶之坠眢井耳,宁得不皓首乎?(P18)

按,由具体描写可知此即鲸,名"海鳝"者,因其大也。又"鳝"从"酋"声,酋声有大义。

(13)卷下"鲶鱼":鲶鱼,如白鱼而身稍短,尾不偃,清远江多此鱼,盖不产于海也。广人得之多为脍,不腥而美,诸鱼无以过也。(P18)

按,"鲶鱼"得名之由是"不腥而美"。又"鲶"从"令"声,令声有美义。

(14)卷下"鹿子鱼":鹿子鱼,赪其尾,鬣皆有鹿斑,赤黄色,余曾览《罗州图》云:州南海中有洲,每春夏,此鱼跃出洲,化而为鹿。曾有人拾得一鱼,头已化鹿,尾犹是鱼。南人云:鱼化为鹿,肉腥不堪食。(P18-19)

按,由具体描写可知"鹿子鱼"得名于此鱼能化为鹿(当然此当是流俗词源,或许因此鱼头形似鹿头)。

(15)卷下"红螺":……又红螺,大小亦类鹦鹉螺,壳薄而红,亦堪为酒器,刳小螺为足,缀以胶漆,尤可佳尚。(P20)

按,由具体描述可知"红螺"得名于颜色:"壳薄而红"。

(16)卷下"水蟹、黄膏蟹、赤蟹、红蟹、虎蟹":水蟹,螯壳内皆咸水,自有味。广人取之,淡煮,吸其咸汁下酒。黄膏蟹,壳内有膏如黄酥,加以五味,和壳煿之,食亦有味。赤蟹,壳内黄赤膏,如鸡鸭子黄,肉白,以和膏实其壳中,淋以五味,蒙以细面,为蟹饦(四库本作饆),珍美可尚。红蟹,壳殷红色,巨者可以装为酒杯也。虎蟹,壳上有虎斑,可装为酒器,与红蟹皆产琼岸海边。(P20)

按,由描述可知"水蟹、黄膏蟹、赤蟹、红蟹、虎蟹"分别因"螯壳内皆咸水"、"壳内有膏如黄酥"、"壳内黄赤"、"壳殷红色"、"壳上有虎斑"而得名。

(17)卷下"海镜、膏叶盘":海镜,广人呼为膏叶盘,两片合以

成形，壳圆，中甚莹滑，日照如云母光。……（P21）

按，由具体描写可知"海镜"得名于"壳圆，中甚莹滑，日照如云母光"；"膏叶盘"得名于"两片合以成形"。

（18）卷下"庞蜂"：庞蜂，生于山野，多在橄榄树上，形如蜩蝉，腹毒（按，四库本作青）而薄，其鸣自呼为庞蜂。但闻其声，采得者鲜矣，人以善价求之，以为药。（P23）

按，由具体描写可知"庞蜂"得名于体形巨大："形如蜩蝉"；又得名于叫声："其鸣自呼"。

通过以上分析可以看出，刘恂已经在《岭表录异》中对事物"得名之由"作了一定程度的探讨，在唐代笔记中也是比较具有代表性的。

五　小　结

在汉语词源学史上，这四部笔记在隋唐所有的笔记中应具有一定的代表性。比较四部笔记，可以看出：

（一）通过以上分析可以看出四部笔记中的词源探讨内容颇多。在数量上，以段成式《酉阳杂俎》中的词源探讨为最多，另外三种笔记中的材料相对较少。但这三种笔记本身篇幅并不大，从中能发现以上这么多材料，也可以看出这些笔记中的相关成分在全书所有材料中所占比重是较大的。

（二）在词源探讨的方式上，《颜氏家训》相对比较多样；其他三部笔记则以揭示事物的得名之由为主。

（三）在方法上注意从多种不同的角度注意揭示事物的得名之由。

（四）注意"目验"。如《酉阳杂俎》第（三）类例（42）"成式于城南村墅池中有之"就是明显的例子。《岭表录异》中类似的材料也比比皆是。此承郭璞注、贾思勰《齐民要术》、郦道元《水经注》

等优良传统而来。同时还注意实际的调查,例如《岭表录异》"跳鲢"条有"余遂问名跳之义"语。

(五)有明确的词源探讨意识,例如《酉阳杂俎》、《岭表录异》常用"故呼"、"以名"、"谓之"、"因名之"、"故以此名"、"故名"等词语。

古人笔记的内容是很杂的,但其中往往有不少语言文字研究的成分,是中国传统语言研究的重要组成部分;要研究中国语言学史,了解古人在语言研究方面的成绩和不足,笔记类著作不容忽视。"杂考笔记中的训诂……积累了非常丰富的训诂资料,可以说是汉语训诂资料的宝库,其中既保存了先秦两汉的古训,也阐明了许多词语的新义,以及近代的俗语方言,这对研究汉语语义学、词汇学和汉语发展史,都是很有用处的。"①其他笔记中还有不少相关的词源探讨的材料,需要我们细心爬疏整理,总结古人词源探讨的成绩和不足。

①周大璞《训诂学初稿》,武汉大学出版社 1987 年,第 133 - 134 页。

第七章 颜师古的词源探讨

颜师古,名籀,以字行。生于隋开皇元年,卒于唐太宗贞观十九年。唐太宗贞观中为中书舍人,秘书监,曾奉诏与孔颖达撰《五经正义》;又撰《匡谬正俗》、《汉书注》、《急就篇注》,其中有相当多的词源探讨内容。兹分别作一评述。

一 《匡谬正俗》中的词源探讨

唐颜师古所著《匡谬正俗》①,共八卷,多为词义训诂和文献考证内容,其中也包含不少词源探求的内容。试从以下几个大类评述。

(一)《匡谬正俗》中的词源探求主要表现于以下几个方面。②

其一,注意从语音的演变探讨词源,例如:

(1)卷六"坼":或问曰:"俗呼检察探试谓之'覆坼'。'坼'者,何也?"答曰:"当为'覆逴',音'敕角反',俗语音讹,故变为'坼'耳。按《晋令》成帝元年四月十七日甲寅诏书云:'火节度七

①[唐]颜师古著、刘晓东平议《匡谬正俗平议》,山东大学出版社 1999年。

②引文据刘晓东先生平议本,个别标点有所改动。按语也参考了刘晓东先生的"平议"。

条云:火发之日,诣火所赴救,御史、兰台令史覆逴。有不以法,随事录坐。'又云:'交互逴覆,有犯禁者,依制罚之。''逴'者,谓超踰不依次第,今所云'覆坼',亦谓乍检乍否,不依次歷履行之,以出其不意耳,今谓董卓为'董磔',故呼'逴'亦为坼,是其例也。”(P168)

按,“覆坼”即“覆逴”,师古所探词源甚是。“乍检乍否,不依次历履行之,以出其不意”即今之抽查。刘晓东先生说,“抽者,亦逴之音变所嬗也”(P169)。

(2)卷六“貤”:或问曰:“今俗重沓布物一两次谓之'一曳'、'两曳',何也?”答曰:“许氏《说文解字》云'貤,重次第物也。'《字林》音'弋豉反',此则与今所道相当。又《诗》云'葛之覃兮,施于中谷''莫莫葛藟,施于条枚',义兼训'移',音亦为'貤',盖为延福[覆]其上,亦重次第之意焉,盖假借'施'字为之耳。司马相如《上林赋》曰'貤丘陵',亦其义也。俗音讹舛,故转为'曳',亦犹轻易之'易'鄙俗或为'曳'音。究其根本,当言'一貤'、'两貤',今语亦有作此俗音者。”(P187)

按,此条为俗语“曳”探源,据《说文》及语音演变而求得其本字为“貤”,诚确。

(3)卷六“底”:问曰:“俗谓何物为'底''底'义何训?”答曰:“此本言'何等物',其后遂省,但言直云'等物'耳。'等'字本音'都在反',又转音'丁儿反'。左太冲《吴都赋》云'畛畷无数,膏腴兼倍。原隰殊品,窳隆异等',盖其证也。今吴越之人呼齐等皆为'丁儿反',应瑗[璩]诗云'文章不经国,筐篚无尺书。用等称才学,往往见叹誉',此言讥其用何等才学见叹誉而为官乎?以是知去'何'而直言'等',其言已旧。今人不详其本,乃作'底'字,非也。”(P192-193)

按,章太炎《新方言》卷一:“等,何也。《后汉书·祢衡传》曰

'死公云等道'。音转如底,今常州谓何为底,读丁买切。"是"等"亦有"何"义,音变而为"底"。师古为俗语"底"探源,是。

(4)卷六"椎":问曰:"关中俗谓发落头秃为'椎',何也?"答曰:"按许氏《说文解字》云:'鬌,发堕也。'吕氏《字林》、《玉篇》、《唐韵》并'直垂反',今俗呼'鬌'音讹,故为'椎'耳。"(P203)

按,"鬌"《经典释文》丁果反,音变为直垂反,《方言》卷十二"鬌,尽也。"郭璞注:"鬌,毛物渐落去之名。除为反。"即直垂反。颜师古将"椎"的词源追索到"鬌",是。

(5)卷六"埒":问曰:"今俗监检田亩知其所获,总计大数,谓之'埒田',而官文书乃作'耒'字,其义定何训解?"答曰:"此谓程试顷亩束数,以知斛斗多少,举其大,故谓之'率',而'率'字有'律'音,俗语讹替,因谓之'埒'耳。字当作'率',音宜为'律'。今人不详本意,为其语涉田农,故用耒耜之字,非也。"(P207)

按,《汉书·宣帝纪》"率常在下杜"师古注:"率者,总计之言也。"与此处所论一致。而俗语讹为"耒",连韵书亦然。《广韵》、《集韵》皆云:"耒,耒禾麦知多少。"可见颜师古之见解不凡。

(6)卷八"享":或问曰:"俗呼某人处为某'享'其义何也?"答曰:"此是'乡'声之转耳。'乡'者,居也。州乡之乡取此为义,故子产有云'毁于而乡'。又向对之'向',古文典籍卒无'向'字,寻其旨趣,本因'乡'字始有'向'音。今之'向'字若于六书,自是北牖耳,《诗》云'塞向墐户'是也。"(P300-301)

按,颜师古所探词源是也。章太炎《新方言》卷一:"乡,所也。《左传》曰'毁于而乡',《匡谬正俗》曰'俗呼某人处为某享',是乡声之转。今绍兴称在此处曰在享。苏州谓内里曰里享,音如向;本乡字也。"

其二,注意从词义及其演变探讨词源,例如:

(1)卷四"寺人":寺人者,内小臣在壶闱庭寺之中,谓阉人耳。《诗》云"寺人孟子",《左传》云"寺人披"、"寺人貂"之类是也。侍人者，谓当时侍卫于君，不限内外，犹言侍者耳。《左传》云“侍人贾举”、“侍人僚柤”之类是也。近代学者不详其义，皆读“寺人”同为“侍人”，斯则失矣。至如“仲尼居，曾子侍”，“平公饮酒，师旷李调侍”，岂得谓阉竖乎？（P101）

按，《周礼·天官·序官》“寺人”郑玄注：“寺之言侍也”。二字同源，故寺、侍二字古籍中常通用。《诗·秦风·车邻》毛传：“寺人，内小臣也。”孔疏：“此云内小臣者，言寺人是在内细小之臣，非谓寺人即是内小臣之官也。内小臣之官与寺人之官犹自别矣。”寺人之得名源于“侍”，故郑玄言“寺之言侍也”，词源相同。但是，“侍人”是“侍卫于君，不限内外，犹言侍者”，即共名；而“寺人”是“内小臣在壸闱庭寺之中，谓阉人”，是专名——即“侍人”中的特定类别才是“寺人”，而“侍人”未必就是“寺人”。师古溯其源流，别其异同，所论甚是。

(2)卷五“汉书”：《高纪》云“大泽之陂”。按孔安国《尚书传》曰“障水曰陂”。然则“陂”者，本因堤防壅遏故得名耳。“大泽”者，地形之总名；陂者是堤防之指号。盖谓当时之媪于大泽之内陂塘止息。流俗乃云“防”[陂]是水中，不得止息，强读为“陂”[防]，失其意也。（P117－118）

按，《说文》：“陂，阪也。一曰沱也。”（沱即池。）“阪，坡者曰阪。一曰泽障。”“坡，阪也。”故“陂”本义为障水之坡，即堤坝。溯其词源，“陂”从“皮”声，“皮”声字可表斜义，如波、颇、跛、驶等等，词义中均有斜之义素。故“陂”可指倾斜的堤坝。堤坝作用在于防水，故又可指蓄水。但在具体的用例中究竟指堤坝还是水，当视语境而定。《汉书·高帝纪》“尝息大泽之陂”，流俗以为“陂”指水中，当然有误，当依师古“谓当时之媪于大泽之内陂塘止息”。

(3)卷五“郎署”：《冯唐传》云：文帝辇过郎署，见冯唐而问之。“郎”者，当时宿卫之官，非谓趣衣小吏。署者，部署之所，犹言曹局。今之司农、太府诸署是也。“郎署”并是郎官之曹局耳，故刘孝标《辨命论》云“冯都尉皓发于郎署”。而今之学者不晓其意，但呼令史、府史为“郎署”，自作解释云：郎吏行署文书者，故曰“郎署”，至乃摛翰属文，咸作此意，失之远矣。（P130）

按，《汉书》所称“郎”，指宿卫之郎，统称三署郎，乃郎中令之属官，至后汉渐有尚书郎，魏晋以降无三署郎，故此后所称之“郎”多指尚书郎，尚书郎下，复有令史、府史，因此“郎吏行署文书者，故曰‘郎署’”。职官有流变，同一称名在不同时代其含义不同，“今之学者”不明乎此，故推源有误。

（4）卷六“什器”：或问曰：“生生之具，谓之‘什器’，‘什’是何物？”答曰：“此名原起军戎，遂为天下通称。军法：五人为伍，二五为什，一什之内，共有器物若干，皆是人之所须，不可造次而废者，或称‘什物’，犹令军行戍役工匠之属，十人为火，一火内共畜器物谓之火幕调度耳。”（P181－182）

按，说明“什器”得名于行伍之“什”。《后汉书·宣禀传》“即赐布帛帐帷什物”李贤注：“军法：五人为伍，二伍为什，则共其器物，故通谓生生之具为什物。”即从颜说。

其三，注意从相关事物探求词源，例如：

（1）卷六“绹”：或问曰：“蒲州盛酒堈谓‘蒲绹’，何也？”答曰：“此堈既从远来，运致非易，恐其破损，故以蒲索缠之。按《尔雅》云‘绹，绞也。’《诗》云‘宵尔索绹’，即是其义。此堈为加蒲索，故谓之‘蒲绹’尔。”（P185－186）

按，刘晓东说，“‘蒲绹’之语，以师古此条所解，乃酒堈以其附加之物为名，可视为事物命名之一途，亦古疑义之一例也。”（P186）

（2）卷八“禽”：或问：“《易》云‘失前禽’，唯谓鸟耶？及其兽耶？”董勋答曰：“凡鸟未孕者为禽，鸟兽通耳。”按言“通”是也，“未孕”非也。禽者，取禽制于人，不别孕与未孕。《礼》云‘猩猩能言，不离禽兽’，《传》曰‘男贽：大者玉帛，小者禽兽’，岂论孕不孕乎？

又《传》称‘收禽挟囚’，汉高祖云‘此其所以为我禽’，诸如此类，皆属于人，亦取禽制之义，岂又辨孕育哉！《尔雅》云‘二足而羽谓之禽，四足而毛谓之兽’，自是总别飞走大名，与禽制之义不相妨也。(P320)

按，师古此探语源甚是。“禽者，取禽制于人，不别孕与未孕。”则“禽”源于擒制，《礼记·曲礼上》孔疏：“禽者，擒也，言鸟力小可擒捉也。”

其四，注意从词语的来源探求词源，例如：

(1)卷五“阏氏”：习凿齿《与谢安石书》云：“匈奴名妾作阏氏，言可爱如烟支也。‘阏’字‘於言反’，想足下先作此读书也。”按《史记》及《汉书》谓单于正妻曰“阏氏”，犹中国言“皇后”尔。旧读音“焉氏”，此盖北翟之言，自有意义，未可得而详也。若谓色象烟支便以立称者，则单于之女谓之“居次”，复比何物？且“阏氏”妻号，非妾之名，未知习生何所凭据，自为解释。(P147－148)

按，师古此条以“阏氏”来源于其他民族语言，不能从汉语中探源，所说极是。后世学者尚多习凿齿之风，硬从汉语寻求外来词词源，则师古此说，可谓中流砥柱。

(二)词源探讨兼存正误的例子在《匡谬正俗》一书中亦复不少，最主要的原因，盖在于颜师古写作此书的目的是“匡谬正俗”，但同时又缺乏语言文字发展的观点。最主要的，表现在极力推崇古本字，而对后起字加以非议，有时候又弄混了二者的先后关系。例如：

(1)卷一“漙”：《郑诗·野有蔓草》篇云：“野有蔓草，零露漙兮。有美一人，清扬婉兮。”《诗》古本有“水”旁作“專”字者，亦有单作“專”字者。后人辄改之为“漙”字，读为团圆之“漙”，作辞赋篇什用之，递相因袭，曾无疑者。按吕氏《字林》“雨”下作“專”，训云露貌，音“上兖反”。此字本作䨥，或作漙耳。单作“專”者，古字从省，又“上兖”之音，与“婉”相类。益知吕氏之说可依，本非团义

矣。下云“零露瀼瀼”者,岂复亦论其从横之貌乎?(P16)

按,从尃声之字往往有圆义,如团、转、抟、塼、槫等等皆是。由于“尃”单用即可表示此义,故“古本有‘水’旁作‘尃’者(按,即漙字),亦有单作‘尃’字者”。但他说“此字本作霊”,则是“魏晋之后依《诗》义所造之后起本字”当成了古本字。可谓颠倒本末。

(2)卷五“繦”:《食货志》云“藏繈”,谓绳贯钱,故总谓之“繦”耳。又云“算缗”,亦云以缗穿钱,故谓贯为“缗”也。而后之学者谓“繦”为钱,乃改为“镪”,字无义可据,殊为穿凿。按孔子云:“四方之人,繦负其子而至。”谓以绳络而负之,故谓“繦褓”耳,岂复关货泉耶?(P123)

按,《说文》:“繦,觕纇也。”段注:“丝节粗长谓之繦。”引申为绳索,故可指贯钱之绳,也可由此引申而指所贯之钱,后一义又有了后起本字“镪”。若说“字无义可据”,不妥。原因有二,一是“后起本字”可以更准确地表义;二是“后起本字”“镪”从“金”,形符可以显示词义的意义范畴,是可取的。师古明“繦”“镪”二字之词源,但未深究其流变,未免泥古。

(3)卷五“柱”:《西域传》云:“当为拄置,心不便。”按“拄”者,撑拄之名,本音“竹羽反”;柱物之本[木]因为[谓]之“柱”,“竹具反”。《鲁灵光殿赋》云“漂峣山皃而枝柱”,此音是也。车后柱木呼为“车柱”,其义亦同。“置”者,安设之名,言“拄置”者,谓自安置支拄他人,今江南俗呼人自高抗矜持为“自拄置”。今此言车师国见徐普于其侧近拄置,恐被侵拒,故心内以为不便耳,安在其取椽柱而置于心腹中乎?义既乖剌,语又析破,失之远矣。朱云连拄五鹿君,岂复赍椽自随乎?(P135)

按,“拄”为撑拄之名,“柱”为柱物之木,《说文》“柱”下段注:“凡经注皆用柱,俗乃别造从手拄字,音株主切。”可谓“拄”为撑拄义的“后起本字”。二字读音师古以为有上去之别,所作分别是有道理的,但实践中颇不易施行。因二字形体相似,古籍中手抄本

"木"旁"扌"旁常通用,读音也就容易混同。另外,"'置'者,安设之名,言'拄置'者,谓自安置支拄他人"之说不妥。王先谦《汉书补注》引徐松《汉书西域传补注》说:"《释言》:'搘,拄也。'《说文》作'木耆柱',拄置即搘拄,置为木耆之假借字耳。"以为连绵字,又《汉书·地理志下》"而汉中淫失枝柱,与巴蜀同俗"颜师古注:"枝柱,言意相节却,不顺从也。"与"拄置"当为同一词之不同写法,"置"不可解为"安设"。

(4)卷六"副":"副贰"之字,"副"字本为"褔"字,从"衣"·"畐"声。今俗呼一袭为一褔衣,盖取其充备之意,非以覆蔽形体为名也。然而书史假借,遂以"副"字代之,"副"本音"普力反",义训剖劈,字或作"疈",《诗》云"不坼不副",《周礼》有"疈辜",并其正义也。后之学者不知有"褔"字,翻以"副贰"为正体、"副坼"为假借,读《诗》"不坼不副"乃以朱点发"副"字,已乖本音。又张平子《西京赋》云"仰福帝居"、《东京赋》云"顺时服而设福",并为副贰,传写讹舛,"衣"转为"示",读者便呼为"福禄"之福,失之远矣。(P169－170)

按,《说文》"副"下段注:"按颜说未尽然也。副之则一物成二,因仍谓之副,因之凡分而合者皆谓之副,训诂中如此者致多。……褔字虽见于《龟策传》、《东京赋》,然恐此字因副而制耳。"黄侃《手批说文》:"複由畐来,别作褔。""褔"当为"后起本字",师古以此非议"副",未为尽当。当然,"褔"转为"福",其误甚明。

(5)卷六"猱":或问曰:"今之戎兽皮可为褥者,古号何兽?何以谓之'戎'?"答曰:"按许氏《说文解字》曰:'夒,贪兽也。'李登《声类》音'人周反'。字或作'猱',《诗》云"无教猱升木",《毛传》云"猨属也",《笺》云"猱之性善登木"。《尔雅》云"猱猨善援",郭景纯注曰"便攀援也"。《尔雅》又云"蒙颂猱状",郭注云"即蒙贵也,状似蜼而小,紫黑色。猱亦猕猴类耳。"按郭此说,盖蒙颂为兽,状似猱。又《上林赋》云"蜼玃飞貗,蛭蜩玃猱",左思《吴都赋》云

“射猱猱”,刘逵注云“猱似猴而长尾”。寻据诸说,验其形状,‘戎’即‘猱’也,此字既有‘柔’音,俗语变讹,谓之‘戎’耳。犹今之‘香葇’谓之‘香戎’,今谓‘猱’别造‘狨’字,盖穿凿不经,于义无取。”(P183–184)

按,颜师古将“戎”的词源追溯到“猱”,是也。盖二字乃声之转,得以相通。但是,二者共同的源义素不在“善援”,而在“浓密”,对于“戎”、“猱”而言,当然就是指毛发浓密。与之同源的字尚有“猱”等字、“侬”、“秾”等“农”声字、“茸”、“缉”等“茸”声字。又,以为“‘猱’别造‘狨’字,盖穿凿不经,于义无取”,则是没有发展的观点。后起本字因另加形符,表义更为确切,不能责之以不经。

(6)卷六“刚扛”:或问曰:“吴楚之俗,谓相对举物为‘刚’,有旧语否?”答曰:“扛,举也。音江,字或作角工。《史记》云项羽力能扛鼎,张平子《西京赋》云‘乌获扛鼎’并是也。彼俗音讹,故谓‘扛’为‘刚’耳。既不知其义,乃有造‘掆’字者,固为穿凿也。”(P194)

按,吴楚俗语“刚”本字当为“扛”,“扛”古为东韵,魏晋以降渐去东为江而音近唐。顾炎武《唐韵正》:“按江韵与东冬钟同用,南北朝犹然,唐以下始杂入阳唐。”“扛”音变为“刚”,故字亦变作“掆”。然“掆”始见于晋代吕忱《字林》,《集韵·宕韵》“掆”下引《字林》云:“捎、掆,舁也。”“掆”是“扛”的后起本字,乃由于“扛”之音变而于晋代新造的字,因此遭到颜师古的批评。

(7)卷六“欠”:问曰:“今人谓物少不充为‘欠’,义何所取?”答曰:“许氏《说文解字》云‘歁,食不满也’,李登《声类》、吕忱《字林》并音‘口感反’。今为‘欠’者,本为‘歁’耳。”(P196)

按,《说文》:“歁,食不满也。”“歉,歉食不满也。”“脂,食肉不厌也。”“欿,欲得也。”刘晓东说,“皆属同族,音义相关。”章太炎《文始》卷九:“凵,张口也。变易为欠,张口气悟也。在本部则变易又为陷,高下也。陷引申为诸不足之义。孳乳为歉,歉食不满也。歉旁转转侵变易为歁,食不满也,读若坎。歉又孳乳为谦,敬也。”刘晓东说,“其所云递禅之次弟容有可议者,然以为同族,固大体不误也。‘欠’之少而不充义,师古谓‘歁’为本字是也,然若朱[骏声]以‘歉’为本字亦无不可。(段以为引申则非。)窃以为寻语源者,绎其词言孳生之迹;定本字者,考其文字借义之由。是以语源不必即为本字,同族亦不必皆相通假,而假借之本字亦不必定于一也。”(P197)所论诚是。欠、歁、歉、臽、欿,均为同源,不能说哪个是哪个的本字。

(8)卷六“木鍾”:或问曰:“今所谓‘木鍾’者,于义何取?字当云何?”答曰:“本呼‘木章’,音讹遂为‘鍾’耳。古谓大木为章,故《汉书》云《货殖传》云‘千章之荻’,谓荻木千枚也。其将作属官有主章署,掌材木。又古谓舅姑为‘姑章’,今俗亦呼为‘姑鍾’,益知‘章’音皆称为‘鍾’。”(P198)

按,刘晓东说:“汉晋间东冬韵字或有与阳唐相转者,《说文》‘泱,滃也’,《释名·释饮食》‘盎齐,盎,滃也。滃滃然浊也’,故‘章’亦可转为‘鍾’。”(P199)又《汉书·景十三王传·广川惠王》“背尊章”颜师古注:“尊章犹言舅姑也。今关中俗妇呼舅为鍾。鍾者,章声之转也。”颜师古探明俗语“木章”之词源,结论确不可移。不过,说“音讹”似不当。

(9)卷七“振”:许慎《说文解字》曰:“振,举救也。”诸史籍所云“振给”、“振贷”,其义皆同,尽当为“振”字。今人之作文书者,以其事涉货财,辄改“振”为“赈”。按《说文解字》云“富也”,左思《魏都赋》云:“白藏之藏,富有无堤,同赈大内,控引世资。”此则训不相干,何得辄相混杂?言振给振贷者,并以其饥馑穷厄,将就困毙故举救之,使得存云耳,宁有富事乎?(P257-258)

按,“振”有举救之义,因与财物有关,故后世从贝为“赈”,使表义更加明显。“赈”的词源为“振”,确不可移,但不可因此而鄙薄后出的专表“救济”义的“赈”字。

(三)词源探讨不准确的例子亦有数条。例如:

(1)卷六“草马”:问曰:“牝马谓之‘草马’,何也?”答曰:“本以牡马壮健堪驾乘及军戎者,皆伏皁枥刍而养之。其牝马唯充蕃字不暇服役,常牧于草,故称‘草马’耳。《淮南子》曰:‘夫马之为草驹之时,跳跃扬蹏,翘足而走,人不能制。’高诱曰:‘五尺已下为驹,放在草中,故曰草驹。’是知‘草’之得名,主于草泽矣。”(P218)

按,颜师古此谓“牝马唯充蕃字不暇服役,常牧于草,故称‘草马’”,证据不足。事实上,牝马只在产子的那段时间不暇服役,其他时间都是照常服役的。有学者认为,“草”本是“皁”的古字,古籍中“皁”与“槽”义相通,盖雌性生殖器官形似槽,故以“草(皁)”指牝。① 或以为“草马”之“草”盖源于牝畜临产前衔草做窠以备幼崽出生的行为,并认为这种俗词源其实才是真正的词源。② 按前一观点实为字源学观点,后一观点从语素出发分析而未尝涉及语音方面的深入分析,尚嫌证据不足。但不管怎样,颜师古对“草马”词源的探讨尚有待进一步讨论。③

(2)卷八“鄙人”:或问曰:“愚陋之人,谓之‘鄙人’。何也?”答曰:“本字作‘否’。‘否’者,蔽固不通之称尔,音与‘鄙’同。《诗》云:‘呜呼小子,未知臧否。匪面命之,言提其耳。’‘臧’者,善也,‘否’者,恶也,故以相对。《书》云‘否德忝帝位’,而司马子长撰《史记》改‘否’为‘鄙’,以其言同,故用‘鄙’字。自尔已来,因曰‘鄙人’。”又问曰:“‘鄙’非边鄙之谓邪?美好者谓之‘都’,言习京华之典则;丑陋者谓之‘鄙’,谓守下邑之愚蔽,不其然欤?”答

①曾良《“草马”探源》,《中国语文》2001 第 3 期。

②汪化云、张志华《“草”的词源和俗词源》,《汉字文化》2002 年第 4 期。

③近年来相关研究已较多,例如:朱城《“草马”之“草”的语义来源》,《语文研究》2005 年第 4 期;王彦坤、李香平《也说“草马”的“草”》,《汉语史研究集刊》第十二辑,巴蜀书社 2009 年。

曰："非也。'都'者自是闲美之称，《诗》曰'不见子都，乃见狂且'，又云'洵美且都'，《楚辞》云'此德好闲习以都'，皆非上京之谓也。曹刿云'肉食者鄙'，孔子曰'鄙夫可以事君也与哉'，'出辞气，斯远鄙倍矣'，汉武帝诏贤良曰'性命之情，或夭或寿，或仁或鄙'，董仲舒对策曰'尧舜行德则民仁寿，桀纣行暴则民鄙夭'，杨恽云'昆戎旧壤，子弟贪鄙'，班孟坚云'周勃为布衣时，鄙朴庸人'，曹大家《女诫·序》云'鄙人愚闇，受性不敏'，皆非田野之谓也。至如《诗》有《都人士》篇者，此自别指都邑尔。后文士论叙观游，皆云'都人士女'，直述其殷盛，亦无系于贤愚也。蹈道则为君子，违义则为小人，岂必都邑之人皆能贤智，边鄙之士悉皆顽劣？详而言之，则不通矣。"（P286）

按，颜师古说"蹈道则为君子，违义则为小人，岂必都邑之人皆能贤智，边鄙之士悉皆顽劣？"从道理上来说是对的，但从词源上来说就不对了。《释名·释州国》："鄙，否也，小邑不能远通也。"虽与"否"互训，然"鄙人"词源还是来自于"边邑"，刘晓东说："鄙训鄙野细小，故人或以作谦称"，诚是。总之颜师古探明词义是对的，但对于词源则未明知。

（3）卷八"辜姑"：或问曰："小儿羸病谓之'辜姑'，何也？"答曰："此谓'巫蛊'尔，转为'辜姑'，此病未即殒毙而惙惙不除，有似巫祝厌蛊之状，故祭酬出之。或云汉武帝末年多所禁忌，巫蛊之罪遂及贵戚，故其遗言徧于三辅，至今以为口实也。"（P290）

按，刘晓东认为，"辜姑"即《集韵·模韵》"鮕，一曰婴儿病鬼为巫鮕"中的"巫鮕"，是一叠韵连语，字又可作"慕古"。（P290）更为可取。

（4）卷八"陵迟"：蔡南问："《乾凿度》云'王道陵迟'，何谓'陵迟'？"董勋答曰："舒疾有节。《礼》云'丧事虽遽不陵节'，是王道越于迟节，言教不行也。"按："陵"为陵阜之陵，而"迟"者迟迟微细削小之义，今俗语犹然。又"迟"即"夷"也，古者"迟"、"夷"通用，

《书》称“迟任有言曰”、“迟”字音“夷”，亦音“迟”，《淮南》说冯夷河伯，乃为“迟”字。史籍或言“陵迟”，或言“陵夷”，其义一也。“夷”者，平也，言陵阜渐平，喻王道弛替耳。“越于迟节”，曲而未允。（P316）

按，颜师古此说未当。王念孙《读书杂志·汉书第十六》：“凡连语之字，皆上下同字，不可分训。念孙案师古以陵为丘陵，非也。陵与夷皆谓平也。陵夷之为陵迟，犹逶夷之为逶迟。又案《说文》‘夌，夌徲也’，其字作夌不作陵，则非丘陵益明矣。”刘晓东则以为“既然以声为义，岂可就字作解乎？既不依‘陵’字作丘解，亦未可依‘夷’字作平解也。”（P317）

通过以上分析可以看出，颜师古已经在《匡谬正俗》中从不同角度对事物“得名之由”作了一定程度的探讨，尽管这种探讨从数量上来说还不多，但也说明作者有这一方面的意识。

二　《汉书注》中的词源探讨

颜师古为《汉书》作注是一次集大成的工作，《汉书注》共一百卷。“汇集了隋代以前二十三家的注释，纠谬补阙，消除了一些文字音义上的障碍”①；从汉语词源学史的角度来说，《汉书注》蕴含了大量的词源探讨的内容，可以说是汉语词源研究的著作。

（一）颜师古《汉书注》中蕴含了大量的词源探讨内容，以下试分类述评。②

其一，从词源探讨对象的词性来说，以名词为主（包括人物称谓名、地名，更多的是特定事物的名称）；同时也包括其他词类。

①见《汉书》“出版说明”，中华书局 1962 年。

②以下引文据中华书局 1962 年标点本，引文后面所标页码是注释所在页码。

例如：

(1)《帝纪第八》："太子纳史良娣，生史皇孙。"师古曰："以外家姓称之，故曰史皇孙。"(P235)

(2)《志第七上》："降及于殷，箕子在父师位而典之。"师古曰："父师，即太师，殷之三公也。箕子，纣之诸父而为太师，故曰父师。"(P1316)

以上两例是对人物称谓之由的分析。

(3)《志第八下》："圜阴，惠帝五年置。莽曰方阴。"师古曰："圜字本作圁，县在圁水之阴，因以为名也。……"(P1618)

(4)《志第八下》："县十八：桑乾，莽曰安德。道人，莽曰道仁。"师古曰："本有仙人游其地，因以为名。"(P1622)

以上两例是对地名得名之由的分析。

(5)《表第七上》："奉常，秦官，掌宗庙礼仪，有丞。景帝中六年更名太常。"师古曰："太常，王者旌旗也，画日月焉，王有大事则建以行，礼官主奉持之，故曰奉常也。后改曰太常，尊大之义也。"(P727)

(6)《志第三》："定出赋六千四百井，戎马四百匹，兵车百乘，此卿大夫采地之大者也"，师古曰："采，官也。因官食地，故曰采地。《尔雅》曰'采，寮，官也'。说者不晓采地之义，因谓菜地，云以种菜，非也。"(P1083)

(7)《列传第五十五》："初，邺从张吉学，吉子竦又幼孤，从邺学问，亦著于世，尤长小学。"师古曰："小学，谓文字之学也。《周礼》'八岁入小学，保氏教国子以六书'，故因名云。"(P3479)

(8)《列传第六十九中》："在宾服，是为惟屏"，师古曰："宾服即古卫服也，取诸侯宾服以为名。"(P4138)

以上数例是对特定事物名称的词源探讨。

(9)《志第八上》："江、汉朝宗于海。"师古曰："江、汉二水归入于海，有似诸侯朝于天子，故曰朝宗。宗，尊也。"(P1529)

以上为动词词源的分析。

(10)《列传第五十七上》:“叱风伯于南北兮,呵雨师于西东,参天地而独立兮,廓荡荡其亡双。”师古曰:“天地曰二仪,王者大位,与之合德,故曰参天地。参之言三也。……”(P3539)

以上是对数词的词源分析。

(11)《列传第五十七上》:“于是玄冬季月,天地隆烈”,师古曰:“北方色黑,故曰玄冬。隆烈者,阴气盛。”(P3544)

以上是对形容词的词源分析。

其二,从词源探讨的角度来说,颜师古从各个不同的角度对事物的得名之由作了探讨。例如:

(1)《帝纪第一上》:“封皇帝玺、符、节”,师古曰:“……节,以毛为之,上下相重,取象竹节,因以为名,将命者持之以为信。”(P23)

(2)《志第五上》:“登熊耳山,以望江汉。”师古曰:“熊耳山在颍阳北益阳县东,非《禹贡》所云‘导洛自熊耳’者也。其山两峰,状亦若熊耳,因以为名也。”(P1198)

(3)《列传第十二》:“上欣然而笑,即罢。吕后侧耳于东箱听”,师古曰:“正寝之东西室皆曰箱,言似箱箧之形。”(P2095)

(4)《列传第二十七上》:“相如与俱之临邛,尽卖车骑,买酒舍,乃令文君当卢。相如身自著犊鼻裈”,师古曰:“即今之襜也,形似犊鼻,故以名云。……”(P2532)

(5)《列传第六十四上》:“汉使曰:‘匈奴父子同穹庐卧。’”师古曰:“穹庐,旃帐也。其形穹隆,故曰穹庐。”(P3761)

以上从事物的形状探讨其得名由来。

(6)《列传第一》:“骏马名骓,常骑。”师古曰:“苍白杂毛曰骓,盖以其色名之。”(P1817)

(7)《列传第八》:“快中野兮,苍天与直!”师古曰:“天色苍苍,故曰苍天。言己之理直,冀天临监之。”(P1989)

以上从事物的颜色探讨其词源。

(8)《列传第二十七上》:“双鸧下,玄鹤加。”师古曰:“鸧,鸹也。今关西呼为鸹鹿,山东通谓之鸧,鄙俗名为错落。错者,亦言鸧声之急耳。又谓鸹捋。捋,音来夺反。鸹鹿、鸹捋,皆象其鸣声也。……(P2543)

以上是从声音探讨词源。

(9)《帝纪第三》:“夏五月丙申,赵王宫丛台灾。”师古曰:“连聚非一,故名丛台。盖本六国时赵王故台也,在邯郸城中。”(P96)

(10)《列传第十六》:“徙其家长安中戚里”,师古曰:“于上有姻戚者,则皆居之,故名其里为戚里。”(P2193)

(11)《列传第二十七上》:“被以江离,糅以蘼芜,杂以留夷。布结缕,攒戾莎。”师古曰:“结缕蔓生,著地之处皆生细根,如线相结,故名结缕,今俗呼鼓筝草。两幼童对衔之,手鼓中央,则声如筝也,因以名云。”(P2555)按,这里不但解释了结缕的得名之由,也从声音角度探讨了其俗名的来由。

以上从事物的性状探讨得名之由。

(12)《帝纪第八》:“巫蛊事连岁不决。至后元二年,武帝疾,往来长杨、五柞宫”,师古曰:“长杨、五柞二宫并在盩厔,皆以树名之。……”(P236)

(13)《志第五上》:“文公梦黄蛇自天下属地,其口止于鄜衍。”师古曰:“今之鄜州盖取名于此也。”(P1195)

(14)《志第八上》:“襄陵,有班氏(香)[乡]亭。莽曰干昌。”师古曰:“晋襄公之陵,因以名县。”(P1551)

(15)《志第八上》:“涅氏,涅水也。”师古曰:“涅水出焉,故以名县也。……”(P1553)

(16)《志第八下》:“县十一:狄道,白石山在东。莽曰操虏。”师古曰:“其地有狄种,故云狄道。”(P1610)

(17)《志第八下》:“天水郡,武帝元鼎三年置。莽曰填戎。明

帝改曰汉阳。”师古曰：“《秦州地记》云郡前湖水冬夏无增减，因以名焉。……”(P1612)

(18)《志第八下》：“罕开”，师古曰：“本破罕开之羌，处其人于此，因以名云。”(P1612)

(19)《列传第六十六下》：“温宿国，王治温宿城”，师古曰：“今雍州醴泉县北有山名温宿岭者，本因汉时得温宿国人令居此地田牧，因以为名。”(P3911)

(20)《列传第五十七下》：“今大汉左东海，右渠搜，前番禺，后陶涂。”师古曰：“駒騟马出北海上。今此云后陶涂，则是此方国名也。本国出马，因以为名。……”(P3568)

(21)《列传第六十六上》：“西则限以葱岭。”师古曰：“《西河旧事》云葱岭其山高大，上悉生葱，故以名焉。”(P3871)

以上是从与地名或建筑物密切相关的事物角度探讨地名或建筑物名的得名之由。

(22)《帝纪第一上》：“到丰西泽中亭止饮”，师古曰：“丰邑之西，其亭在泽中，因以为名。”(P7)

(23)《志第八上》：“黑水、西河惟雍州。”师古曰：“西据黑水，东距西河。西河即龙门之河也，在冀州西，故曰西河。”(P1532)

(24)《志第八上》：“勃海郡，高帝置。莽曰迎河。属幽州。”师古曰：“在勃海之滨，因以为名。”(P1579)

(25)《列传第二十七下》：“故有剖符之封，析圭而爵，位为通侯，居列东第。”师古曰：“东第，甲宅也。居帝城之东，故曰东第也。”(P2579)

(26)《列传第五十七上》：“礼灵祇，谒汾阴于东郊”，师古曰：“京师之东，故曰东郊也。”(P3536)

以上从地理位置探讨事物的得名之由。

(27)《志第八下》：“北地郡，秦置。莽曰威成。户六万四千四百六十一，口二十一万六百八十八。县十九：马领”，师古曰：“川

形似马领,故以为名。领,颈也。"(P1616)

(28)《列传第八》:"今高后崩,皇帝春秋富",师古曰:"言年幼也。比之于财,方未匮竭,故谓之富。"(P1994)

(29)《列传第五十七上》:"方椎夜光之流离,剖明月之珠胎",师古曰:"珠在蛤中若怀妊然,故谓之胎也。"(P3552)

以上从修辞角度揭示词源。

其三,从被释词和释词的语音关系角度来说,颜师古注意到了它们之间的语音关系,因而正确地揭示了词源。例如:

(1)《帝纪第一》:"及壮,试吏,为泗上亭长。"师古曰:"秦法十里一亭。亭长者,主亭之吏也。亭谓停留行旅宿食之馆。"(P3)按,"亭谓停留行旅宿食之馆"虽是沿用前人,但也反映了颜师古的观点。

(2)《帝纪第一》:"萧何为主吏,主进",文颖曰:"主赋敛礼进,为之帅也。"郑氏曰:"主赋敛礼钱也。"师古曰:"进者,会礼之财也。字本作賮,又作赆,音皆同耳。古字假借,故转而为进。赆,又音才忍反。《陈遵传》云:陈遂与宣帝博,数负进,帝后诏云可以偿博进未。其进虽有别解,然而赌者之财疑充会食,义又与此通。"(P4)按,这里联系到"賮"、"赆"揭示了"进"的词源。

(3)《帝纪第六》:"十一月甲子,立后土祠于汾脽上。"苏林曰:"脽,音谁。"如淳曰:"脽者,河之东岸特堆掘,长四五里,广(一)[二]里余,高十余丈。汾阴县治脽之上。后土祠在县西。汾在脽之北,西流与河合。"师古曰:"二说皆是也。脽者,以其形高起如人尻脽,故以名云。一说,此临汾水之上,地本名鄈,音与葵同,彼乡人呼葵音如谁,故转而为脽字耳。故《汉旧仪》云葵上。"(P184)按,这里注意到了鄈、葵、谁、脽四个字的语音关系,因而指出《汉旧仪》"葵上"同《汉书》"脽上"。

(4)《志第八上》:"又东至于盟津。"师古曰:"盟,读曰孟。孟津在洛阳之北,都道所凑,故号孟津。孟,长大也。"(P1535)按,这里从语音关系出发指出了“盟津”的得名之由。

(5)《志第八上》:“五百里甸服”,师古曰:“规方千里,最近王城者为甸服,则四面五百里也。甸之为言田也,主为王者治田。”(P1537)按,这里揭示了“甸”的词源。

(6)《列传第一》:“独守丞与战谯门中”,师古曰:“……谯门,谓门上为高楼以望耳。楼一名谯,故谓美丽之楼为丽谯。谯亦呼为巢。所谓巢车者,亦于兵车之上为楼以望敌也。谯、巢,声相近,本一物也。今流俗书本谯下有城字,非也。此自陈耳,非谯之城。谯城前已下矣。”(P1788－1789)按,这里指出了“谯、巢,声相近,本一物也”,从音转角度探讨词源。

其四,从构词角度来说,颜师古通过对双音词的单音节语素分开解释从而进行了词义分析,这实际上也是词源探讨的一种形式。例如:

(1)《列传第二十七下》:“历唐尧于崇山兮,过虞舜于九疑。”师古曰:“疑,似也。山有九峰,其形相似,故曰九疑。”(P2596)

(2)《列传第三十二》:“二十而南游江淮,上会稽,探禹穴,窥九疑”,师古曰:“会稽,山名,本茅山也,禹于此会诸侯之计,因名曰会稽。……”(P2715)

(3)《列传第三十三》:“及冠就宫,上为立博望苑”,师古曰:“取其广博观望也。”(P2742)

(4)《列传第三十五》:“上尝使诸数家射覆”,师古曰:“数家,术数之家也。于覆器之下而置诸物,令暗射之,故云射覆。……”(P2843)

(5)《列传第三十五》:“置守宫盂下,射之,皆不能中。”师古曰:“守宫,虫名也。术家云以器养之,食以丹沙,满七斤,捣治万杵,以点女人体,终身不灭,若有房室之事,则灭矣。言可以防闲淫逸,故谓之守宫也。今俗呼为辟宫,辟亦御捍之义耳。……”(P2843－2844)按,这里不仅解释了“守宫”的得名之由,而且也解释了其俗名“辟宫”的词源。

(6)《列传第四十二》:“余虽未尽从,然嘉其质直之意。禹又奏欲罢郡国庙,定汉宗庙迭毁之礼,皆未施行。”师古曰:“迭,互也。亲尽则毁,故曰迭毁。……”(P3079)

(7)《列传第六十九上》:“百岁之母,孩提之子”,师古曰:“婴儿始孩,人所提挈,故曰孩提也。孩者,小儿笑也。”(P4084)

(8)《列传第七十上》:“伯曰:‘是所望于父师矣。’”师古曰:“齿为诸父,尊之如师,故曰父师。”(P4200)

(9)《列传第七十下》:“长孺刚直,义形于色,下折淮南,上正元服。”师古曰:“淮南王谋反,惮黯正直。武帝不冠不见黯。故云下折淮南,上正元服也。元,首也,故谓冠为元服。”(P4253)

当然由于《汉书注》中相关材料很多,所以还可以从其他角度对其中的词源探讨进行总结。①

(二)颜师古在词源探讨上非常重视对前人的研究成果批判地继承。

颜师古在《汉书注》的《叙例》中,列出了在他之前有关《汉书》注释各家学者,他们是:荀悦、服虔、应劭、伏俨、刘德、郑氏、李裴、李奇、邓展、文颖、张揖、苏林、张晏、如淳、孟康、项昭、韦昭、晋灼、刘宝、臣瓒、郭璞、蔡谟、崔浩,共二十三家。他们主要生活于东汉至魏晋时代,颜师古《叙例》说:“诸家注释,虽见名氏,至于爵里,颇或难知,传无所存”,所幸者颜师古《汉书注》保存了这些学者的不少注释,从这些注释中,我们可以看出他们在词源探讨方面同样也是比较看重的。②

①参见张金霞《颜师古的语源研究》,中国训诂学会2004学术年会论文,《新疆师范大学学报》2006年第2期。以上内容参考过该论文,谨此致谢。

②除这二十三家以外,颜师古还在注释中说“阚骃云……”,也是引用他人的观点(加上这一家,则共有二十四家)。

其一，颜师古在《汉书注》中屡屡引用前辈学者的注释，其中有关词源探讨的例如：

(1)《帝纪第一下》："酒酣，上击筑"，邓展曰："筑，音竹。"应劭曰："状似琴而大，头安弦，以竹击之，故名曰筑。"（P75）

(2)《帝纪第六》："二月，行幸盩厔五柞宫。"张晏曰："有五柞树，因以名宫也。"（P21）

(3)《帝纪第一下》："于是诸侯上疏曰：'楚王韩信、韩王信、淮南王英布、梁王彭越、故衡山王吴芮、赵王张敖、燕王臧荼昧死再拜言，大王陛下：……'"应劭曰："陛者，升堂之陛。王者必有执兵陈于阶陛之侧，群臣与至尊言，不敢指斥，故呼在陛下者而告之，曰卑以达尊之意也。若今称殿下、阁下、侍者、执事，皆此类也。"（P52－53）

(4)《帝纪第十一》："待诏夏贺良等言赤精子谶"，应劭曰："诸以材技征召，未有正官，故曰待诏。……"（P340）

(5)《表第二》："有逃责之台，被窃铁之言。"服虔曰："周赧王负责，无以归之，主迫责急，乃逃于此台，后人因以名之。"（P392）

(6)《表第七上》："《易》叙宓羲、神农、黄帝作教化民，而《传》述其官，以为宓羲龙师名官"，张晏曰："庖羲将兴，神龙负图而至，因以名师与官也。"（P722）

(7)《表第七上》："神农火师火名"，张晏曰："神农有火星之瑞，因以名师与官也。"（P722）

(8)《表第七上》："黄帝云师云名"，张晏曰："黄帝有景云之应，因以名师与官也。"（P722）

(9)《表第七上》："少昊鸟师鸟名"，张晏曰："少昊之立，凤鸟适至，因以名官。"（P723）

(10)《志第一上》："日月初躔，星之纪也。"晋灼曰："下言斗纲之端连贯营室，织女之纪指牵牛之初，以纪日月，故曰星纪。五星起其初，日月起其中。是谓天之纲纪也。"（P966）

(11)《志第一上》:“声中黄钟,始于黄钟而反覆焉”,臣瓒曰:“仰斛受一斛,覆底受一斗,故曰反覆焉。”(P968)

(12)《志第五上》:“大夫祭门、户、井、灶、中霤五祀”,韦昭曰:“古者穴居,故名室中为中霤。”(P1194)

(13)《志第五上》:“于是黄帝迎日推策”,晋灼曰:“迎,数之也。”臣瓒曰:“日月朔望未来而推之,故曰迎日。”(P1229)按,这里引用了两家观点实际上基本上是一致的,只不过臣瓒说得更为明白;因此颜师古未表明其个人观点,

(14)《志第六》:“斗魁戴筐六星,曰文昌宫”,晋灼曰:“似筐,故曰戴筐。”(1275)

(15)《志第八上》:“冠军,武帝置。故穰卢阳乡、宛临駣聚。”应劭曰:“武帝以封霍去病。去病仍出征匈奴,功冠诸军,故曰冠军。……”(P1565)

(16)《志第八上》:“梁期,黎阳,莽曰黎蒸。”晋灼曰:“黎山在其南,河水经其东。其山上碑取山之名耳,水在其阳以为名。”(P1574)

(17)《志第八上》:“元氏,沮水首受中丘西山穷泉谷,东至堂阳入黄河。莽曰井关亭。”师古曰:“阚骃云赵公子元之封邑,故曰元氏。”(P1576)

(18)《志第八下》:“张掖郡,故匈奴昆邪王地。武帝太初元年开。莽曰设屏。”应劭曰:“张国臂掖,故曰张掖也。”(P1613)

(19)《志第八下》:“渊泉”,师古曰:“阚骃云地多泉水,故以为名。”(P1615)

(20)《志第八下》:“望都,博水东至高阳入河。莽曰顺调。”张晏曰:“尧山在北,尧母庆都山在南,登尧山见都山,故以为名。”(P1633)

(21)《志第八下》:“曲逆,蒲阳山,蒲水所出,东入濡。又有苏水,亦东入濡。莽曰顺平。”张晏曰:“濡水于城北曲而西流,故曰

曲逆。章帝丑其名,改曰蒲阴,在蒲水之阴。”(P1633)

(22)《志第八下》:“扶柳”,师古曰:“阚骃云其地有扶泽,泽中多柳,故曰扶柳。”(P1633)

(23)《列传第二十四》:“甘露三年,单于始入朝。上思股肱之美,乃图画其人于麒麟阁”,张晏曰:“武帝获麒麟时作此阁,图画其象于阁,遂以为名。”(P2469)

(24)《列传第三十》:“缓少为郎,本始中以校尉从蒲类将军击匈奴”,文颖曰:“赵充国也。”臣瓒曰:“征蒲类海,故以为名。”(P2666)

(25)《列传第三十四上》:“臣闻天子之兵有征而无战,言莫敢校也。如使越人蒙徼幸以逆执事之颜行”,文颖曰:“颜行犹雁行,在前行,故曰颜也。”(P2785)

(26)《列传第五十七上》:“秦神下聋,跖魂负沴”,苏林曰:“秦文公时庭中有怪化为牛,走到南山梓树中,伐梓树,后化入丰水,文公恶之,故作其象以厌焉。今之茸头是也,故曰秦神。”(P3537)

(27)《列传第六十四上》:“北至阗颜山赵信城而还。”孟康曰:“赵信所作,因以名城。”(P3770)

(28)《列传第六十四上》:“贰师遣属国胡骑二千与战,虏兵坏散,死伤者数百人。汉军乘胜追北,至范夫人城”,应劭曰:“本汉将筑此城。将亡,其妻率余众完保之,因以为名也。”(P3780)

以上词源探讨内容,颜师古在引用之后不加评说,表明他是赞同这些说法的。

其二,有时候,颜师古在引用诸家不同的观点之后,明确表示同意某家观点(但没有说明理由);或者,引用某一家观点并证成之。例如:

(1)《帝纪第五》:“秋,赦徒作阳陵者,死罪欲腐者,许之。”苏林曰:“宫刑,其创腐臭,故曰腐也。”如淳曰:“腐,宫刑也。丈夫割势,不能复生子,如腐木不生实。”师古曰:“如说是。……”(P147)

(2)《帝纪第八》:“冬十二月,行幸萯阳宫属玉观。”服虔曰:“以玉饰,因名焉,在扶风。”李奇曰:“属玉,音鸑鷟。其上有此鸟,因以为名。”晋灼曰:“属玉,水鸟,似䴔䴖,以名观也。”师古曰:“晋说是也。……”(P270)

(3)《表第七上》:“内史,周官,秦因之,掌治京师。景帝二年分置左内史、右内史。武帝太初元年更名京兆尹”,张晏曰:“地绝高曰京。《左传》曰‘莫之与京’。十亿曰兆。尹,正也。”师古曰:“京,大也。兆者,众数。言大众所在,故云京兆也。”(P736)

(4)《志第二》:“师学百四十二人,其七十二人给大官桐马酒”,李奇曰:“以马乳为酒,撞桐乃成也。”师古曰:“桐,音动。马酪味如酒,而饮之亦可醉,故呼马酒也。”(P1075)

(5)《志第八上》:“陈留,鲁渠水首受狼汤渠,东至阳夏,入涡渠。”孟康曰:“留,郑邑也,后为陈所并,故曰陈留。”臣瓒曰:“宋亦有留,彭城留是也。留属陈,故称陈留也。”师古曰:“瓒说是也。……”(P1559)

(6)《志第八下》:“金城郡,昭帝始元六年置。莽曰西海。”应劭曰:“初筑城得金,故曰金城。”臣瓒曰:“称金,取其坚固也,故《墨子》曰‘虽金城汤池’。”师古曰:“瓒说是也。一云:以郡在京师之西,故谓金城。金,西方之行。”(P1611)

(7)《志第八下》:“陇西郡,秦置。莽曰厌戎。”应劭曰:“有陇坻,在其西也”。师古曰:“陇坻,谓陇阪,即今之陇山也。此郡在陇之西,故曰陇西。……”(P1610)

(8)《列传第七》:“栾布,梁人也。彭越为家人时,尝与布游,穷困,卖庸于齐,为酒家保。”孟康曰:“酒家作保。保,庸也。可保信,故谓之保。”师古曰:“谓庸作受顾也。为保,谓保可任使。”(P1980)

(9)《列传第十二》:“迁为计相”,文颖曰:“以能计,故号曰计相。”师古曰:“专主计籍,故号计相。”(P2094)

(10)《列传第十二》:“一月,更以列侯为主计四岁。”张晏曰:“以列侯典校郡国簿书。”如淳曰:“以其所主,因以为官号,与计相同。时所卒立,非久施也。”师古曰:“去计相之名,更号主计。”(P2094)

(11)《列传第十二》:“申屠嘉,梁人也。以材官蹶张”,如淳曰:“材官之多力,能脚踏强弩张之,故曰蹶张。律有蹶张士。”师古曰:“今之弩,以手张者曰擘张,以足蹋者曰蹶张。……”(P2100)

(12)《列传第三十八》:“召皇太后御小马车”,张晏曰:“皇太后所驾游宫中辇车也。汉厩有果下马,高三尺,以驾辇。”师古曰:“小马可于果树下乘之,故号果下马。”(P2944)

(13)《列传第三十八》:“载光尸柩以辒辌车”,文颖曰:“辒辌车,如今丧轜车也。”孟康曰:“如衣车有窗牖,闭之则温,开之则凉,故名之辒辌车也。”臣瓒曰:“秦始皇道崩,秘其事,载以辒辌车,百官奏事如故,此不得是轜车类也。案杜延年奏,载霍光柩以辌车,驾大厩白虎驷,以辒车驾大厩白鹿驷为倅。”师古曰:“辒辌本安车也,可以卧息。后因载丧,饰以柳翣,故遂为丧车耳。辒者密闭,辌者旁开窗牖,各别一乘,随事为名。后人既专以载丧,又去其一,总为藩饰,而合二名呼之耳。……”(P2949)

其三,更多的情况是颜师古在引用前人注释之后明确表示了自己的不同意见,这一方面最为彻底地体现了颜师古对于前人批判继承的精神。例如:

(1)《帝纪第四》:“秋九月,封齐悼惠王子七人为列侯。绛侯周勃有罪,逮诣廷尉诏狱。作顾成庙。”服虔曰:“庙在长安城南,文帝作。还顾见城,故名之。”应劭曰:“文帝自为庙,制度卑狭,若顾望而成,犹文王灵台不日成之,故曰顾成。贾谊曰:‘因顾成之庙,为天下太宗,与汉无极。’”如淳曰:“身存而为庙,若《尚书》之《顾命》也。景帝庙号德阳,武帝庙号龙渊,昭帝庙号徘徊,宣帝庙号乐游,元帝庙号长寿,成帝庙号阳池。”师古曰:“以还顾见城,因即为名,于义无取。又书本不作城郭字,应说近之。”(P121)

(2)《帝纪第六》:“春,起柏梁台。”服虔曰:“用百头梁作台,因名焉。”师古曰:“《三辅旧事》云,以香柏为之。今书字皆作柏。服说非。”(P182)

(3)《帝纪第六》:“归义越侯严为戈船将军,出零陵,下离水”,张晏曰:“严,故越人,降为归义侯。越人于水中负人船,又有蛟龙之害,故置戈于船下,因以为名也。”臣瓒曰:“《伍子胥书》有戈船,以载干戈,因谓之戈船也。离水,出零陵。”师古曰:“以楼船之例言之,则非为载干戈也。此盖船下安戈戟,以御蛟鼍水虫之害。张说近之。”(P187)

(4)《帝纪第六》:“三年春,作角抵戏”,应劭曰:“角者,角技也。抵者,相抵触也。”文颖曰:“名此乐为角抵者,两两相当角力,角技艺射御,故名角抵,盖杂技乐也。巴俞戏、鱼龙蔓延之属也。汉后更名平乐观。”师古曰:“抵者,当也。非谓抵触。文说是也。”(P194)

(5)《帝纪第八》:“而邴吉为廷尉监,治巫蛊于郡邸,怜曾孙之亡辜,使女徒复作淮阳赵徵卿、渭城胡组更乳养”,李奇曰:“复作者,女徒也。谓轻罪,男子守边一岁,女子软弱不任守,复令作于官,亦一岁,故谓之复作徙也。”孟康曰:“复,音服,谓弛刑徙也。有赦令诏书去其钳釱赭衣。更犯事,不从徒加,与民为例,故当复为官作,满其本罪年月日,律名为复作也。”师古曰:“孟说是也。赵徵卿淮阳人,胡组渭城人,皆女徒也。二人更递乳养曾孙。……”(P236)

(6)《帝纪第八》:“及应募、佽飞射士”,服虔曰:“周时度江,越人在船下负船,将覆之。佽飞入水杀之。汉因以材力名宫。”如淳曰:“《吕氏春秋》荆有兹非,得宝剑于干将。渡江中流,两蛟绕舟。兹非拔宝剑赴江刺两蛟,杀之。荆王闻之,仕以执圭。后世以为勇力之官。兹、佽，音相近。”臣瓒曰：“本秦左弋官也，武帝改曰佽飞官，有一令九丞，在上林苑中结矰缴以弋凫雁，岁万头，以供祀宗庙。许慎曰‘佽，便利也’。便利矰缴以弋凫雁，故曰佽飞。《诗》曰‘抉拾既佽’者也。”师古曰：“取古勇力人以名官，熊渠之类是也。亦因取其便利轻疾若飞，故号佽飞。弋凫雁事，自使佽飞为之，非取飞鸟为名。瓒说失之。……”（P261）

（7）《帝纪第九》：“令从官给事宫司马中者，得为大父母、父母、兄弟通籍。”应劭曰：“从官，谓宦者及虎贲、羽林、大医、大官是也。司马中者，宫内门也。司马主武，兵禁之意也。籍者，为二尺竹牒，记其年纪名字物色，县之宫门，案省相应，乃得入也。”师古曰：“应说非也。从官，亲近天子常侍从者皆是也。故此下云科第郎、从官。司马门者，宫之外门也。卫尉有八屯，卫候司马主卫士徼巡宿卫。每面各二司马，故谓宫之外门为司马门。”（P286）

（8）《帝纪第十二》：“天下女徒已论归家，顾山钱月三百。”如淳曰：“已论者，罪已定也。令甲，女子犯罪，作如徒六月，顾山遣归。说以为当于山伐木，听使入钱顾功直，故谓之顾山。”应劭曰：“旧刑鬼薪，取薪于山以给宗庙，今使女徒出钱顾薪，故曰顾山也。”师古曰：“如说近之。谓女徒论罪已定，并放归家，不亲役之，但令一月出钱三百，以顾人也。为此恩者，所以行太皇太后之德，施惠政于妇人。”（P351－352）

（9）《志第五上》：“赵人新垣平以望气见上，言：‘长安东北有神气，成五采，若人冠冕焉。或曰东北神明之舍，西方神明之墓也。……’”张晏曰：“神明，日也。日出东北，舍谓阳谷。日没于西，故曰墓。墓，蒙谷也。”师古曰：“此说非也。盖总言凡神明以东北为居，西方为冢墓之所，故立庙于渭阳者也。”（P1213）

（10）《志第八上》：“芮乡，故芮国。莽曰监晋。”应劭曰：“临晋水，故曰临晋。”臣瓒曰：“晋水在河之间，此县在河之西，不得云临晋水也。旧说曰：秦筑高垒以临晋国，故曰临晋也。”师古曰：“瓒

说是也。说者或以为魏文侯伐秦始置临晋,非也。文侯重城之耳,岂始置乎!”(P1546)

(11)《志第八上》:“襄邑,有服官。莽曰襄平。”应劭曰:“《春秋传》曰‘师于襄牛’是也。”师古曰:“圈称云襄邑宋地,本承匡襄陵乡也。宋襄公所葬,故曰襄陵。秦始皇以承匡卑湿,故徙县于襄陵,谓之襄邑,县西三十里有承匡城。然则应说以为襄牛,误也。”(P1559)

(12)《列传第二》:“秦为乱政虐刑,残灭天下,北为长城之役,南有五领之戍”,服虔曰:“山领有五,因以为名。交趾、合浦界有此领。”师古曰:“服说非也。领者,西自衡山之南,东穷于海,一山之限耳。而别标名,则有五焉。裴氏《广州记》云:‘大庾、始安、临贺、桂阳、揭阳,是为五领。’邓德《明南康记》曰:‘大庾领一也,桂阳骑田领二也,九真都庞领三也,临贺萌渚领四也,始安越城领五也。’裴说是也。”(P1832)

(13)《列传第二十七上》:“相如与俱之临邛,尽卖车骑,买酒舍,乃令文君当盧。”郭璞曰:“盧,酒盧。”师古曰:“卖酒之处累土为盧以居酒瓮,四边隆起,其一面高,形如锻盧,故名盧耳。而俗之学者,皆谓当盧为对温酒火盧,失其义矣。”(P2532)按郭璞的解释不够清楚,但似指装酒之器。宋人王观国《学林》卷五:“《前汉·食货志》曰:‘官作酒,以二千五百石为一均,率开一盧以卖。’如淳注曰:‘酒家开肆待客,设酒鑪,故以鑪名肆。’颜师古注曰:‘盧者,卖酒之区也,以其边高,形似锻家盧,故取名耳。’……观国按字书,鑪从金为锻鑪,爐从火为火爐,甗从瓦为酒甗。”①认为盧声表高义,《汉书》中指承酒瓮之圆形而高的土台,与颜师古的说法是一致的。

(14)《列传第二十七上》:“枇杷橪柿,亭柰厚朴”,张揖曰:“枇杷似斛树,长叶,子若杏。橪,橪支,香草也。亭,山梨也。厚朴,药

①[宋]王观国《学林》,中华书局1988年,第176－177页。

名也。"郭璞曰："樕支木也。"师古曰："此二句总论树木，不得杂以香草也。樕，郭说得之。朴，木皮也。此药以皮为用，而皮厚，故呼厚朴云。……"（P2560）

（15）《列传第三十》："常与两府及廷尉分章。"如淳曰："两府，丞相、御史府也。诸章有所疑，使延年决之。"师古曰："此说非也。上书言事者，其章或下丞相、御史，或付延年，故云分章耳，非令决疑也。"（P2664－2665）

（16）《列传第三十五》："先狗马填沟壑，窃有所恨，不胜大愿，愿陛下时忘万事，养精游神，从中掖庭回舆，枉路临妾山林"，应劭曰："公主园中有山，谦不敢称第，故托山林也。"服虔曰："主所豫作庙陵，故曰山林。"师古曰："山林，应说是也。不当请帝临其家墓也。"（P2855）

（17）《列传第三十八》："便房、黄肠题凑各一具"，服虔曰："便房，藏中便坐也。"苏林曰："以柏木黄心致累棺外，故曰黄肠；木头皆内向，故曰题凑。"如淳曰："《汉仪注》天子陵中明中高丈二尺四寸，周二丈，内梓宫，次楩椁，柏黄肠题凑。"师古曰："便房，小曲室也。如氏以为楩木名，非也。"（P2949）

（18）《列传第六十四下》："建平四年，单于上书愿朝五年。时哀帝被疾，或言匈奴从上游来厌人"，服虔曰："游犹流也。河水从西北来，故曰上游也。"师古曰："上游，亦总谓地形耳，不必系于河水也。……"（P3812）

（三）不可否认，《汉书注》中也有不妥的地方。例如：

（1）《帝纪第一上》："章邯围田荣于东阿。沛公与项梁共救田荣，大破章邯东阿。田荣归，沛公、项羽追北"，服虔曰："师败曰北。"韦昭曰："古背字也，背去而走也。"师古曰："北，阴幽之处，故谓退败奔走者为北。《老子》曰'万物向阳而负阴'。许慎《说文解字》云'北，乖也'。《史记·乐书》曰'纣为朝歌北鄙之音'，'朝歌者不时，北者败也，鄙者陋也'。是知北即训乖、训败，无劳借音。

韦昭之徒并为妄矣。”(P15)按,所谓“北,阴幽之处,故谓退败奔走者为北”不免玄奥,于词源探讨不当。事实上,北、背古今字,单用“北”既可表示两人相背,亦可表示师败,故服虔、韦昭是对的。

(2)《帝纪第三》:“或以为不便,计犹豫”,师古曰:“犹,兽名也。《尔雅》曰:‘犹,如麂,善登木。’此兽性多疑虑,常居山中,忽闻有声,即恐有人且来害之,每豫上树,久之无人,然后敢下,须臾又上。如此非一,故不决者称犹豫焉。一曰,陇西俗谓犬子为犹,犬随人行,每豫在前,待人不得,又来迎候,故云犹豫也。……”(P101-102)按此说承《尔雅》而来,但并不妥,因为此词为连绵词,王念孙之《广雅疏证》卷六“踌躇犹豫也”条说:“字或作‘犹与’。单言之则曰‘犹’,曰‘豫’,……合言之则曰‘犹豫’,转之则曰‘夷犹’,曰‘容与’。”①

(3)《帝纪第四》:“下诏曰:‘……朕初即位,其赦天下,赐民爵一级,女子百户牛酒,酺五日。’”服虔曰:“酺,音蒲。”文颖曰:“音步。汉律,三人以上无故群饮酒,罚金四两,今诏横赐得令会聚饮食五日也。”师古曰:“酺之为言布也,王德布于天下而合聚饮食为酺。服音是也。字或作脯,音义同。”(P110)按,师古说“酺之为言布也”极是,但紧接着又说“王德布于天下而合聚饮食为酺”就不是真正的词源探讨了;此“酺”义为“合聚饮食”,即席面铺得很宽。“甫”声示“布开、张开”之源义素。

(4)《志第五上》:“自共工氏霸九州,其子曰句龙,能平水土,死为社祠。”师古曰:“共工氏在太昊、炎帝之间。无禄而王,故谓之霸。句,读曰钩。”(P1191)按,“无禄而王,故谓之霸”不当。“霸”与“伯”同源,“共工氏在太昊、炎帝之间”故可称霸,与是否无禄无关。

(5)《列传第二十六》:“憎帝王之道,以贪狼为俗”,师古曰:

---

①参见第六章第一节关于“犹豫”的注释。

“狼性皆贪，故谓贪为贪狼也。”（P2511）按，此“贪狼”与狼无关，王念孙《读书杂志·汉书第十六·连语》条：“凡连语之字，皆上下同义，不可分训，说者望文生训，往往穿凿而失其本指。”其举例中有《严助传》：“今闽越王狼戾不仁。”颜师古注：“狼性贪戾。凡言狼戾者，谓贪而戾。”念孙按：“师古以狼为豺狼之狼，非也。狼亦戾，戾字或作盭，《广雅》曰：‘狼戾，狠也。’又曰‘狼，狠盭也。’是狼与戾同义。《燕策》曰：‘赵王狼戾无亲。’《淮南要略》曰：‘秦国之俗贪狼。’狼戾、贪狼皆两字平列，非谓如狼之戾、如狼之贪也。”或以为“贪狼”即“贪狠”，亦不妥。“贪狼”典籍习见。又作“贪婪”、“贪惏”等，狼、婪、惏皆一声之转。①

（6）《列传第二十七上》：“左乌号之雕弓”，应劭曰：“楚有柘桑，乌栖其上，支下著地，不得飞，欲堕号呼，故曰乌号。”张揖曰：“黄帝乘龙上天，小臣不得上，挽持龙髯，髯拔，堕黄帝弓，臣下抱弓而号，故名弓乌号。”师古曰：“乌号，应、张二说皆有据也。”（P2539）按，词源究竟是哪一个？或两个都不对？现在无法断定。《汉语大词典》也是两者并存，盖不得已之举也。不过，词源不可能有两个，这是可以肯定的。姑书于此，以俟后哲。

（7）《列传第二十七上》：“其兽则麒麟角端，驹骁橐驼”，师古曰：“……橐驼者，言其可负橐而驼物，故以名云。”（P2557）按，“橐驼”的词源在“痀偻”，“与‘痀偻’音近义同的词还有‘枸蒌’、‘岣嵝’、‘伛偻’、‘瓯窭’，它们都表示一个共同语义，即‘中高而四下’之貌，‘痀偻’的倒言形式则为‘偻句’。”②而“橐驼”也正是其语音演变形式之一，其语音对应可以认为声母 *kl－、*gl 与 t－、th－之间在汉语语音发展过程中有演化关系。

①王云路《望文生训举例与探源》，《词汇训诂论稿》，北京语言文化大学出版社 2002 年，第 157－159 页。

②孙伯君《“罗锅儿”、“橐驼”语源考》，《民族语文》2002 年第 3 期。

三 《急就篇注》对得名之由的探讨

《急就篇》①,西汉元帝时人史游著。据《汉书·艺文志》和许慎《说文解字》的记载,汉时有周代史官教学童用的《史籀篇》、李斯初作至汉代又并入《爰历》《博学》二篇而成的《仓颉篇》、司马相如所作的《凡将篇》、黄门令史游所作的《急就篇》。后来只有《急就篇》流传下来,成为我国现存最早的识字课本。唐代颜师古为之作注,共四卷,南宋王应麟又作补注,遂流传至今。颜师古注中对于许多事物的得名之由作了探讨,也即是说对词源有一定的研究。以下试分类引述并加以评论。②

(一)颜注对得名之由的探讨表现在如下几个方面(这几个方面的内容并不是在同一平面上的,我们作这样的分类只是为了强调其探源的不同角度):

其一,从事物的形制(包括事物外部形体)或状态探讨其得名之由,例如:

(1)卷一"急就奇觚与众异"师古注:"觚者,学书之牍……觚者棱也,以有棱角,故谓之觚。"(P32)

(2)卷二"绵绣缦纯离云爵"师古注:"离云,言为云气离合之状也。爵,孔爵也。言刺此象,以成锦绣缯帛之文也。……一曰,离谓长离也,云谓云气也。长离,灵鸟名也。作长离,云气孔爵之状也。"(P116-117)按,颜注有二说,但都是就锦绣上的图案形状而言的。

---

①[汉]史游著、[唐]颜师古注、[宋]王应麟补注《急就篇》,岳麓书社1989年。

②引文据岳麓书社影印商务印书馆《丛书集成》本,个别文字讹误的地方采用了页眉中新增的曾仲珊先生校语意见,如卷三"织草而为之则曰篇,取其圆团(之)[团]然也"(P165)就是采用曾先生的意见将"之"校改成"团"。

(3)卷二“乘风县钟华乐”师古注:“乘风,一名爰居,一名杂县,盖海鸟也。言为乘风之状。”(P117)

(4)卷二“春草鸡翘凫翁濯”师古注:“春草,象初生纤丽之状也。”(P118)

(5)卷二“枣杏瓜棣馓饴饧”师古注:“馓之言散也。熬稻米饭使发散也。古谓之张皇,亦目其开张而大也。”(P140)

(6)卷二“袍襦表里曲领帬”师古注:“著曲领者,所以禁中衣之领,恐其上拥颈也。其状阔大而曲,因以名云。”(P143)

(7)卷二“禅衣蔽膝布母缚”师古注:“禅衣,似深衣而褒大,以其无里,故呼为禅衣。”“蔽膝者,于衣裳上著之,以蔽前也。”(P145)

(8)卷二“靸鞮印角褐韤巾”师古注:“印角,屐上施也,形若今之木履,而有齿焉,欲其下不蹶,当印其角,举足乃行,因为名也。”(P149)

(9)卷三“铃镳钩铚斧凿鉏”师古注:“钩即镰也,形曲如钩,因以名云。”(P161)

(10)卷三“蠡升参升半卮觛”师古注:“蠡升,瓢蠡之受一升者,因以为名。犹今人言勺升耳。参升,亦以其受多少为名也。半者,受五升之半,谓二升五合也。”(P170)

(11)卷三“镜奁疏比各异工”师古注:“栉之大而粗所以理鬓者谓之疏,言其齿稀疏也;小而细所以去虮虱者谓之比,言其齿密比也。皆因其体而立名也。”(P186－187)按,这里明确指出了得名之由在于“体”即“形制”。

(12)卷三“辐毂辖辖柔辀辕”师古注:“辋,车网也,关西谓之辋,言其柔曲也;或谓之辀,言其绵边也。”(P222)

(13)卷四“芎藭厚朴桂栝楼”师古注:“厚朴,一名厚皮,一名赤朴。凡木皮皆谓之朴,此树皮厚,故以厚朴为名。”(P279)

(14)卷四“款东贝母姜狼牙”师古注:“贝母一名藴,一名药实,一名苕华,一名勒母,其根正白,形颇似贝,故呼贝母。”(P280)

(15)卷四“远志续断参土瓜”师古注:“远志……一名葽绕,一名棘菀,其叶名小草,亦目其细小也。”(P281)

(16)卷四“哭泣祭醊坟墓冢”师古注:“坟,封土而高之也。大防曰坟,故取以为名也。”(P288)

其二,从来源或相关事物探讨其得名之由,例如:

(1)卷二“缥綟绿纨皁紫硟”师古注:“綟,苍艾色也,东海有草,其名曰莀,以染此色,因名綟云。”(P119-120)

(2)卷二“饼饵麦饭甘豆羹”师古注:“甘豆羹,以洮米泔和小豆而煮之也。一曰,以小豆为羹,不以醯酢,其味纯甘,故曰甘豆羹也。”(P133)按,后面一说还兼从味道探源。

(3)卷三“甑甗甂瓯瓨甖卢”师古注:“卢,小甖,今之作卢酒者,取名于此。”(P175)按,此处解释了当时俗语“卢酒”的得名之由。

(4)卷三“顷町界亩畦埒封”师古注:“周制百步为亩,自汉以来,二百四十步为亩,田边谓之界,田区谓之畦,今之种稻及菜为畦者取名于此。”(P238)按,此处指明了唐代种稻及菜为“畦”者的得名之由。

(5)卷四“疟瘀瘀痛瘼温病”师古注:“温病,病于温气者也。”(P269)

其三,从事物的相似物探讨其得名之由,例如:

(1)卷二“烝栗绢绀缙红繎”师古注:“烝栗,黄色,若烝孰之栗也。”(P120)

(2)卷二“绨络(缣)[缣]练素帛蝉”师古注:“蝉,谓缯之轻薄者。若蝉翼也。”(P123)

(3)卷三“盖轑俾倪枙缚棠”师古注:“轑,盖弓之施爪者也。谓之轑者,言若屋之橡轑也。”(P224)

(4)卷四“啬夫假佐扶致牢”师古注:“谓之牢者,言若豢豕之牢,亦取其坚牢也。”(P310)

其四,从事物的功能探讨其得名之由,例如:

(1)卷二“纶组緌绶以高迁”师古注:“緌者,绶之系也。言其迎逆绶也。”(P128)

(2)卷三“樽榼槐槪匕箸籫”师古注:“箸,一名梜,所以梜食也。”(P172)

(3)卷三“承尘户幭条缋緫”师古注:“承尘,施于床上以承尘土,因为名也。”(P185)

(4)卷三“射魃辟邪除群凶”师古注:“射魃,言能射去魃鬼;辟邪,言能辟御妖邪也。”(P194)

(5)卷三“矛鋋镶盾刃刀钩”师古注:“镶者,亦刀剑之类,其刃却偃而外利,所以推攘而害人也。”“钩,亦镶属也,形曲如钩而内利,所以拘牵而害人也。”(P214－215)

(6)卷三“钑戟铍镕剑镡锬”师古注:“铍,大刀也,刃端可以披决,因取名云。”(P216)

(7)卷三“盖轑俾倪枙缚棠”师古注:“枙在衡上,所以扼持牛马之颈也。”“棠,蹀也,在车两旁,以蹂距幰,使不得崎也。”(P225)

(8)卷四“鹰鹞鸨鴰翳雕尾”师古注:“翳谓凡鸟羽之可隐翳者也,舞者所持羽翿以自隐翳,因名为翳云。”(P256)

(9)卷四“乌喙附子椒芫华”师古注:“芫华,一名鱼毒,渔者煮之以投水中,鱼则死而浮出,故以为名。”(P277)

(10)卷四“远志续断参土瓜”师古注:“远志主益智惠而强志,故以为名。”(P281)

其五,从事物的声音探求得名之由,例如:

(1)卷四“鹰鹞鸨鴰翳雕尾”师古注:“鴰者鸧也,关西谓之鴰鹿,山东谓之鸧捋,皆象其鸣声也。”(P256)

(2)卷四“鸠鸽鹑鴳中网死”师古注:“鸽似乳鸠而色青白,其鸣声鸽鸽,因以名云。”(P258)

(3)卷四“鸢鹊鸱枭惊相视”师古注:“鹊者,亦因鸣声以为名也。”(P259)

其六,从事物生长习性探求其得名之由,例如:

(1)卷二“芜荑盐豉醯酢酱”师古注:“芜荑,无姑之实也。……《尔雅》曰:‘无姑,其实夷。’故谓之芜荑也。”(P135)

(2)卷四“半夏皂荚艾橐吾”师古注:“半夏,五月苗始生,居夏之半,故为名也。”(P278)

(3)卷四“款东贝母姜狼牙”师古注:“款东即款冬也,亦曰款涷,以其凌寒叩冰而生,故为此名也。”(P280)按,此据植物生长习性以探其得名之由,同时也是以“款”“叩”二字音近为训。

其七,对于地名,颜师古也从其所处的地理位置的角度作了一些探源工作,例如:

(1)卷四“邯郸河间沛巴蜀”师古注:“河间,言在两河之间也。”(P316)

(2)卷四“颍川临淮集课录”师古注:“颍川,因颍水为名也;临淮,居淮水之旁也。”(P317)

其八,有时候,颜师古还注意从文字上探求词源。例如:

(1)卷三“箄箄箕帚筐篋篓”师古注:“簁,所以箩去精细者也。今谓之筛。大者曰簁,小者曰箄。其字从卑。”(P167)按,卑声可示“小”源义素,这里特意点出“其字从卑”,不是偶然的,它反映了颜师古注意到形声字声符的示源作用。

(2)卷三“肠胃腹肝肺心主”师古注:“腹者,肚之总名。谓之腹者,取厚为义也。”(P211)按,所谓“取厚为义”暗含了“腹”字的声符“复”的源义素“厚”。①

(二)对于流俗词源，颜师古有时也有明确的认识，例如：

(1)卷四“雷矢藋菌荩兔卢”师古注：“藋菌，一名藋芦，生东海池泽及渤海章武。此藋芦之地所生菌也，旧云是鹳矢所化，故其为药毒烈而去腹中瘤病焉。”(P283)按，所谓“旧云……”表明颜师古并不相信这一说法，故用“旧云”表明这只是一种流俗词源的说法而已；其真正的词源应当是“藋芦之地所生菌”而不可能是“鹳矢所化”。

但是，由于历史条件的局限，古人对于词源的探讨未必都很正确，其中一个重要原因就是民间有太多的关于某些事物的流俗词源的说法，即使是语言文字功力深厚的学者有时候也会受其影响。在《急就篇》注释中，牵涉到流俗词源的地方，颜师古的观点需要一分为二地看待。例如：

(2)卷二“裳韦不借为牧人”师古注：“不借者，小屦也。以麻为之，其贱易得，人各自有，不须假借，因为名也。”(P151)按，此说是继承了刘熙的观点。《释名·释衣服》：“齐人谓革履曰屝。屝，皮也。以皮作之。或曰不借，言贱易有宜，各处蓄之，不假借人也。齐人云搏腊，搏腊犹把作，粗貌也。荆州人曰粗，丝麻韦草皆同名也。”但其实不妥。《广雅·释器》：“不借，履也。”王念孙疏证：“案，《释名》以搏腊为粗貌，是也。搏腊叠韵字，转之则为不借，非不假借于人之谓也。”这一解释比刘熙和颜师古的解释合理得多。刘、颜的解释应该只是流俗词源。

(3)卷四“狸兔飞鼯狼麋麈”师古注：“麋似鹿而大，冬至则解角，目上有眉，因以为名也。”(P263)按，此处从声音角度以“眉”释

①此外，《急就篇》中有相当一部分内容是人的姓名，颜师古在注释中充分注意到各种姓氏的来源，因而对其从不同的角度作了探讨。但这些内容不是真正的词源探讨，而只是姓氏的来源，故不赘述。

“麋”。但参之古注，似只有颜师古有此一说。“麋”“眉”二字通用，古籍中不少，如《方言》卷十二：“麋，老也。”郭璞注：“麋，犹眉也。”《周礼·考工记·梓人》“乡衡而实不尽”郑玄注“衡谓麋衡也”贾公彦疏：“麋，眉也，古字通用。”这也只能说明二字通用，颜师古的“目上有眉，因以为名”的说法似为无据，考多种动物志、图谱均未见麋鹿有眉纹的。麋又名“四不象”，词源当在“迷”，即让人迷惑。①

(4)卷四“哭泣祭醊坟墓冢”师古注：“墓，广穴也。谓之墓者，言其幽暗常昏暮也。”(P288)按，墓的词源诸说不同。颜师古的说法为其一，相同的还有《说文》桂馥义证：“谓之墓者，言其幽暗当昏暮也。”此说源于郑玄。《周礼·春官·序官》“墓大夫”郑玄注：“墓，冢茔之地，孝子所思慕之处。”以暮释墓。其二，《方言》卷十三：“凡葬而无坟谓之墓。”郭璞注：“墓犹慕也。”《释名·释丧制》：“墓，慕也，孝子思慕之处也。”以慕释墓。其三，《说文》段注：“墓之言规模也。”《广雅·释丘》“墓，冢也”王念孙疏证：“墓之言模也，规模其地而为之，故谓之墓。”以模释墓。按，从墓的历史来说，最早是抛尸于野，后来则葬于地下，最后才有坟。《礼记·檀弓上》：“古也墓而不坟。”郑玄注：“墓谓兆域，今之封茔也。”《方言》卷十三：“凡葬而无坟谓之墓。”知墓是葬于地下但地面不起土堆，而坟则是起有土堆(如郑玄所谓“今之封茔”)。因此，墓即是将尸体覆于土下之义而已。同时，莫声可示蒙覆之义素，如幕，帷幕；谟，隔开他人暗中谋画；暮，夜色蒙覆；瞙，目不明，即眼前似蒙覆他物。等等。因此，墓的词源当在于蒙覆。其他诸说都不妥。

(三)如果从训释词和被训释词的关系来说，还可以发现颜师

①李海霞《汉语动物命名考释》，巴蜀书社2005年，第116－117页。

古在为词义进行探源工作时多处借鉴了传统的声训。① 例如：

(1)卷二“绨络(缣)[缣]练素帛蝉”师古注：“缣之言兼也。并丝而织，甚緻密也。”(P122)按，《释名·释采帛》：“缣，兼也。其丝细緻，数兼于绢，染兼五色，细緻不漏水也。”相比较可以看出颜师古注对于《释名》的继承。

(2)卷二“纶组縌绶以高迁”师古注：“绶者，受也。所以承受环印也。”(P129)按，《礼记·玉藻》“天子佩白玉而玄组绶”郑玄注：“绶者，所以贯白玉相承受者也。”这是对郑玄注中声训的继承。

(3)卷二“饼饵麦饭甘豆羹”师古注：“饼之言并也，相合并也。”“饵之言而也，相黏而也。”(P132)按，《释名·释饮食》：“饼，并也，溲面使合并也。”“饵，而也，相黏而也。”

(4)卷二“葵韭葱韰蓼蘇薑”师古注：“韭之言久也，一种久生。”(P133)按，《说文·韭部》：“韭，菜名，一种而久者，故谓之韭。”

(5)卷二“芜荑盐豉醯酢酱”师古注：“酱之为言将也。食之有酱，如军之须将，取其率领进导之也。”(P136)按，前人没有类似声训。

(6)卷二“枣杏瓜棣馓饴饧”师古注：“馓之言散也。熬稻米饭使发散也。”“以糵消米取汁而煎之，渜弱者为饴，言其形怡怡然也。厚强者为饧，饧之为言洋也，取其洋洋然也。”(P140)按，《释名·释饮食》：“饴，小弱于饧形怡怡然也。”“饧，洋也，煮米消烂洋洋然也。”

(7)卷二“甘麩殊美奏诸君”师古注：“麩之言齲也，谓齲烂也。”(P142)按，《释名·释饮食》：“煮麦曰麩。麩亦言齲也，煮熟

①按，颜师古《急就篇注》中的声训，殷寄明《中国语源学史》(吉林人民出版社2002年)第三章已举例谈到。见该书第106－107页。

则齵坏也。”

(8)卷二“襜褕袷複褶裤裈”师古注:“谓之襜褕者,取其襜襜而宽裕也。”(P144)按,《释名·释衣服》:“荆州谓禅衣曰布襡,亦曰襜褕,言其襜襜宏裕也。”

(9)卷三“笹篅篧筥箅篝”师古注:“笹之言屯也。物所屯聚也。织草而为之则曰篅,取其圆团(之)[团]然也。”(P165)按,《说文·竹部》:“笹,篅也。”《广雅·释器》“笹谓之篅”王念孙疏证:“篅、笹,或作圌、囤。”再看颜师古之前有关圌、囤的词源探讨,《释名·释宫室》:“囤,屯也,屯聚之也。”“圌,以草作之,团团然也。”可见其受《释名》影响。

(10)卷三“篪箄箕帚筐篋篓”师古注:“篋,长笥也,言其狭长篋篋然也。篓者,疏目之笼,亦言其孔楼楼然也。”(P168)关于篋、篓的解释,前人没有类似声训。

(11)卷三“樽榼椑榹匕箸籫”师古注:“榼,盛酒之器,其形榼榼然也。”(P171－172)按,前人没有类似声训,但颜注对后人可能有影响,徐锴《说文系传》:“榼之为言盍也。”

(12)卷三“简札检署椠牍家”师古注:“椠,板之长三尺者也,亦可以书。谓之椠者,言其修长渐渐然也。”(P177)按,《释名·释书契》:“椠,板之长三尺者也。椠,渐也,言其渐渐然长也。”

(13)卷三“妻妇聘嫁赍媵僮”师古注:“妻者,齐夫之名;妇者,服事舅姑之称。”(P182)按,妻,《说文·女部》:“妻,妇与夫齐者也。”《白虎通·嫁娶》:“妻者,齐也,与夫齐体。”《礼记·曲礼下》“庶人曰妻”郑玄注:“妻之言齐也。”与颜师古一样继承前人声训的唐代还有其他学者,如《诗·小雅·十月之交》“艳妻煽方处”孔颖达疏:“妻之言齐,齐于夫也。”后代也有继承的,如《论语·季路》“邦君之妻”邢昺疏:“妻者,齐也,言与夫齐体,上下之通称。”妇,《释名·释亲属》:“妇,服也,服家事也。”《礼记·曲礼下》“士曰妇人”郑玄注:“妇之言服。”唐代及后代也都有同样的声训。如

《后汉书·皇后纪序》“世妇主丧祭宾客”李贤注：“妇，服也，服于家事，事人者也。”《说文》段注：“妇，主服事人也。”

（14）卷三“蒲蒻蔺席帐帷幢”师古注：“蒻，谓蒲之柔弱者也。”“自上而下覆谓之帐，帐者张也。在旁蔽绕谓之帷，帷者围也。形如车盖者谓之幢，言其童童然也。”（P184－185）按，蒻，前人无声训。帐，《说文·巾部》：“帐，张也。”《释名·释床帐》：“帐，张也，张施于床上也。”帷，《释名·释床帐》：“帷，围也，所以自障围也。”幢，《释名·释床帐》：“幢容，幢，童也，施之车盖童童然以隐蔽形容也。”《释名·释兵》：“幢，童也，其貌童童然也。”

（15）卷三“芬薰脂粉膏泽篝”师古注：“粉之言分也，研使分散也。”（P188）按，《释名·释首饰》：“粉，分也，研米使分散也。”

（16）卷三“钟磬鞀箫鼙鼓鸣”师古注：“鼓之言郭也，张郭皮革而为之也。”（P198）按，《说文·鼓部》：“鼓，郭也，春分之音，万物郭皮甲而出，故谓之鼓。”《释名·释乐器》：“鼓，郭也，张皮以冒之，其中空也。”

（17）卷三“踌躁跟踵相近聚”师古注：“足后曰跟，亦谓之踵。跟犹根也，下著于地，如木根也；踵者鍾也，上体任之，力所鍾聚也。”（P214）按，跟，《释名·释形体》：“足后曰跟，在下方著地，一体任之，象木根也。又谓之踵。踵，鍾也，鍾，聚也，上体之所鍾聚也。”

（18）卷三“辎轺辕轴舆轮辘”师古注：“辘谓舆中空处，所用载物也。辘之言空也。《尔雅》曰：‘濂，空也。’”按，虽然前人未有“辘之言空也”的声训，但康声确可示“空”之源义素，颜师古已引《尔雅》，又《方言》卷十三：“廉，空也。”另外原本《玉篇》中亦多有阐述。

（19）卷三“轵轼軨轸钗钠衡”师古注：“衡者横也，横木在马颈上者。”（P224）按，《释名·释车》：“衡，横也。横马颈上也。”另外“衡，横也”这一声训在古注中很常见。

(20)卷三"室宅卢舍楼殿堂"师古注:"楼,谓重屋离楼然也。殿,谓室之崇丽有殿鄂者也。"(P230)按,《释名·释宫室》:"楼,言牖户诸射孔娄娄然也。"后人也用类似的声训,《尔雅·释宫》"狭而修曲曰楼"郝懿行义疏:"楼之言娄,又言廔也。"

(21)卷三"门户井灶庑囷京"师古注:"庑,周屋也。庑谓幠覆之也。京,……一曰,京之言矜也,宝贵之物可矜惜者藏于其中也。"(P232)按,庑,《释名·释宫室》:"大屋曰庑。庑,幠也,幠,覆也。"按,由"一曰"可知"京之言矜也"的声训是前人的发明,颜师古援引其说,但疑未妥。

(22)卷三"泥涂垩墍壁垣墙"师古注:"壁,辟也,辟御风雨也;垣,援也,人所依阻以为援卫也。"(P234)按,壁,《释名·释宫室》:"壁,辟也,所以辟御风寒也。"垣,《释名·释宫室》所释完全相同。不过,参之后代的词源探讨,"垣,援也"的声训似不确。《说文》徐锴系传:"垣犹院,周绕之意。"《广雅·释宫》"墙,垣也"王念孙疏证:"垣之言环也,环绕于宫外也。"

(23)卷三"击垒廥厩库东箱"师古注:"击者,抑泥土为之,令其坚激也。"(P235)按,此处以激训击的声训前人未有。

(24)卷三"屏厕清溷粪土壤"师古注:"厕之言侧也,亦谓僻侧也。"(P236)按,《史记·张释之冯唐列传》"居北临厕"裴骃集解引苏林曰:"厕,边侧也。"《汉书·刘向传》"孝文皇帝居霸陵,北临厕"颜师古注引服虔曰:"厕,侧近水也。"

(25)卷三"碓硙扇陨舂簸扬"师古注:"陨字或作(陨)[隤],(陨)[隤]之言坠也,言既扇之,且令坠下也。"(P237)按,《说文·阜部》:"陨,下队也。"队,后来写作坠。

(26)卷三"疆畔畷伯耒犁锄"师古注:"犁亦耕具也,犁之言利,则发土而绝草根也;锄之言助也,助苗去秽也。"(P240)按,犁,《释名·释用器》:"犁,利也,利发土绝草根也。"锄,《释名·释用器》："锄，助也，去秽助苗长也。"

(27)卷三"骐駹驰骤怒步超"师古注："骐者，青骊之马，文如綦也。"(P246)按，《说文·马部》："骐，马青骊文如博綦也。"段注本作"青骊文如綦也"。

(28)卷四"痈疽瘛瘲痿痹痕"师古注："痈之言壅也，气壅否结里肿而溃也。"(P267)按，《释名·释疾病》："痈，壅也，气壅否结里而溃也。"

(29)卷四"疟瘚瘀痛瘼温病"师古注："瘼者，无名之病，常漠漠然也。"(P269)按，前人没有类似声训。

以上所举例基本了概括上颜师古《急就篇注》中所有的声训材料，从中可以发现，除了个别声训是颜师古自己发明的以外，其他的都是借鉴了前人的观点(主要是《释名》)。这体现了语言学史上词源研究的传承关系，也说明了颜师古在词源探讨上取得超越前人的成果的原因之一在于善于借鉴、学习。

通过以上分析可以看出，颜师古已经在《急就篇》的注释中对事物"得名之由"作了一定程度的探讨，这种探讨从数量上来说已经够多了，并且是自觉的。

四　小　结

以上列举了颜师古在《匡谬正俗》、《汉书注》、《急就篇注》三部著作中有关词源探讨的内容及其所取得的成绩，可以看出其探求词源的角度多样，内容广泛，成绩也很大。

颜师古词源探讨的内容及成绩表现在以下三个方面：

(一)从多个不同的角度和以不同的形式对词源作了探讨，例如关于《匡谬正俗》的第一部分、关于《汉书注》第一部分、关于《急就篇》第一部分所论。

(二)词源探讨的数量众多，以上所列只是举例性质，尤其是

《汉书注》中的相关材料极多,无法一一列举。

(三)注中用了许多术语,例如《汉书注》中的"因以名"、"故以名"、"以为名"、"以……名之"、"因名"、"因名为"、"因名曰"、"故曰"、"故谓"、"故呼"、"故名"、"故号"等等,大多是用来探究词源的。

颜师古在词源探讨方面能够取得重要成绩的原因有如下几点:

(一)在唐代之前,古人已经在词源探讨方面做了许多工作,为唐代颜师古的词源探讨树立了范例,开辟了道路,例如上面说到的对于《释名》的继承,另外还有《汉书注》中屡屡称引的荀悦、服虔、应劭、伏俨等二十多家学者的有关注释。从学术史的角度来说,学术研究都是有继承有发展的,颜师古《汉书注》在词源探讨上取得重要成绩与他对前人成果的批判继承是分不开的。

(二)《匡谬正俗》是从不同角度对当时人们使用语言的不规范情况进行匡正的,因此其中颇多对事物"得名之由"所作的探讨。《急就篇》本身是一部童蒙识字课本,颜师古为之作注,其原因应当是希望把这部教材中的词语的来龙去脉说清楚,因此必然要牵涉到各种事物的得名之由,这在客观上也促使了颜师古在注释中注意探讨词源。

(三)颜师古本人在词源探讨上是具有非常自觉的意识的,他在《匡谬正俗》、《汉书注》、《急就篇注》中对词源作了许多探讨表现出了深厚的语言学功底和对词源的深刻认识。

第八章 佛经音义中的词源探讨

佛经音义是为准确解读佛经而对佛经中字词的读音与意义进行解释的工具书性质的著作。比较有名的佛经音义有唐玄应的《一切经音义》(又名《众经音义》、《玄应音义》)①、唐慧苑《新译大方广佛华严经音义》(又称《华严音义》、《慧苑音义》)、唐慧琳《一切经音义》(又称《慧琳音义》)、辽希麟《续一切经音义》、后晋可洪《新集藏经音义随函录》(又名《可洪音义》)等。除此以外,海外还有不少佛经音义,如日本所藏佛经音义就非常丰富,水谷真成《佛典音义书目》中共列出十二大部、二百三十四种。这些音义对佛典文献词汇研究价值很大,应当重视。② 其中《玄应音义》与《慧琳音义》两种颇多词源探讨的内容,兹分别评述。

一 《玄应音义》中的词源探讨

《玄应音义》是佛藏中的一部经典文献,全书二十五卷,内容包容甚广,集《说文》系字书、《尔雅》系词书、《切韵》系韵书及古代

---

①玄应《一切经音义》,续修四库全书第198册,上海古籍出版社。据清道光二十五年海山仙馆丛书本影印。

②梁晓虹《日本现存的佛经音义及其史料价值》,《佛经音义研究——首届佛经音义研究国际学术研讨会论文集》,上海古籍出版社2006年。

典籍注疏的字词训释于一书，诠释佛经中需要解释的字词，可谓佛教经典中的瑰宝，在文献学、语言学和传统文化研究等方面都具有重要的学术价值。① 对其研究，清代乾嘉以来的学者主要利用它所引古书来考释词语、辑佚和校勘；当代学者中周法高、王力等先生著有论文讨论《玄应音义》中的音韵问题（由于种种原因，其研究结论往往可商）；徐时仪《玄应〈众经音义〉研究》首次以 59 万字的鸿篇巨制首次对《玄应音义》进行了系统的研究，诚学界盛事。不过，《玄应音义》一书中还有很多可以开掘的东西。本文主要谈谈其中的词源研究，对其作一述评。

（一）玄应的词源探讨表现在如下几个方面②：

其一，从不同的角度指出了词源（主要是事物的得名之由）。

1. 从外部特征（包括颜色、外形、声音）探求词源，例如：

（1）卷二"马脑"条：梵言摩娑罗伽隶，或言目娑逻伽罗娑，此译云马脑。案，此宝或色如马脑，因以为名。但诸字书旁皆从石作码碯二字，谓石之次玉者是也。（P16）又，卷六"马脑"条：梵言谟萨罗揭婆。谟萨罗，此译云杵。揭婆，此言藏，或言胎者，取其坚实也。旧云摩罗伽隶，或言目萨罗伽罗婆，译云马脑。按，此宝或色如马脑，因以为名，但诸字书旁皆安石作[码]碯二字，谓石之类也。（P67）

（2）卷二十三"帝青"条：梵言因陁罗尼罗目多，是帝释宝，亦作青色，以其最胜，故称帝释青。或解言：帝释所居处波利质多罗树下地是其宝，故名帝释青日多，此云珠，以此宝为珠也。（P269）

以上从颜色探源。

---

①引自徐时仪《玄应〈众经音义〉研究》（中华书局 2005 年）中的评价。徐著 59 万字，但未涉及其中的词源问题。

②以下分为外部特征、功能性状、文化背景三大部分讨论，蒙邵敬敏先生指教。谨此致谢。

(3)卷八“礓石”条:居良反。形如薑也。《通俗文》云:地多小石谓之礓(砾)也。(P96)同样的解释又见于卷十“礓石”条(P119)卷十二“礓石”条(P137)卷十五“礓石”条(P180)、卷十九“礓石”条(P217)。

(4)卷九“彗星”条:办醉、囚芮二反。妖星也。言星光似扫彗也。(P102)又,卷二十三“篲星”条:囚芮苏醉二反,妖星也。言星光似埽篲也。(P270)

(5)卷十一“旄马”条:莫高反,青绀色也,头如乌,此马宝也,以毛饰故,因以名焉。(P124)

(6)卷十五“牙旗”条:渠基反。夏后尚牙,谓刻为牙饰,因以名焉。《释名》云:熊虎为旗,军将所建,象其猛如兽,与众期其下。(P173)又卷十六“牙旗”条:渠基反。熊虎为旗,刻牙为饰,因以名焉。……(P190)

(7)卷二十二“恶叉聚”条:恶叉,树名,其子形如无食子,彼国多聚以卖之,如此间杏仁,故喻也。(P257)

(8)卷二十四“伊沙驮罗”条:旧云伊沙陁罗,此云自在持,亦言持转,言此山多有诸峰,形如车轴,故以名也。(P277)

(9)卷二十四“朅地洛迦”条:去谒反。此云担山木,言此山宝树形若担山木,遂以名之。(P277)

(10)卷二十四“苏达梨舍”条:此云善见,言此山端严绣丽,见之称善,则以名焉。(P277)

(11)卷二十四“頞湿缚羯拏”条:乌曷反。此云马耳,言此山峰形如马耳,因以名之。(P277)

(12)卷二十四“毗那怛迦”条:都达反。此云有障碍神,有一鬼神,人形,象头,凡见他事,皆为障碍,此之山峰,似彼神头,故以名也。(P277)

(13)卷二十四“尼民达罗”条:旧言尼民陁罗,此云地持山,又鱼名,言海中有鱼,名尼民达罗,此山峰形似彼鱼头,故复名也。(P277)

以上从外形探源。

(14)卷十六“翡翠”条:扶畏、阻醉反。雄赤曰翡,雌青曰翠,出郁林。《南方异物志》云:翡大于燕,小于乌,腰身通黑,唯前背上翼后有赤毛;翠通身青黄,唯六翮上毛长寸馀,其飞即羽鸣翠翠,翡翠因以名焉。……(P185－P186)

(15)卷二十五“命命鸟”条:梵言耆婆耆婆鸟也。(P283)

以上从声音探源。

2. 从功能、性状探求词源,例如:

(1)卷三“六栽”条:作才反。经中亦名触。案,触能长养心,心数法栽能长养枝叶花条,其义相似,因以名焉。(P33)此从功能探源。

(2)卷三“七痛”条:又作痒。痒音弋掌反,经中名受是也。谓能领纳苦乐,故名受。(P33)此从功能探源。

(3)卷三“项很”条:胡讲反。谓很人强项难迴,因以名也。即《郁伽罗越问经》云“强项人”、《无量清净平等觉经》云“项很愚痴”是也。(P34)此从性状探源。

(4)卷二十三“末达那果”条:或云摩陁那,又言摩陁罗,此云醉果,甚堪服食,能令人醉,故以名焉。(P270)此从功能探源。

3. 从文化背景探源,例如:

(1)卷四“跋墀”条:真尸反。亦言婆稚,是阿修罗名也。旧译云缚住,在修罗前锋,为帝释所缚,因誓得脱,故以名焉。(P43)此从历史文化角度探源。

(2)卷十一“都梁”条:案盛宏《荆州记》云:香兰也。都梁,县名,有小山,山上悉生兰,俗谓兰为都梁,即以县为名也。(P125)①

①按,末句似当作“即以为县名也”。《水经注》卷三十八资水:“县西有小山,山上有渟,水既清且浅,其中悉生兰草,绿叶紫茎,芳风藻川,兰馨远馥,俗谓兰为都梁,山因以号,县受名焉。”杨守敬、熊会贞《水经注疏》,江苏古籍出版社,1989年,第3112页。

此从地理兼植物命名角度探源。

(3)卷十五“箭筈”条:资贱反,矢竹也。箭者,竹之别形也,大身小叶曰竹,小身大叶曰箭。竹生为矢,因谓矢为箭。……(P173)此从竹子的不同种类与名称探源。

(4)卷十六“鹿野”条:在波罗柰国。昔日如来与提婆达多俱为鹿王,各领五百馀鹿在此林中,时王出猎,尽欲杀之。中有雌鹿,怀子垂产,菩萨鹿王以身代之。王感仁慈,尽免其命,即以此林用施诸鹿。鹿野之号自此兴焉。(P185)此从佛本生故事(佛曾为鹿王,为救群鹿而愿舍身的故事在佛经中很多见)探源。

(5)卷十八“笳声”条:或作葭,同,古遐反。今乐器中有笳,卷芦叶吹之,因以名也。(P211)此从乐器探源。

(6)卷二十二“楚挞”条:初吕反,一名荆。《汉书》:陆贾曰:秦庄王名楚,故改为荆,遂行于世。挞,击也。楚棰人即痛,因名楚痛也。(P251)此从感受探源。

(7)卷二十三“母邑”条:梵言摩怛理,此云母伽罗摩,此云村,今以邑代村,故云母邑,谓母人之流类,故以名焉。(P269)此从语言角度探源。

(8)卷二十五“乌卢频螺迦叶波”条:此云木瓜林,在此林下修道,因以名焉。迦叶波是姓,旧言优楼频螺,《正法华经》云上时迦叶兄弟三人居长者也。(P282)此从历史探源。

此外,《玄应音义》还注意从词义引申角度探求词源,例如:

(9)卷四“发杪”条:弥绕反。树锋曰杪。今取其义,谓发锋头也。(P50)按,“杪”本指树梢,引申可指凡物之尖端,因此“发杪”即“发锋头”。

(10)卷九“手麾”条:今作撝,同,呼皮反,举手曰麾,谓手之指也。案,以旌旗指麾众,因以名也。(P110)又,卷十一“幢麾”条:今作撝,同,呼皮反,谓旌旗指麾众也,因以名焉。《周礼》:建大麾于田,夏后氏所建也。(P128)按,此谓“麾”本指“以旌旗指麾众”,

引申而指"手之指",字形也变作"撝"。

(11)卷二十五"子息"条:思力反。儿子曰息。息者,气在人身中所禀以生也。《东观汉纪》云"此盖我子息"是也。今人出钱生子亦曰息,义一也。(P283)

以上是《玄应音义》中明确表明该书是在进行词源探讨的。该书用"因以为名"、"因以名"、"故名"、"故以名"等术语明确指出了这些词的词源。

但是,不必讳言,在《玄应音义》中有意探讨词源的地方也有值得进一步讨论的地方,例如:

(1)卷二"什物"条:时立反。《三苍》:什,十也。什,聚也,杂也。亦会数之名也。又谓资生之物也。今人言家产器物,犹云什物,物即器也。(P20)按,此引《三苍》"什,聚也,杂也。亦会数之名也"指出了"什"的词源("聚"),不过,这一说法值得讨论。颜师古《匡谬正俗》卷六"什器":"或问曰:生生之具,谓之什器,什是何物?答曰:此名原起军戎,遂谓天下通称。军法:五人为伍,二五为什,一什之内,共有器物若干,皆是人之所须,不可造次而废者。或称什物,犹今军行戍役工匠之属,十人为火,一火内共畜器物谓之幕调度耳。"说明"什器""什物"得名于行伍之"什"。相对而言,后者关于"什物"词源的探讨更为准确。

(2)卷二"毾㲪"条:他盍反。《释名》云:施之大床前小榻上,所以登上床者,因以为名焉。(P22)按,此引《释名》,但不确。"毾㲪"是外来词,张永言先生已有考证。①

(3)卷十七"火燧"条:又作隧,同,辞醉反,火母也。《世本》云"造火者燧人",因以为名者也。(P197)又,卷二十五"钻燧"条:又作鐆,同,辞醉反。火母也。《论语》"钻燧改火"是也。《世本》:

①参见张永言《汉语外来词杂谈》,《语文学论集》(增补本),语文出版社1999年版,第303-304页。

"造火者燧人。"因以名也。(P288)按,细揣玄应之意,大概是以为先有"燧人"之名,然后才有火燧,但事实上历史上应该是先有人发明火燧,然后人们才把发明火燧的人称为燧人。玄应颠倒了二者的关系。

(4)卷二十二"禄位"条:卢屋反。禄,福也。案,古者人无耕稼,多食野鹿。在朝之人,阙于田猎,官赐以物,当于鹿处,后人因之谓为食鹿。变鹿为禄者,取其神福之义也。(P250)按,把"鹿"与吉祥幸福联系在一起,是很早就有的一种民俗,后世因之"鹿"具有了吉祥的词源。虽然我们不明白为什么鹿与吉祥有关,但可以肯定的是"在朝之人,阙于田猎,官赐以物,当于鹿处,后人因之谓为食鹿"应当只是一种流俗词源的说法。

其二,对两种特殊的词语,《玄应音义》也注意到它们的词源。

1.《玄应音义》训释了大量的外来词,指出了它们的词源在外语,而不是从本族语来探求词义和词源。表面上看来,外来词的词源当然在外语,但玄应之前之后的学者从汉语探讨外来词词源的做法屡见不鲜。①《玄应音义》中的例子:

(1)卷一"摩竭提"条:或云摩竭陀,亦言默偈陀,又作麻伽陀,皆梵音讹转也。正言摩揭陀,译云善胜国,或云无恼害国。一说云,摩伽,星名,此言不恶,主十二月陀者处也,不名为不恶处国,亦名星处国也。(P3-4)按,这里揭示了"摩揭陀"的词义,并指出其他词形都是"梵音讹转"即异形词;玄应正确地指出了其来源于其他民族的语言,词源在外语中。

(2)卷一"毗岚"条:力含反。或作毗蓝婆风,或作鞞岚婆,或云吠蓝婆,或作随蓝,或言旋蓝,皆是梵言之楚夏耳,此译云迅猛风也。(P5)按,另外在卷十七"旋岚"条、卷二十二"吠蓝婆风"条、卷

①参见张永言《汉语外来词杂谈》中所谈到的例子。见《语文学论集》(增补本),语文出版社1999年版,第290-305页。

二十四“吠岚婆”条都说明这是“梵(音)之楚夏耳”,说明玄应认识到这是一个外来词。

(3)卷六“破魔”条:梵言磨罗,此云杀者,是其位处,断慧命故名为魔也。言魔波旬者讹也,正言波卑夜,此云恶者,谓常有恶意,成就恶法也。或言,恶魔、波旬,存二音也。(P67)

(4)卷六“头陀”条:此应讹也。正言杜多,译云洮汏,音大洒也。或云纷弹,言去其尘秽也。旧云斗擞薮,二义也。(P73)

(5)卷七“尸陀林”条:正言尸多婆那,此名寒林,其林幽邃而寒,遂以名也。在王舍城侧,死人多送其中,今总指弃尸之处。名尸陀林者,取彼名之也。(P82)类似的解释尚见于卷十八“尸陀林”条(P211)。

(6)卷八“晡沙”条:布胡反。经中或作逋沙,又作补沙,亦作富楼沙,皆讹也。正言富卢沙,此云士夫,亦言丈夫。(P93)

(7)卷十八“富楼”条:初禅第二天也。此云梵前益天,在梵前行恒思梵天利益,因以名也。旧言梵先行天,亦言梵辅天也,先前梵辅王也。(P214)

(8)卷十九“岚毗”条:力含反,或言流毗尼,或言林微尼,正言蓝毶尼,此云盬,即上古守园婢名也,因以名园饭那。此云林,或译云解脱处,亦云灭,亦云断。(P217)

(9)卷二十四“印度”条:於振反,下徒故反。或言天竺,或云身毒,或作贤豆,皆讹也。正言印度。印度名月,月有千名,斯称一也。良以彼土圣贤相继开悟,群生如月照临,因以名也。一说云,贤豆本名因陀罗婆他那,此云主处,主谓天帝也,当以天帝所护故世久号也。(P278)

(10)卷二十四“尼近底”条:此言深人义,贪之异名也。言穷极无厌,故以名也。(P279)

(11)卷二十五“梅怛丽药”条:都达反。此云慈,即旧云慈氏者也。慈有二因缘,一值慈佛发心,二初得慈心三昧,因以名焉。

言弥勒,或云梅伭黎,并讹也。(P288)

(12)卷二十五"逝多"条:时制反。此云战胜,是俱萨罗国波斯匿王之子也。太子诞生之日,王破贼军,内官闻奏,因以名也。(P290)

(13)卷二十四"琰摩"条:以舟反。或作阎摩罗,或言阎罗,亦作阎摩罗社,又言夜摩卢迦。昔是梵言,楚夏声之讹转也。此译云缚,或言双世,窃谓苦乐并受,故以名焉。又云阎摩,此云双罗社,此言王兄及妹妹治女事,故曰双王也。(P276)

(14)卷二十五"指鬘"条:莫斑反。即央掘魔罗也。央掘,此云指;魔罗,此云鬘,或云结。断人指结,相著为鬘,安头上,故有此名。(P282)

2.《玄应音义》对连绵词的词源大多有正确的认识。例如:

(1)卷三"叵我"条:普我反。谓倾侧摇动不安,经文作跛蛾二形,或作砸硪二形,并未见字所出。(P33)

(2)卷四"踟蹰"条:肠知反。下又作跦,同,肠诛反。《广雅》:踟蹰,犹豫也。又,亦住足、踯躅也。(P43)

(3)卷四"彷徉"条:扶方、以章反。《广雅》:彷徉,徙倚也,亦徘徊也。(P53)

(4)卷五"选耎"条:而兖反。案,选耎犹须臾也。吕氏云:少选俗谓之选耎,言推托不宜为也。经文或作选蝡,或作潠濡,非也。(P61)

(5)卷九"缱绻"条:袪善、袪阮反,犹缠绵,不离散也。(P104)

(6)卷十八"躇步"条:直於反。踌躇,踯躅也,亦犹豫。(P214)

对以上连绵词,玄应或引书证,或直接释义,都是用连绵词来解释连绵词,没有从字面上分开从单字释义,这说明他认识到连绵

词的性质。① 不过,偶尔也有承前人而误的。例如:

(7)卷六"犹豫"条:弋周反,下弋庶反。案,《说文》:陇西谓犬子为犹,犹性多豫在人前,故凡不决者谓之犹豫也。又《尔雅》云:犹如鹿,善登木。郭璞曰:健上树也。(P68)类似的解释又见于卷九"犹豫"条(P102)、卷二十二"犹豫"条(P250)。按,这是承《尔雅》而误释。

其三,有时候《玄应音义》虽然没有明确指出词源,但因其解释详细,似乎在一定程度上暗示了词源,或者说,我们能够从中看出词源。例如:

(1)卷一"群萌"条:古文氓同,麦耕反。萌,芽也。《广雅》:萌,始也。案,萌,冥昧皃也,言众庶无知也。《汉书》:氓氓,群黎也。(P4)按,此以"冥昧皃也,言众庶无知也"暗示了"萌"的词源。

(2)卷一"嘶声"条:又作誓,同。先奚反。《埤苍》:声散也,亦悲声也。(P15)按,此引《埤苍》以"声散"暗示了"斯"的词源("散")。

(3)卷四"矇盲"条:莫公反。有眸子而无见曰矇,目无眸子曰盲。(P52)按,此处通过"目无眸子"的释义暗示了"盲"的词源在"亡"。

(4)卷六"木蜜"条:《字体》作樒,《字林》亡一反。其树形似槐而香极大,伐之,五年始用,若取其香,皆当预斫之,久乃香出。(P68)按,此处通过"形似槐而香极大……久乃香出"的释义暗示了"樒"的词源在"蜜"。

(5)卷八"粪壤"条:如掌反。无块曰壤,壤亦土也,变言之耳。

---

①把不能分开解释的连绵词分开解释了,语言学史上这类例子很多。参见本书第一章第一节中关于连绵词的相关内容。

以人所耕为树艺焉，则言壤。壤，和缓之貌也。（P92）按，此处暗示了“壤”的词源在“和缓”。

（6）卷八“蟆子”条：音莫。蚊类而小，庐山南多饶此物，群飞蔽日，啮人痕如手许大者。（P95）又卷十七“蟆子”条：音莫。山南多饶此物，如蚊而小，攒聚映日，啮人作痕如手也。（P198）按，此处通过“啮人痕如手许大者”、“啮人作痕如手”的释义暗示了“蟆子”的得名之由在于“大”（从文字而言则是通过声符“莫”表现出来）。

（7）卷二十四“紫矿”条：古猛反。谓波罗奢汁也，其色赤，用染皮氎也。其树至大，亦名甄叔迦，一物也，花大如升，极赤，叶至坚韧，商人缝以为袋者也。（P281）按，此处暗示了“紫矿”的得名之由在于“波罗奢汁也，其色赤”，“花大如升，极赤”，极赤就是红得发紫，故名“紫矿”。

（二）《玄应音义》在词源研究上的成绩与对前人的观点的继承有关，同时也为后人提供了一定的启示。

其一，对前人有关词源观点的继承。

1. 明确标示的例如：

（1）卷一“痴瞽”条：公户反。《三苍》：无目谓之瞽。《释名》云：瞽目者，眠眠然目平合如鼓皮也。（P4）

（2）卷二“婚姻”条：今作昏，《说文》：妇嫁也。《礼记》：取妇以昏时入，故曰昏。《尔雅》：妇之父母为昏也。姻，古文婣姻二形，今作因。《说文》：壻家也。女之所因，故曰姻。《尔雅》：壻之父为姻。（P27）

（3）卷三“食芋”条：于附反。《声类》：大叶著根之菜，见之惊人，故曰芋。大者谓之蹲鸱，甚可蒸食也。（P40）

（4）卷六“等澍”条：之喻上句二反。《三苍》云：时雨也，百卉

沾洽也。《说文》:上古时雨所以澍生万物者也。(P72)①

(5)卷七"虫螟"条:莫瓶反。《尔雅》:食苗心曰螟,食叶曰蟘。言虫啖禾所在之名也。蟘音徒得反。(P82)

(6)卷七"卑褫"条:宜作廝,悉移反。《字书》:廝,役也,谓贱役者也。廝,微也,下也。经文作褫,音斯,福也。褫非此义。(P88)

(7)卷八"磤声"条:又作輼、磤二形,同,於近反。《通俗文》:雷声曰磤。《埤苍》:砏礙(磤),大声也。(P94)

(8)卷九"帷帐"条:古文违同,于追反,《字林》:在旁曰帷,谓张帛障旁也。《释名》云:帷,围也,谓以自障围也。今皆作帏。(P103)

(9)卷十一"鳏独"条:古顽反。《释名》云:无妻曰鳏,无子曰独,言鳏人愁悒不寐,目常鳏鳏然,如鱼眼不闭,故字从鱼也。(P130)按,此引《释名》释词源兼释字源。

(10)卷十二"厕圂"条:胡困反。《释名》云:厕,言人杂厕在上也;或曰圂,言溷浊也;或曰圊,言至秽处,宜当修治洁清也。(P137)

(11)卷十二"匍匐"条:薄胡蒲北反。《字林》云:匍,手行也;匐,伏也,亦尽力也。(P139)

(12)卷十三"敷愉"条:翼珠反。《纂文》作孚瑜,言美色也;方言:怤愉,悦也。(P148)又,卷十九"敷愉"条:翼珠反。《纂文》作孚瑜,言美色也;《方言》作怤愉,悦也。怤愉,谓颜色和悦也。(P148)

(13)卷十四"垣墙"条:于烦反。四周墙也。又《诗》云"太师维垣"传曰:"垣,墙也。"《释名》曰:"垣,援也,人所依阻以为援卫

①海山仙馆丛书本有孙星衍等人的附注。孙星衍曰:"今《说文》无'上古所以'四字,此云上古,义亦不通。"

也。”“墙，障也，所以自障蔽也。”(P160)

(14)卷十五“裲裆”：音两当。《释名》云：其一当匈，其一当背，因以名也。(P176)

(15)卷十九“囹圄”条：力丁反，又鱼以反，狱名也。《周礼》：三王始有狱，周曰囹圄，《释名》：囹，领也，圄，御也，谓领录囚徒禁御之也。(P224)又见于卷二十三“囹圄”条(P268)。

(16)卷二十三“婴孩”条：於盈反，下胡来反。《释名》云：胸前曰婴，投之婴前，以乳养之，故曰婴儿。孩，小儿笑也。(P271)

2. 没有明确标示，但实际上还是引用了前人的观点，例如：

(1)卷十三“铭誉”条：莫庭反。谓镌刻金石以记功德者也。铭，名也，言有功者书其功于太常也。(P158)按，《释名·释言语》：“铭，名也，记名其功也。”又《释名·释典艺》：“铭，名也，述其功美，使可称名也。”

(2)卷十八“洋铜”条：以良反。谓煮之消烂洋洋然也。《三苍》：洋，大水也。《尔雅》：洋，溢也。洋、溢，众多也。取其义。(P210)按，“洋铜”之“洋”为“炀”的借字，熔化金属的“炀”又和溶化食物的“饧”同源。《释名·释饮食》：“饧，洋也，煮米消烂洋洋然也。”可以看出玄应对《释名》的借鉴。

其二，对后人的启发。

《玄应音义》中的词源探讨对后人颇有启发，以同样性质的佛经音著作《慧琳音义》①为例，可以看出慧琳的词源探求明显受到《玄应音义》的影响。

1. 引用《玄应音义》并未注明，例如：

(1)《玄应音义》卷八“礓石”条：居良反。形如薑也。《通俗文》云：地多小石谓之礓砾也。(P96)同样的解释又见于卷十“礓

①慧琳、希麟《正续一切经音义》(附索引两种)，上海古籍出版社 1986 年。

石”条(P119)卷十二“礓石”条(P137)卷十五“礓石”条(P180)、卷十九“礓石”条(P217)。《慧琳音义》“礓石”条:居良反。土变为石,形如薑也。《通俗文》:“地多小石谓之礓。”砾石也。(一九·7)同样的解释又见于(三七·11)、(六二·11)。①《慧琳音义》袭用《玄应音义》是很明显的。

2. 引用《玄应音义》并进一步加以阐发,例如:

(1)《玄应音义》卷二“什物”条:时立反。《三苍》:什,十也。什,聚也,杂也。亦会数之名也。又谓资生之物也。今人言家产器物,犹云什物,物即器也。(P20)按,此引《三苍》“什,聚也,杂也。亦会数之名也”指出了“什”的词源(“聚”)。《慧琳音义》“什物”条:音十。旧《音义》释云:“什,众也;杂也;会数之名也;资生之物谓之什物也。”《字镜》云:“物即万物也。牛为大物,天地之起,牵牛,故物字从牛勿声也。”(一〇·8)按,慧琳引用的“旧《音义》”即《玄应音义》。《玄应音义》只讨论了“什”的词源,《慧琳音义》则进一步对“物”进行了讨论。虽然二者的结论都可商榷,但《慧琳音义》袭用《玄应音义》则是不可否认的。

(2)《玄应音义》卷二十五“命命鸟”条:梵言耆婆耆婆鸟也。(P283)按,从这里我们不容易看出该词的词源。《慧琳音义》则加以阐发:“命命鸟:梵音耆婆耆婆鸟,此云命命,据此即是从声立名,鸣即自呼耆婆耆婆也。”(四·13)由慧琳的阐发我们可以明了该词的词源。

---

①姚永铭《慧琳〈一切经音义〉研究》,江苏古籍出版社 2003 年,第 143 页。

二　《慧琳音义》中的词源探讨

唐释慧琳《一切经音义》①,或称《慧琳音义》,共一百卷,它广引前代典籍以解释佛经词语的音义,是现存内容最为丰富的一部佛经音义。关于它的价值,不少学者已有精当的论述。在专书中从词源研究这个角度来讨论它的价值的,有姚永铭《慧琳〈一切经音义〉研究》。该书第四章第三节谈到,《慧琳音义》对真正意义上的词源探讨,主要表现在对于词的得名之由的探讨上。例如:"礓石:居良反。土变为石,形如薑也。《通俗文》:'地多小石谓之礓。'砾石也。(一九·7)……"说明"礓"得名于"薑"。该文共举六个词条(另外五个是:绰袖、繁裔、翰牍、禄位、痃癖)证明《慧琳音义》对于事物得名之由确实有过比较深入的研究。② 当然《慧琳音义》中对词源探讨的内容不限于此。

(一)据我们的考察,《慧琳音义》对于汉语词源的研究表现为如下几种方式(引文后数字为卷数及分卷页码)。

其一,直接解释事物的得名之由。例如:

(1)命命鸟:梵音耆婆耆婆鸟,此云命命,据此即是从声立名,鸣即自呼耆婆耆婆也。(四·13)按,此从声音释得名之由。

(2)迦尸国:迦尸者,西域竹名也。其竹堪为箭笴然,以其国多出此竹,故立斯名。(二二·10)按,此从产地释得名之由。

(3)根子:谓薑芋之属也。以无子可种,但擘根而生故也。(二六·3)按,此从性状释得名之由。下同。

---

①慧琳、希麟《正续一切经音义》(附索引两种),上海古籍出版社1986年。

②姚永铭《慧琳〈一切经音义〉研究》,江苏古籍出版社2003年,第142－145页。

(4)茎子:户耕反。谓石榴杨柳之属是也。以无根而生故谓之也。(同上)

另外还有“节子”、“接子”等(同上),不一一引述。

其二,征引前代辞书的解说,然后加按语(多是“言……”、“谓……”的形式)指明词源或词源义。例如:

(1)瀑流:瀑,蒲报反。《说文》曰:“瀑,疾雨也。”谓天澍猝疾大雨,山川洪流忽尔而至者也。(二一·20)按“暴”示“猝疾”即“迅速”源义素,故“瀑”为疾雨。

(2)蒙昧:郑玄注《周礼》曰:“蒙,冒也。”《苍颉篇》曰:“昧,冥也。”言昏冒闇冥也。(二二·9)指出“蒙昧”的词源义是昏冒闇冥。

(3)船舫:下甫妄反。《通俗文》云:“连舟曰舫。”谓并两舟也。(二六·6)按“方”本义为并两船,故舫为并船。

(4)盲瞽:公户反。《释名》云:“瞽,目眠然。”谓目平合如鼓皮状也。(二六·17)指出“瞽”的词源是“鼓”。

(5)鳍鱼:上且各反。《异物志》云:“鳍鳍鱼,鼻上有一横骨,利如刀斧。”江东呼阔刃斧为鐇,故谓之鐇鳍。此类鱼有二十种,各异,自有别名。齿利如错,鼻骨如鐇,今并从鱼作鳍鳍。鳍音烦。(二六·20)指出“鳍鱼”得名于“齿利如错”。

(6)蚊蚋:上音文。《说文》:“啮人飞虫子也。”或从蚰作螡,或从昏作蟁,言昏时而出,故从昏。……(二九·4)指出“蟁”词源为“昏”。

(7)樒木,上民毕反。《埤苍》云:“樒,香木名也。”案樒木似白檀香,木可以取香,皆当预斫其木,久而乃可香出。其铭曰:樒之木,其树甚大;欲取其香,必弥年岁。《文字典说》亦“香木也”,从木蜜声。经本从必作榓,亦通俗用也。(三八·9)指樒得名于蜜。

(8)晦冥:呼对反。《尔雅》云:“雾谓之晦。”言雾则天地交合,冥冥无所睹见也；剧雾则昼昏冥也。（七一·2）指晦的词源为暗（雾使天地交合从而冥冥无所见）。按每声可示暗义素①，如海、晦（䀲的或体）等皆是。

其三，征引前代辞书的解说，但并不特别指明词源。但我们亦可从其征引的前代辞书解说中看出该词的词源。例如：

（1）盲瞖：上莫彭反。《玉篇》云："盲，冥也。"《说文》："目无眸子曰盲。"《考声》："目无见也。"从目亡声也。下於计反。《考声》："目中瞖也。"《字书》："目障瞙也。"从目殹声也。殹音同上。经从壹从目作曀，非也。（八·2）按，我们可以看出"盲"是目无眸子，其词源是"亡"；瞖是眼瞳蒙障翳而失明，其词源是"殹"，即蒙覆。② 又，"瑕翳：上夏加反。《考声》云：'珠玉病也。从玉叚声。'下婴计反。贾注《国语》云：'翳，扇屏也。'郭注《方言》云：'蔽薆也，奄也。'从羽殹声。殹音同上也。"（三六·14）我们可据此考求出"殹"声的"蒙覆"源义素。

（2）幔幕：上满半反。《考声》云："幔，帷也。"《广雅》："帷，张覆也。"《说文》亦"幕也，从巾曼声"。曼音万。经文从糸作缦，非此用也。下忙博反。《广雅》："幕，帐也。"《说文》："帷在上曰幕，幕犹覆也。从巾莫声也。"（三八·10）按，我们据此可以看出"曼""莫"声可以表示"蒙覆"源义素。

（3）蠛蠓：上脉结反，下蒙董反。《庄子》云："猿之于木，若蠛蠓于地也。"顾野王曰："小飞虫也。"郭注《尔雅》云："小虫似蜹也。"《说文》并从虫，蔑、蒙声也。（六九·7）按，我们可以考证出蔑声、蒙声可示"小"源义素。③

①黄金贵《古代文化词义集类辨考》，上海教育出版社 1995 年，第 258 页。

②黄金贵《古代文化词义集类辨考》，上海教育出版社 1995 年，第 605－610 页。

③高亨《文字形义学概论》，齐鲁书社 1981 年，第 309 页。

（二）不可否认，有些引文或按语所表明的观点是错误的。不过，有的观点给我们进行研究提供了进一步思考的线索。例如：

（1）阳焰：热时遥望地上屋上阳气也。似焰非焰，故名阳焰，如幻如化。（七·5）按，由此释义我们可以知道"阳焰"之"阳"实际上通"佯"，即其词源是表示虚假义的佯。如《孙子·军争》："佯北勿从。"

（2）火燇：早劳反。《苍颉》："火烧木也。"《广雅》："燇，炮也。"音糟。《说文》云："燇，焦也。"从火曹声也。（八·16）按，《广韵·豪韵》："燇，火余木也。"即燇词义为火烧过之后的木头。又，从曹得声之形声字如嘈、慒、糟、醩、傮等字所表词义的词源是"杂多"；又可往相反方向引申：从"曹"得声的螬、褿等字所表词义的词源是"小、少"。可以知道"燇"也当归入后面一类，因为火烧过之后其剩余部分必小、少。①

（3）什物：音十。旧《音义》释云："什，众也；杂也；会数之名也；资生之物谓之什物也。"《字镜》云："物即万物也。牛为大物，天地之起，牵牛，故物字从牛勿声也。"（一〇·8）按，唐代颜师古《匡谬正俗》卷六"什器"："或问曰：生生之具，谓之什器，什是何物？答曰：此名原起军戎，遂谓天下通称。军法：五人为伍，二五为什，一什之内，共有器物若干，皆是人之所须，不可造次而废者。或称什物，犹令军行戍役工匠之属，十人为火，一火内共畜器物谓之幕调度耳。"说明"什器""什物"得名于行伍之"什"。相对而言，后者关于"什物"词源的探讨更为准确。

（4）破而声誓：先奚反。《通俗》云："瓦璺声也。"璺音问。经文误为嘶。《说文》："悲声也。"非此义也。"（二五·14）又"厮嗄：上细赍反。郭注《方言》云：'厮，咽病也。东齐云声散曰嘶，秦晋声变曰厮，器破而不殊其音亦谓之厮。'（昭聪按，与今本《方言》略

①曾昭聪《形声字声符示源功能述论》，黄山书社 2002 年，第 36 页。

有差异)顾野王云:'悲声也。'《说文》从疒斯声。或作誓、嘶,经作嘶,俗字也。……(三〇·8)按,《说文》:"斯,析也。"《原本玉篇残卷·水部》:"澌,……《说文》:'水索也。'《苍颉篇》:'澌,尽也。'流水之澌为澌字,在《仌部》。"我们可以据此考求出"斯"声显示的源义素"分、析"。

(5)毾㲪:上他盍反。《释名》云:"施之大床前榻上,以登上大床。"因以名之。㲪音得恒反。(二六·3)按,将"毾㲪"的词源理解为"蹋登",这只是流俗词源的观点。事实上,"毾㲪"是外来词。①

(6)腨骨:时兖反。《说文》:"腓肠也。"扶非反。腨即肠也。或作蹲字,用亦同。(二六·4)按即小腿肚。我们可据此分析出"耑"、"専"的源义素"圆"。如篅、踹、团、转、抟、塼、槫等等皆是。

(7)裨体:《说文》作埤,或作髀,同,避移反。埤,增也,厚也,助也。(二八·7)按"卑"声可示"减少、卑下"源义素,但也有少数从卑得声的形声字的词源是"增多"。《说文》"埤"下段注:"凡从卑之字皆取自卑加高之意。""皆"字自然不妥,但据此亦可知其可示"增多"源义素。

(8)持驶水:驶音使,去声字也。《苍颉篇》云:"驶,疾也。"水流速也,急也。《古今正字》从马史声,经从夬,非也。(二九·2)按,"经从夬,非也"之说不妥。"驶"固然可以表示迅急,但"駃"(駃是快的异体。《说文·马部》"駃"下徐铉注:"今俗与快同用。")同样如此,并不误。当然"駃"和"驶"两者之间也有细微

①张永言《汉语外来词杂谈》,《语文学论集》,语文出版社1992年版,第242页。徐时仪《玄应和慧琳〈一切经音义〉研究》,上海人民出版社2009年,第446-450页。

差别。①

(9)鬒发:上真忍反。杜注《左传》云:"美发为鬒也。"《考声》云:"发多皃也。"《说文》正作㐱,云:"稠发也。诗云:㐱发如云。从彡人声。或从髟作鬒。"经作缜,结也。非经义。(三一·15)按,我们可以据此考求出"㐱"声可示"浓重"源义素。②

(三)在解释外来词时,《慧琳音义》对词源的探讨比《众经音义》更为精细,对外来词的来源作了更明确的说明。对此,徐时仪先生《玄应与慧琳〈一切经音义〉的比较》已举例作了讨论③,他发现慧琳所释外来词"一般都在词目下标明语源",即出自何种语言。我们再举数例如下。

(1)尸利沙:梵语也,此翻为吉祥,即合昏树也,俗名为夜合树也。(八·7)

(2)祇树:梵语也。或云祇陀,或云祇洹,或云祇匿,皆一名也。(一〇·16)

(3)邬波拖耶:柁音驮,梵语也,此云亲师,云"和上"者,胡语译不分明也。(二四·5)

(4)靺羯颇梨:上晚发反,下建列反,蕃语,宝名也。(三〇·18)

(5)岚飔:上音蓝,此岚字,诸字书并无,本北地山名,即岚州出木处是也,亦北蕃语也。(三八·8)

(6)于阗:田练反,胡语,国名也。亦山名也。(四〇·16)

(7)荜茇:上音必,蕃语,西国药名也。本出波斯及婆罗门国,

①张永言、汪维辉《关于汉语词汇史研究的一点思考》,《中国语文》1995年第6期。

②曾昭聪《形声字声符示源功能述论》,黄山书社2002年,第22-24页。

③徐时仪《玄应与慧琳〈一切经音义〉的比较》,《佛经音义研究——首届佛经音义研究国际学术研讨会论文集》,上海古籍出版社2006年,第179-180页。

形如桑椹,紧细且长,味极辛辣。(六〇·15)

(8)摩诃遮曷旋经:随缘反,梵语,亦胡语也。不求义也。(七七·15)

(9)傉檀:农笃反,下惮阑反,蕃语也。是南凉僭号也,第三主也。(九〇·6)

(10)婆籔慈:波个反,胡语也。(一百·6)

慧琳所释外语词的词源虽然绝大多数是梵语,但也有胡语、蕃语等等,这说明慧琳充分认识到了这些外来词的来源,因而作出了更为精细的区分。这对于外来词词源研究是很有利的。

三 小 结

《玄应音义》与《慧琳音义》虽是两部佛经音义著作,但在词源学史上其历史地位不容忽视。

通过以上分析可以看出,《玄应音义》的贡献是:

(一)对许多词的词源尤其是"得名之由"作了探讨,这种探讨从数量上来说已经很多。

(二)对词源的探讨分别是从不同的角度进行的。

(三)既对前人的研究有继承,同时也在一定程度上启发了后人。

(四)《玄应音义》作为一部佛经音义著作,在解释佛经中词语音义的同时也解释了词源,这种工作是有开创性的,反映了玄应深厚的词源意识。

《慧琳音义》虽成书在后,但其中有关词源探讨的内容从数量上来说比《玄应音义》要少很多;不过,《慧琳音义》在词源学史上也确实有它的地位:

(一)《慧琳音义》继承前人的词源成果颇多,充分体现了学术上的传承关系。我们前面说到,《慧琳音义》进行词源探讨时经常

“征引前代辞书的解说”。我们在评述《玄应音义》时也说到，慧琳的词源探求明显受到《玄应音义》的影响。例如这一部分的“裨体”条就是引自玄应。此外，慧琳还受到其他人的影响，如这一部分所举到的例子中，“迦尸国”、“瀑流”、“蒙昧”引自慧苑；“根子”、“茎子”、“节子”、“接子”、“船舫”、“盲瞽”、“鳍鱼”、“破而声甏”、“毲毲”、“腨骨”是“释云公撰，慧琳再加删补”。引用他人，或再加删补，所释内容都体现了慧琳的认同，因而也可以视作慧琳对词源的思考。

（二）《慧琳音义》解释了一些词语的得名之由；它对词源的探讨比《玄应音义》更为精细，这主要体现在对外来词的来源作了更明确的说明。

（三）慧琳对词源也有一些理论思考。从上引的“命命鸟：梵音耆婆耆婆鸟，此云命命，据此即是从声立名，鸣即自呼耆婆耆婆也”可以看出，所谓“从声立名”，即通常所谓“其名自呼”，亦即事物得名之由之一即在于声音，表明慧琳已经认识到事物命名的理据之一。这是词源研究理论上的闪光点。

丁福保《正续一切经音义提要》评价《慧琳音义》时说，“就其单字只句而言，而断玑碎璧，零落仅存，而古泽斑斓，罔非瑰宝；就其全体而言，则广博如入深山大海，非三数人之渔猎所能尽也。”这段话用来评价《玄应音义》与《慧琳音义》中的词源研究内容是完全合适的。我们这里所谈到的内容还只是举例性质的，其中有关词源探讨的内容，还可以继续深入研究。

第九章　徐锴《说文解字系传》中的词源探讨

徐锴，五代南唐末、宋初时会稽人，字楚金，从兄铉学，与铉同著名于江左，世称大小徐。除《说文解字系传》①（以下简称《系传》）外，另著有《说文解字韵谱》五卷。《说文解字系传》，通称小徐本，凡八篇四十卷。首《通释》三十卷，以许慎十五篇各析为二，遵许氏原文而通释，凡自为诠释及征引经传之处，均加“臣锴曰”或“臣锴按”字样以示区别。继以《部叙》二卷，《通论》三卷，《祛妄》、《类聚》、《错综》、《疑义》、《系述》各一卷。全书的主体是《通释》，在考订校勘基础上，对原文一一疏证。

一　《说文解字系传》中的词源探讨举例

从词源学史的角度来看，《系传》中已经蕴含了比较丰富的词源研究成果，在词源学史上占有重要地位。关于《系传》中的词源研究，周祖谟先生《徐锴的说文学》言简而意赅，对此有比较深刻的阐述。“在考索字义方面，徐氏特别注意的是从声音上去探讨。这也就是清人所说的‘因声以求义’。他所应用的‘因声以求义’的方法有二：一种是从谐声上来看，即谐声字的意义有时可以与其声旁相通，有时可以与其同从一个声旁的谐声字相通。”第二种方

①［南唐］徐锴《说文解字系传》，中华书局 1987 年。

法,“是从字音的声韵上来看,用声韵相同的字去说明字义之相类似。”①由于例子很多,不便一一列举,仅将《示部》、《言部》、《人部》的例子依周祖谟先生的分类罗列于下,并略加评述。

(一)利用声符或同声符字以揭示词源的,例如:

(1)《示部》:禄,福也。从示,录声。臣锴曰:禄之言録也,若言省録之也。(P3)按,《周礼·春官·天府》“若祭天之司民司禄”郑玄注:“禄之言穀也。”又“禄”是君王所赏赐之物,故引申指赏赐。《诗·小雅·瞻彼洛矣》“福禄如茨”郑玄笺:“赏赐为禄。”有赏赐即为福,故“禄”有“福”义。徐锴的探源并不准确,不过也是有所本的:《白虎通义·封公侯》:“禄者,録也。上以收録接下,下以名録谨以事上。”

(2)《示部》:祯,祥也。从示,贞声。臣锴曰:祯者贞也;贞,正也。人有善,天以符瑞正告之也。《周礼》曰:祈永贞。(P3)按,《汉书·宣帝纪》“咸受祯祥”颜师古注:“祯,正也。”

(3)《示部》:祥,福也。从示,羊声。臣锴按《礼》说:羊,祥也,从羊亦有取焉。祥之言详也,天欲降以祸福,先以吉凶之兆详审告悟之也,故有吉祥,祯则正告贞兆而已,若言善已正矣。(P3)按,“祥之言详也”是徐锴的发明,不过这一意思此前人已有阐述。《国语·周语下》“袭于休祥”韦昭注:“祥,福之先见者也。”《左传·僖公十六年》“是何祥也”孔颖达疏:“吉之先见谓之祥,恶事亦称为祥。祥是总名。”

(4)《示部》:祉,福也。从示,止声。臣锴曰:祉之言止也,福所止不移也。(P3)按,这是徐锴的发明。这对后人也有一定的影响。《易·泰》“以祉元吉”焦循章句:“祉,犹止也。”

(5)《示部》:祺,吉也。从示,其声。臣锴按:《尔雅》郭璞注:“祺,吉之见也。”臣以为祺之言期也,天将与之福,先见其兆,与之

①周祖谟《徐锴的说文学》,《问学集》,中华书局1966年,第848、850页。

为期也。《诗》曰:受天之祺。(P3)按,这是徐锴的发明。

(6)《示部》:祕,神也。从示,必声。臣锴曰:祕不可宣也,祕之言闭也。(P3)按,《文选·颜延之〈宋文皇帝元皇后哀策文〉》"祕仪景胄"李周翰注:"祕,闭也。"《汉书·王莽传下》"载以祕机四轮车"颜师古注:"言潜为机关,不使外见,故曰祕机也。"

(7)《示部》:祠,春祭曰祠,品物少,多文辞也。从示,司声。仲春之月,祠不用牺牲,用圭币及皮璧。臣锴曰:祠之言词也,多文词也。(P3)按,这是继承了《说文》的观点,对后人也有影响。《尔雅·释诂上》:"祠,祭也。"郝懿行义疏:"祠之为言词也。"

(8)《示部》:祝,祭主赞词者。从示,从人、口。一曰,从兑省,《易》曰:兑为口为巫。臣锴按:《易》:"兑,悦也。"巫所以悦神也。(P4)按,《太玄·玄数》"为巫祝"范望注:"祝,说神也。"对后人的影响:朱骏声通训定声:"祝,所以悦神也。"

(9)《示部》:禳,磔禳祀除疠殃也。古者燧人禜子所造。从示,襄声。臣锴曰:禳之为言攘也。……(P4)按,《山海经·中山经》"干儛,用兵以禳"郭璞注:"禳,祓除之祭名。"《周礼·天官·女祝》"掌以时招梗禬禳之事"郑玄注:"却变异曰禳。禳,攘也。"

(10)《示部》:祃,师行所止,恐有慢其神下而祀之曰祃。从示,马声。《周礼》:祃于所征之地。臣锴曰:祃之言骂也。(P4)按,《汉书·叙传下》"类祃厥宗"颜师古注引应劭曰:"至所征伐之地,表而祭之谓之祃。祃者马也。马者兵之首,故祭其先祖也。"《玉篇·示部》:"祃,马上祭也。"因此,"祃"的词源应当是与"马"有关,马是战争中的重要牲畜,"马者兵之首"。因此祃指征伐之地的祭祀。徐锴的探源不妥。

(11)《示部》:祲,精气感祥。从示,侵省声。《春秋传》曰"见赤黑之祲是"。臣锴曰:祲之言侵也。又浸也,浸浸然将作也。(P4)按,《释名·释天》:"祲,侵也,赤黑之气相侵也。"因此徐锴的

“祲之言侵”是继承了《释名》的观点。又,“浸浸然将作”是发挥了郑玄等人的观点。《周礼·春官·序官》:“眡祲中士二人”郑玄注:“祲,阴阳气相侵渐成祥者。”当然,词源只有一个,不会有两个,“祲之言侵也”和“浸浸然将作也”不会都是真正的词源。

(12)《言部》:读,诵书也。从言,卖声。臣锴曰:读犹渎也,若四渎之引水也。(P44)按,这是徐锴的发明。《说文》:“读,诵书也。”以“诵”相释,“诵”从“甬”声,“甬”声可示“通”之源义素;又段注:“讽诵亦可云读,而读之义不止于讽诵。讽诵止得其文辞,读乃得其义蕴。”因此,徐锴说“读犹渎也,若四渎之引水也”,似得其源。

(13)《言部》:训,说教也。从言,川声。臣锴曰:训者,顺其意以训之也,故太宗皇帝教诫诸王,见其立于木则谓之曰:汝知之乎?此木虽曲从绳则正。是也。(P44)按,《书·周官》“训迪厥官”孔颖达疏:“训训为顺也。”

(14)《言部》:诲,晓教也。从言,每声。臣锴曰:丁宁诲之,若决晦昧也。《诗》曰:诲尔谆谆。(P44)按,这是徐锴的发明,对后人也有影响。《说文》段注:“晓之以破其晦,是曰诲。”

(15)《言部》:谚,徐语也。从言,原声。《孟子》曰:“故谚谚而来”。臣锴曰:谚谚,愿也。(P44)按,《说文》、《玉篇》、《广韵》等均释为“徐语”。《广雅·释诂一》:“谚,度也。”“谚谚,愿也”是徐锴的发明。尚不能判定其正误。

(16)《言部》:譣,问也。《周书》曰:勿以譣人。从言,佥声。臣锴曰:譣犹险也。(P45)按,“譣犹险”语义不通,疑有误字。段注:“譣训问,谓按问,与试验、应验义近。”疑徐锴按语中“险”字误,似当作“验”。若果如此,那么这也是徐锴的发明。

(17)《言部》:谦,敬也。从言,兼声。臣锴曰:谦犹嗛也。(P46)谦、嗛同源,这是徐锴的发明。《广雅·释诂三》“歉,少也”王念孙疏证:“襄二十四年《穀梁传》:一穀不升谓之嗛。《韩诗外传》作慊,《广雅·释天》作歉,《孟子·公孙丑篇》:吾何慊乎哉。越岐注云:慊,少也。《逸周书·武称》解云:爵位不谦,田宅不亏。并字异而义同。"

(18)《言部》:诵,大也。从言,甫声。一曰人相助也。读若逋。臣锴曰:《尔雅》:"溥,大也。"近此。(P46)按,这里将"诵"和"溥"系联在一起,并以为"近",即义近。这一点对王念孙有影响。《广雅·释诂一》"诵,大也。"王念孙疏证:"诵,义与溥通。"二者实为同源字。

(19)《言部》:詐,惭语也。从言,作声。臣锴曰:在心曰怍,在言曰詐。(P47)按,这是徐锴的发明,这里将两字串连起来,明显带有系联同源字的意图,与原本《玉篇》中的同源字系联相类。

(20)《言部》:谪,罚也。从言,啻声。臣锴曰:谪犹摘也。(P49)按,"谪犹摘也"是徐锴的发明,盖谓摘其过失而责罚之。

(21)《言部》:谰,诋谰也。臣锴曰:以语防阑之也。(P49)按,《集韵·缓韵》:"诋谰,诬言也。"《说文》段注:"抵谰,犹今俗语抵赖也。"徐锴探源欠妥。

(22)《人部》:僮,未冠也。从人,童声。臣锴曰:《礼》:"十五成僮。"僮,子也。而童则罪人之子,没官供给使者也。僮子字从罪人之童者,古者质,但取其幼小耳,美恶不嫌同辞。(P160)按,《慧琳音义》卷二十二引《慧苑音义》"僮仆作使"注引《玉篇》:"古之用字,幼童为僮,僮仆为童。"徐锴的按语指明了僮、童二词的共同的源义素"幼小"。

(23)《人部》:傜,喜也。从人,䍃声。自关以西物大小不同谓之傜。臣锴曰:物大小不同则遥远也。(P165)按,《方言》卷六:"自山而西凡物细大不纯者谓之傜。"郭璞注:"言俄傜也。"徐锴探源疑有误。

(二)利用声训以揭示词源的,例如:

(1)《示部》:祓,除恶祭也。从示,犮声。臣锴按:祓之为言拂也。(P4)按,祓,上古音滂母月部,拂,滂母物部。又按,这一声训有所本。《国语·周语上》:“先王知大事之必以众济也,是故祓除其心,以和惠民。”韦昭注:“祓,犹拂也。”

(2)《言部》:譬,谕也。从言,辟声。臣锴曰:譬犹匹也,匹而谕之也。(P44)按,譬,滂母锡部,匹,滂母质部。又,“譬犹匹也”是徐锴的发明,但此前《文选·曹丕〈与钟大理书〉》“黑譬纯漆”刘良注:“譬,比也。”有点类似。

(3)《言部》:誎,餔旋促也。从言,朿声。臣锴言:周旋促速也。(P45)按,誎,大徐本释义同。促速,义为急速义。《礼记·乐记》:“卫音趋数烦志”,郑玄注:“趋数,读‘促速’,声之误也。”《广雅·释言》:“誎,促也。”《玉篇·言部》:“誎,从也。”《广韵·烛韵》:“誎,饰也。”誎、促、速韵部相同(屋部),促速为叠韵连绵词。徐锴用“促速”来解释“誎”,是用语音相同相近的词来释义的。

(4)《言部》:谧,静语也。从言,𥁑声。一曰无声。臣锴曰:谧犹密也。(P46)按,谧、密均为明母质部。“谧犹密也”是徐锴的发明。

(5)《言部》:譒,敷也。从言,番声。《商书》曰:“王譒告之”。臣锴曰:布言之也。(P46)按,譒,帮母月部;布,帮母鱼部。“譒”以“布”训,这是徐锴的发明。

(6)《人部》:儒,柔也,术士之称也。从人,需声。臣锴曰:柔,弱也。又,儒之言愞也。……(P161)按,《玄应音义》卷二十四“儒童”条:“儒,谓柔愞也。”儒,日母侯部,愞,日母元部。

(7)《人部》:倓,安也。从人,炎声。臣锴曰:倓犹憺然平安之意。(P161)按,《广雅·释诂四》:“倓,静也。”王念孙疏证:“倓与憺字通,字或作澹,又作淡。”倓、憺,上古音均定母谈部。

除以上两点外,徐锴对叠音词的解释也颇可观,例如:

(8)《人部》:偞,宋卫之间谓华偞偞。从人,枼声。臣锴曰:亦轻薄之皃也。华音骅,偞偞犹佔佔也。(P161)按,《方言》卷二

"偞,容也。"郭璞注:"偞,轻丽之貌。"偞从枼,枼声可示"轻薄"之源义素。故徐锴的"亦轻薄之皃"和郭璞的注是一致的。徐锴的"偞偞犹佔佔"亦有所本。《史记·匈奴列传》:"令喋喋而佔佔"裴骃集解:"佔佔,衣裳貌也。"《汉书·匈奴传》"顾无喋喋佔佔"颜师古注同。按,均当指"衣裳轻薄之貌"。偞偞、佔佔均为叠音词,义同。

二　《说文解字系传》中词源探讨的成绩

由上一节中所引徐锴对于三个部首的解释已有这么多的例子,可以看出徐锴的"因声求义"工作是做得比较多的。虽然不是所有的"因声求义"都准确,但总的来说,其成绩是值得肯定的。他所做的词源探讨工作的第一种方法是通过声符字或同声符字以训释词义、探求语源的用例,第二种方法是利用声同声近的词以揭示词源。"虽是汉以来相传'声训'的方法,不免有牵强附会之说,但也不失为一种寻求语义本源的途径。"①总之,徐锴能注意从声音上去训释词义,探求词源,是很有眼光的。故胡朴安评之曰:"楚金之《系传》,虽说论略多,颇可藉之以窥一时文字之旨趣,而形声相生、音义相转之理,在宋朝尚未能发见。此亦文字学史上重要之书也。"②

徐锴在词源探讨方面取得一定的成绩的原因在于:

(一)如上所述,见于《示部》、《言部》、《人部》中的词义探源中已可见他对前人的词源探讨成果有所继承。

(二)他对于词义和词的声韵关系都有比较明确的认识。对词义的认识从上述例子中已可看出;对词的声韵的认识例如:

---

①周祖谟《徐锴的说文学》,《问学集》,中华书局 1966 年,第 850 页。

②胡朴安《中国文字学史》,中国书店 1983 年,第 143 页。

(1)《示部》:祼,灌祭也。从示,果声。臣锴按:《周礼》“祼”字多借“果”字,则古祼、果声相近也。(P4)

(2)《示部》:祈,求福也。从示、斤。臣锴按:斤,祈以斤,声韵之家所言傍纽也。(P4)

(3)《人部》:保,养也。从人,孚省声。臣锴曰:夫赤子有保,保其身之动静、饮食、衣服也。孚字与逋宝反之呆为旁纽,古者反音为疏,故得与保为声。然疑多声字。孚,信也,义与保同。(P160)

三 《说文解字系传》中词源探讨的不足

与清代学者的词源探讨工作相比,徐锴在以下三个方面显得不足。

(一)徐锴并未提出“因声求义”的口号,而且在理论和实践两个方面都有很不正确的地方;清代学者的“训诂之旨,本于声音”,“就古音以求古义,引申触类,不限形体”(王念孙《广雅疏证序》)这样的理论高度,徐锴是无法达到的。

徐锴的“因声求义”在理论上和实践上都存在着矛盾之处,一方面,他深刻地认识到形声字声符可以表义(具见以上诸例),另一方面却又把很多声符表义的形声字视为会意字,似乎声符不可以表义。

理论方面,他在《疑义》中提出:“无形可象,无势可指,无意可会,故作形声。江河四渎,名以地分;华岱五岳,号随境异。逶迤峻极,其状本同,故立体于侧,各以声韵别之。六书之中,最为浅末。故后代滋益多附焉。”(P331)又“上”字注:“形声者,实也。形体不相远,不可以别,故以声配之为分异,若江河同水也,松柏同木也,江之于河,但有所在之别,其形状所异者几何?松之于柏相去何若?故江河同从水,松柏皆作木。有此形也,然后谐其声以别之。”

(P2)所谓“立体于侧,各以声韵别之”和“有此形也,然后谐其声以别之”即以为先有形符,然后配以声符。对于绝大多数形声字的产生来说,情况刚好与此相反。徐锴的观点曲解了形声字的产生过程。

实践方面,即形体分析方面也与此相应,把《说文》形声字解为会意字,以为声符表义,故不是声符。例如:

(1)《示部》:神,天神引出万物者也。从示,申声。臣锴曰:申即引也,疑多声字。天生降气以感万物,故言引出万物也。(P3)

(2)《示部》:祔,后死者附食于先祖。从示,付声。臣锴按:郭璞《尔雅》义,则此多声字,传写谬误。(P3)

(3)《示部》:祫,大合祭先祖亲疏远近也。从示,合声。《周礼》曰“三岁一祫”。臣锴:详此义则误多声字也。(P3 下 - P4)

(4)《人部》:倗,辅也。从人,朋声。读若陪位之陪。臣锴曰:义取于明辅,写误多声字。(P162)

另一种情况是把《说文》会意字当作亦声字来处理,例如:

(5)《人部》:企,举踵也。从人止声。臣锴曰:止即踵也,当言亦声,会意字。(P160)

(6)《人部》:傓,炽盛也。从人,扇声。《诗》曰“傓方炽”。臣锴曰:人权力相成,若火之相扇也。当言扇亦声。(P162)

(7)《人部》:儐,道也。从人,宾声。臣锴曰:道(導)宾也。当言宾亦声。(P163)

虽然徐锴在《系传》中对词源的探讨不是零星的,而是贯穿于整部《系传》并且向理论方面作了一定的努力,但是,与清代学者的“因声求义”相比较,徐锴的不足是很明显的。

(二)关于声符的示源功能,清代学者曾有这样的论断:“谐声之字,其右旁之声必兼有义,而义皆起于声,凡字之以某为声者,皆起源于右旁之声以制字,是为诸字所起之纲。”(黄承吉《梦陔堂文集·字义起于右旁之声说》)虽然“必”字过于武断,但对于声符的示源功能的认识比徐锴要进步得多。如上所述,徐锴有关形声与会意的矛盾说明他对于形声字声符的示源功能尚未有正确的认识。

（三）由上文所引徐锴在《示部》、《言部》、《人部》的按语以及我们的分析可知，徐锴大部分探源工作都是有所本的，自己发明的并不多；同时，对后人的影响与清代学者相比更不可同日而语。

（四）徐锴的六书观对后人有不好的影响。徐锴以为文字点画皆有深意，"文字者，圣人所以极深而研几也。"（《系述》，P333）形声则"六书之中，最为浅末"（《疑义》，P331），分析文字往往以会意为之，"影响所及，到宋代就有王安石的《字说》①，随意立解，穿凿附会，成为一种封建的唯心主义的文字学，为害极大。"②《字说》对文字形音义关系，往往不管字义取形、取声，皆以义释之，于六书，专以会意析之。桂馥《说文义证》卷五十引宋人李焘语："盖字有六义，而彼乃一之，虽欲不凿，得乎？"分析极为中肯。但也有有道理的，如"洪，同水共而大。《洪範》所谓洪者，五行也，亦共而大。"（杨时《王氏字说辨》）"浍，沟遂洫水会焉。《春秋传》曰：自参以上称浍。"（王安石《周官新义》附《考工记注》）所以，对于《字说》也不能一棍子打死，要看到其中合理的成分。

总之，虽然徐锴在词源探讨方面做了不少工作，在词源学史上占有一定的地位，但是，徐锴并没有明确提出"因声求义"这样的口号，他的理论和实践与清人的"因声求义"也不可等同视之，如果说"这也就是清人所说的'因声以求义'"，那么无疑是拔高了徐锴在词源探讨方面的理论高度。③

---

①《字说》久已不存，可参胡双宝《王安石〈字说〉辑佚》，载《汉语·汉字·汉文化》，北京大学出版社 1998 年；［民国］张宗祥辑录、曹锦炎点校《王安石〈字说〉辑》，福建人民出版社 2005 年。

②周祖谟《徐锴的说文学》，《问学集》，中华书局 1966 年，第 851 页。

③参见周信炎《论〈说文系传〉中的因声求义》，《贵州大学学报》1993 年第 2 期。

四　小　结

从词源学史的角度来说，徐锴《系传》虽重会意而略形声，但能在一定程度上利用形声字声符或同声符字训释词义，探求词源（第二类“声训”在数量上相对较少）；王安石《字说》穿凿附会，于六书专以会意说之，但它对形声字声符亦以会意分析即认为声符有义却自有其合理的一面。二书在某种程度上给宋代“右文说”的产生提供了一定的促进作用，暗示了继汉代之后的第二个词源学高峰的曙光即将到来。①《系传》在词源学史上的地位和作用我们必须重视，其中有关词源探讨的内容还可继续深入研究。

①参见曾昭聪《从词源学史看宋代“右文说”的学术背景》，《古汉语研究》2002 年第 2 期。

结　语

词源学史是语言学史的重要组成部分。"研究中国语言学史,还应该看到,每一门学科都有它的历史继承性,以前的研究成果应该充分地加以利用。"①在对魏晋南北朝隋唐五代词源学史作了一个简单的回顾之后,我们有必要对这一历史阶段中的词源研究加以总结。

一　魏晋南北朝隋唐五代词源研究的成绩

魏晋南北朝隋唐五代词源研究的特点,可以归纳为如下几点:

其一,既注重探讨词的音义关系,同时也注重揭示事物的得名之由。

词的音义关系研究是词源研究中不可回避的内容,为词语探源是音义关系研究的重要工作。例如郭璞注中揭示或暗示了叠音词、单音词的词源,揭示了古今方言的语音变化;《颜氏家训》中分别从不同的角度对古籍中词义的来源进行深入探讨,指明了词源。另外利用声训进行探源也是这一时期一个比较普遍的做法。

但同时,我们在"前言"中提到,"对事物的得名之由进行探讨,是古人的词源研究的重要内容"。周光庆先生说:"命名造词

①赵振铎《中国语言学史》,河北教育出版社 2000 年,第 9 页。

在其必然具有的对事事物物进行分类与概括的初始阶段，就既从特定的角度揭示和标明了事物，认识和解释了事物，又从特定角度表现出人在特定历史时期的思维方式和认知模式，彰显出人在特定历史时期的生存方式和主体特性。"①后人对词源的探求，也就是对原初命名理据或复合词构词的理据的探索，对原来就已存在的种种模式的再现。在我们所评述的几乎所有的典籍中，对事物命名之由都是不可或缺的内容。

其二，重视连绵词、外来词的词源。

连绵词、外来词是汉语中两种比较特殊的词语，对它们的词源进行探讨有相当的难度。郭璞注揭示了或暗示了连绵词的词源；《玄应音义》对连绵词的词源大多有正确的认识。《玄应音义》训释了大量的外来词，指出了它们的词源在外语，而不是从本族语来探求词义和词源；《慧琳音义》对词源的探讨比《玄应音义》更为精细，对外来词的来源作了更明确的说明。

其三，注意到汉语汉字的特点，注重同声符形声字的字形与意义之间的联系。

例如原本《玉篇》对同声符同源字的系联，《说文解字系传》中利用声符或同声符字以揭示词源，说明通过形声字声符进行词源探讨是一种十分重要的手段。

其四，探讨词源注重目验的方法。

在这一历史阶段中，从郭璞开始，词源探讨工作中就注重目验，用实际生活中的所见所闻的内容来探讨词源。越振铎先生说："郭璞在语言学上的第三个贡献就是他对名物的训诂方面采用了描写的方式。""用亲自观察到的材料来为古书作注，是郭璞作注

①周光庆《汉语命名造词的哲学意蕴》，《民俗典籍文字研究》第二辑，商务印书馆 2005 年，第 166 页。

常用的办法。”①这一方法体现在他的词源探讨上。此后,《毛诗草木鸟兽虫鱼疏》、《南方草木状》、《齐民要术》、《水经注》、《酉阳杂俎》等也大量运用了目验的方法。②

其五,词源理论已经萌芽。

例如,《南方草木状》、《匡谬正俗》等注意到了“语音讹转”与名称之间的联系;《齐民要术》有所谓“以人姓字为名目,亦有观形立目,亦有会义为称”的总结归纳;《水经注》“结合地名的研究提出来一个原理,即山川‘以物色受名’;其中有的是‘因声以纳称’,有的是因色以纳称,有的是因形以纳称”③;《慧琳音义》中有“从声立名”之说;《说文解字系传》中颇多声训和同声符字相训的情况。这些都可以称为词源理论的萌芽。

二　魏晋南北朝隋唐五代词源研究的不足

这一历史阶段中的词源研究的不足也是很明显的。虽然研究成果较多、分布广,但是,零散性成果多、系统性成果少,词源探讨的实践多、理论少。

所谓“零散性成果多、系统性成果少”表现在这些成果散布于不同的古籍中,需要我们细心钩沉才能发现。

我们所评述的古人的词源探讨的成果来自古籍的注释、笔记

①赵振铎《中国语言学史》,河北教育出版社2000年,第152、153页。

②郭在贻先生说:“清代学者很强调根据目验以考释名物,表现出实事求是、重视实践的科学精神。段玉裁的研究工作也体现了这一点。……他对于草木鸟兽虫鱼以及山川地理的考释,绝不以抄书为满足,而尽可能做到‘据实目验’。”(《从〈说文段注〉看中国传统语言学的研究方法》,《郭在贻文集·训诂丛稿》,中华书局2002年,第361页)魏晋至唐五代的词源研究在某种程度上也具有这种科学精神。

③张永言《郦道元语言论拾零》,《中国语文》1964年第3期。

杂著和辞书,这些成果都不是专门的词源研究性质的著作。这一历史阶段中的词源研究最多只能看作是语言文字研究的重要内容,汉语词源学作为一门独立学科的时代远远没有到来。当然,即使在今天,词源学史的研究也不充分;汉语词源学也还没有完全取得作为一门独立的学科所应有的地位。

所谓“词源探讨的实践多、理论少”表现在这些成果中虽然有许许多多精彩的词源研究的实例,但在理论研究方面相对不足。

例如上面说到的“词源理论已经萌芽”,无疑是理论上的探讨,但这种探讨在这一阶段中的其他典籍中并不普遍。又如原本《玉篇》中同声符同源字系联颇多,但顾野王并未因此提出某种理论;又如徐锴《说文解字系传》中颇有声训和同源符字相训的情况,或以为其“因声求义”可以媲美清代学者;但是,徐锴并未提出“因声求义”的口号,而且在理论和实践两个方面都有很不正确的地方;清代学者的理论高度,徐锴是无法达到的。

三　魏晋南北朝隋唐五代词源研究在词源学史上的地位

任何研究都是有继承有发展的。关于这一时期的词源研究在汉语词源学史上的地位,可以回顾一下此前有关的词源研究。①

《说文》不仅从形的方面对所收集的九千多字作出与字形相贴切的意义训释,而且从声的方面对词的理据进行了探索,即在一定程度上已经有了初步的词源学观念。它在探求词源的过程中,已经意识到形声字声符具有一定程度的示源功能,可以凭借声符进行推源和系源。因此,在编排和说解中常常有意识地对声符的示源功能加以强调。其具体表现方式有亦声部首、亦声字、重文

①参见曾昭聪《从词源学史看宋代“右文说”的学术背景》,《古汉语研究》2002 年第 2 期。

(异体字)声符互换、形声字与声符字互训、同声符字互训、旁见说解、在说解中揭示声符所表示的词义特点、“读若”。可以看出,《说文》并不拘泥于形训,它在编排和说解中已经体现出它对词源探讨。

声训是先秦两汉时期用音同音近的词来训释词义、探求词源的方法,汉末刘熙著《释名》,专以声训释名物,探求词源,是先秦两汉声训之集大成者,也是我国第一部有意为之的系统性的词源学专著。《释名》探求词源的成绩归因于刘熙首次建立的初步词源学理论,“民之于实,各有义类”,“义类”就是事物命名的理据。《释名》的任务就是要探求“百姓日称而不知其所以之意”的客观事物的命名理据。受其指导,《释名》以两两相对的形式系联了不少同源词。

可以看出,魏晋南北朝隋唐五代之前,前人已经积累了一定的词源研究成果。这些成果影响了魏晋南北朝隋唐五代时期的词源研究;同时,魏晋南北朝隋唐五代时期的词源研究又进一步影响了后人的研究。例如,原本《玉篇》对同声符同源字的系联一方面继承了《说文》和晋代杨泉的《物理论》中的观点,另一方面它又是宋代“右文说”的直接源头;颜师古在《急就篇注》中充分表现出他对于《释名》有相当多的继承,《汉书注》中所作的词源探讨体现出他对前人的研究成果是批判地继承的;《慧琳音义》继承了《玄应音义》中的有关观点同时又有发展。周祖谟先生也指出,《释名》的理论与实践给后世词源学研究以巨大影响,“清人推阐训诂,倡因声求义之说,殆远绍《释名》,旁取徐锴《说文解字系传》,有以成之耳。”①等等。

总之,这一历史阶段的词源研究成果是比较丰富的,它们在词

①周祖谟《书刘熙〈释名〉后》,《问学集》,中华书局 1981 年,第 887 - 888 页。

源学史上承前启后的历史功绩值得我们充分肯定。

四　研究展望

相对于整个词源学史来说,魏晋南北朝隋唐五代只是其中一小段。关于词源学史的其他阶段的研究,如宋元明词源学史中的材料恐怕也需要我们继续挖掘,深入研究。

魏晋南北朝隋唐五代词源学史的研究课题虽然很小,闯进去以后才发现很深,要对这一断代词源学史作出客观、公正、合理、正确的评价,似乎不是笔者这样一个学植不深的人所能完成的。王宁先生说,"站在学术发展的高度、从学术的全面事实出发、采取基本客观的态度审视文字学史,特别是审视那些比较敏感的问题和进一步研究那些开掘不足的历史时期,这是一件很难的事,远不是一个人所能完成的。"①笔者通过几年来殚精竭虑的研究,深感这一席话是对语言学史研究的客观评价,不仅仅是本项研究过于肤浅的一个借口。

魏晋南北朝隋唐五代阶段中的材料,应该还有我们所没有注意到的地方,或许还有不少语料有待我们去进一步整理;对这一阶段中的成果所作评述也未必恰当。本人所希望的,就是本书能为汉语词源学史的研究添上一块砖,加上一片瓦,为词源学史的研究尽绵薄之力,共同推动它的发展。

①王宁《宋元明六书学研究·序》,中国社会科学出版社 2003 年,第 4 页。

主要参考文献

陈淑梅《运用〈说文解字〉考察联绵词的成因和特点》,《说文解字研究》(第一辑),河南大学出版社 1991 年

高亨《文字形义学概论》,齐鲁书社 1981 年新 1 版

郭在贻《训诂丛稿》,《郭在贻文集》第一卷,中华书局 2002 年

郭在贻《训诂学》,《郭在贻文集》第一卷,中华书局 2002 年

何九盈《中国古代语言学史》,广东教育出版社 1995 年

胡吉宣《玉篇校释》,上海古籍出版社 1989 年影印本

胡朴安《中国文字学史》,中国书店 1983 年

胡双宝《王安石〈字说〉辑佚》,《汉语 · 汉字 · 汉文化》,北京大学出版社 1998 年

胡坦《藏语中的随欲名和随立名》,《藏语研究文论》,中国藏学出版社 2002 年

黄伯荣、廖序东主编《现代汉语》,高等教育出版社 2002 年第 3 版

黄金贵《古代文化词义集类辨考》,上海教育出版社 1995 年

蒋绍愚《古汉语词汇纲要》,北京大学出版社 1989 年

金理新《汉藏语的肢体与动物名词前缀*S-》,《温州师范学院学报》1998 第 4 期

李海霞《汉语动物命名考释》,巴蜀书社 2005 年

梁家勉《对〈南方草木状〉著者及若干有关问题的探索》,载

《〈南方草木状〉国际学术讨论会论文集》,农业出版社 1990 年

刘兴均、金薰镐《汉民族民俗对汉语名物词命名与认知的影响》,《中国俗文化研究》第五辑,巴蜀书社 2008 年

鲁国尧《论“历史文献考证法”与“历史比较法”的结合——兼议汉语研究中的“犬马鬼魅法则”》,《古汉语研究》2003 年第 1 期

孟蓬生《上古汉语同源词语音关系研究》,北京师范大学出版社 2001 年

濮之珍《中国语言学史》,上海古籍出版社 1987 年

孙伯君《“罗锅儿”、“橐驼”语源考》,《民族语文》2002 年第 3 期

王凤阳《汉语词源研究的回顾与思考》,《汉语词源研究》第一辑,吉林教育出版社 2001 年

王力《中国语言学史》,山西人民出版社 1981 年

王力主编《古代汉语》(校订重排本),中华书局 1999 年

王宁《汉语词源学将在二十一世纪有巨大发展——首届汉语词源学学术研讨会述评》,《汉语词源研究》第一辑,吉林教育出版社 2001 年

王宁《宋元明六书学研究·序》,中国社会科学出版社 2003 年

王宁《古代语言学遗产的继承与语言学的自主创新》,《语言科学》2006 年第 2 期

王宁《浅论传统字源学》,《训诂学原理》,中国国际广播出版社 1996 年

王锳《近代汉语词汇研究与中古汉语》,《近代汉语词汇语法散论》,商务印书馆 2004 年

王锳《“明驼”非马》,《近代汉语词汇语法散论》,商务印书馆 2004 年

王云路《望文生训举例与探源》,《词汇训诂论稿》,北京语言文化大学出版社 2002 年

萧泰芳等《古代汉语注释商榷》,山西古籍出版社1999年

徐时仪《玄应〈众经音义〉研究》,中华书局2005年

徐时仪《玄应与慧琳〈一切经音义〉的比较》,《佛经音义研究——首届佛经音义研究国际学术研讨会论文集》,上海古籍出版社2006年

姚永铭《慧琳〈一切经音义〉研究》,江苏古籍出版社2003年

殷寄明《中国语源学史》,吉林人民出版社2002年

殷寄明《语源学概论》,上海教育出版社2000年

曾良《"草马"探源》,《中国语文》2001第3期

曾昭聪《形声字声符示源功能述论》,黄山书社2002年

曾昭聪《汉语词源研究的现状与展望》,《暨南学报》2003年第4期

张金霞《颜师古的语源研究》,《新疆师范大学学报》2006年第2期

张绍麒《汉语流俗词源研究》,语文出版社2000年

张世禄《汉语同源词的孳乳》,《扬州师范学院学报》(哲社版)1980年第3期

张永言《语文学论集》(增补本),语文出版社1999年

张永言、汪维辉《关于汉语词汇史研究的一点思考》,《中国语文》1995年第6期

赵振铎《中国语言学史》,河北教育出版社2000年

周大璞《训诂学初稿》,武汉大学出版社1987年

周光庆《汉语命名造词的哲学意蕴》,《民俗典籍文字研究》第二辑,商务印书馆2005年

周日健、王小莘主编《颜氏家训词汇语法研究》,广东人民出版社1998年

周信炎《论〈说文系传〉中的因声求义》,《贵州大学学报》1993年第2期

周祖谟《徐锴的说文学》,载《问学集》,中华书局 1966 年

周祖谟《方言校笺》,中华书局 1993 年

朱葆华《原本玉篇文字研究》,齐鲁书社 2004 年

宗福邦、陈世饶、萧海波主编《故训汇纂》,商务印书馆 2003 年

[汉]许慎《说文解字》,中华书局 1963 年

[汉]郑玄注、[唐]贾公彦疏《周礼注疏》,李学勤主编《十三经注疏》(标点本),北京大学出版社 1999 年

[汉]郑玄注、[唐]贾公彦疏《仪礼注疏》,李学勤主编《十三经注疏》(标点本),北京大学出版社 1999 年

[汉]何休解诂、[唐]徐彦疏《春秋公羊传注疏》,李学勤主编《十三经注疏》(标点本),北京大学出版社 1999 年

[汉]孔安国传、[唐]孔颖达正义《尚书正义》,李学勤主编《十三经注疏》(标点本),北京大学出版社 1999 年

[汉]郑玄笺、[唐]孔颖达正义《毛诗正义》,李学勤主编《十三经注疏》(标点本),北京大学出版社 1999 年

[汉]班固撰、[唐]颜师古注《汉书》,中华书局 1962 年

[汉]史游著、[唐]颜师古注、[宋]王应麟补注《急就篇》,岳麓书社 1989 年

[吴]陆玑《毛诗草木鸟兽虫鱼疏》,四库全书本

[魏]王弼注、[唐]孔颖达正义《周易正义》,李学勤主编《十三经注疏》(标点本),北京大学出版社 1999 年

[魏]何晏集解、[南朝梁]皇侃义疏《论语集解义疏》,四库全书本

[晋]嵇含《南方草木状》,四库全书本

[晋]杜预《春秋左传集解》,上海人民出版社 1977 年

[晋]杜预注、[唐]孔颖达正义《春秋左传正义》,李学勤主编《十三经注疏》(标点本),北京大学出版社 1999 年

[晋]范宁注、[唐]杨士勋疏《春秋穀梁传注疏》,李学勤主编《十三经注疏》(标点本),北京大学出版社 1999 年

[北魏]贾思勰著,缪启愉校释《齐民要术校释》(第二版),中国农业出版社 1998 年

[北齐]颜之推著,王利器集解《颜氏家训集解》(增补本),中华书局 1993 年

[梁]顾野王《原本玉篇残卷》,中华书局 1985 年

[唐]段成式撰、方南生点校《酉阳杂俎》,中华书局 1981 年

[唐]李匡乂《资暇集》,丛书集成初编本(据阳山顾氏文房本排印),中华书局 1985 年

[唐]刘恂《岭表录异》,丛书集成初编本(据聚珍版丛书排印),中华书局 1985 年

[唐]颜师古著、刘晓东平议《匡谬正俗平议》,山东大学出版社 1999 年

[唐]玄应《一切经音义》,续修四库全书第 198 册,上海古籍出版社影印本

[唐]慧琳、希麟《正续一切经音义》(附索引两种),上海古籍出版社 1986 年

[南唐]徐锴《说文解字系传》,中华书局 1987 年

[宋]王观国《学林》,中华书局 1988 年版

[清]段玉裁《说文解字注》,上海古籍出版社 1988 年

[清]王念孙《广雅疏证》,上海古籍出版社 1993 年四部精要本第三册

[清]王先谦《释名疏证补》,上海古籍出版社 1984 年

[清]郝懿行《尔雅义疏》,北京市中国书店 1982 年影印本

[清]钱绎《方言笺疏》,上海古籍出版社 1983 年

[清]孙诒让《墨子间诂》,上海古籍出版社 1993 年四部精要本第十二册

[清]杨守敬、[清、民国]熊会贞《水经注疏》,江苏古籍出版社1989年版

[民国]张宗祥辑录、曹锦炎点校《王安石〈字说〉辑》,福建人民出版社2005年

后　记

本项研究自2004年立项，便投入了所有的时间和精力。结项之后，听取匿名评审专家的意见，我一直在对这本小书作修改，然限于学术水平，现在呈现在读者面前的，仍然只是一些未必能成定论的不成熟的想法。

本书用简化字排印，但有的地方为了说明汉字的形义关系而有意保留繁体字用法；不见于简化字总表的生僻字、异体字等，亦酌情保留。

本书在写作过程中，曾先后得到不少专家学者的指点。汪维辉先生曾赐告《齐民要术》中有词源探讨的内容，邵敬敏、王彦坤先生曾对有关《玄应音义》中的词源探讨的论文提出非常好的修改意见。匿名评审专家对本项目提出了宝贵的批评意见，使本书避免了不少的错误。业师黄金贵先生为本书赐序，同时指出了其中一些不妥之处。谨于此感谢各位先生的赐教。

本书部分内容曾先后在《北方论丛》、《古汉语研究》、《语文研究》、《烟台大学学报》、《辞书研究》等杂志刊出，对这些杂志的谬爱，亦于此致以谢意。

最后要感谢全国哲学社会科学规划办公室为本项研究立项，并感谢暨南大学"211工程"三期重点学科建设项目领导给予本书出版的机会。

曾昭聪

2010年4月